2016年度“上海高校服务国家重大战略出版工程”项目

自贸区背景下的供应链转型与创新 黄有方 严 伟 总主编

自贸区背景下的航运业

创新实践

中国（上海）自贸区供应链研究院
自贸试验区供应链研究上海市社会科学创新研究基地 组织编写

胡坚堃 郝杨杨 编 著

上海浦江教育出版社

图书在版编目(CIP)数据

自贸区背景下的航运业创新实践/胡坚堃,郝杨杨编著. —上海：上海浦江教育出版社有限公司,2016.12
(自贸区背景下的供应链转型与创新/黄有方,严伟主编)
ISBN 978-7-81121-484-0

Ⅰ.①自… Ⅱ.①胡… ②郝… Ⅲ.①航运—产业发展—研究—上海 Ⅳ.①F552.751

中国版本图书馆CIP数据核字(2017)第011022号

上海浦江教育出版社出版
社址：上海海港大道1550号上海海事大学校内　邮政编码：201306
电话：(021)38284910/12(发行)　38284923(总编室)　38284910(传真)
E-mail：cbs@shmtu.edu.cn　URL：http://www.pujiangpress.cn
上海盛通时代印刷有限公司印装　上海浦江教育出版社发行
幅面尺寸：170 mm×230 mm　印张：16.25　字数：310千字
2016年12月第1版　2017年10月第1次印刷
责任编辑：王　露　封面设计：赵宏义
定价：100.00元

序

当前，我国改革已经进入攻坚期和深水区，面临的困难更加集中、任务更加繁重，全面深化改革的重要性更加突出。放眼全球，世界经济复苏乏力，全球贸易持续低迷，以保护主义、孤立主义为代表的“逆全球化”思潮抬头，英国公投脱欧、欧洲难民危机以及暴恐等事件导致地缘政治风险上升，将进一步导致各国政策博弈加剧，美国加息带来资本外流、金融市场动荡加剧的风险，为我国经济增长带来新的不确定性。

面对国内外多重困难挑战和经济下行压力，我国政府提出“一带一路”倡议，以及自贸区、“长江经济带”等国家战略，不仅有助于激活我国长江经济带及“一带一路”沿线国家港口贸易，也确立了全球供应链重心东移的大趋势。“一带一路”倡议，以及自贸区、“长江经济带”等国家战略在广袤的空间上构建起全球经贸联系的大格局，供应链将起到串联的关键作用。

推进“一带一路”倡议，以及自贸区、“长江经济带”等国家战略，必须站在全球供应链的高度，必须准确把握当今世界发展格局与大环境。当前所处的时代，是全球化饱和的时代，资本、产能等各要素出现过剩，产能与资本的横向输出空间十分有限，全球化的红利逐渐消失。国际产业分工已经从原来基于各国比较优势的水平分工，转变为以跨国公司为中心、基于产业价值链的垂直分工。在这种国际分工方式中，我国大多产业处于相同产业的供应链和价值链的低端。在这一背景下，我国推行“一带一路”倡议，以及自贸区、“长江经济带”等全球化战略，必须站在全球供应链的高度，必须意识到我国具有市场与产能的双重优势，用中国的市场整合全球更大的市场，用中国的国际产能填补国际市场，加速推进全球化进程。在这一过程中，以自贸区为节点，以物流、贸易、金融、信息等资源要素的优化和重组为重点的全球供应链将在其中扮演关键角色。

随着分工国际化、贸易全球化的推进，以自贸区为重要节点，吸引产业集聚，加强供应链整合，将会促进我国产业在全球价值链中向高端递进，推动产业格局重构，提升产业核心竞争力。未来，自贸区将成为我国布局全球供应链的重要节点，逐步形成以自贸区为核心的全球供应链体系，培育国际竞争新优势，同时有助于我国企业充分利用供应链升级的机会，逐步从传统产业向高端供应链服务转型，提高发展的质量和效益，进一步提升我国在全球供应链和价值链中的国际地位，并为全球发展注入新的理念、新的思维和新的内涵，这些对我国和全球的发展将产生深远影响。

为全面介绍近年来我国政府部门在促进供应链转型方面的创新举措，总结以航运、港口企业为代表的中国企业在供应链创新方面的实践，理顺供应链转型与创新的基本脉络与主要模式，上海海事大学中国（上海）自贸区供应链研究院的《自贸区背景下的供应链转型与创新》丛书系统阐述了国家战略与产业发展相互促进、相互依存的内在关系，有助于引发对我国进一步推进全球化战略实施、建设国家供应链体系的深入思考，同时为我国企业供应链转型升级提供了不可多得的宏观指引。

黄有方

2016年12月

总前言

党的十八届三中全会提出要“加快自由贸易区建设”“形成面向全球的高标准自由贸易区网络”，国民经济“十三五”发展规划纲要提出要积极同“一带一路”沿线国家和地区商建自贸区，凸显了中央对推进自贸区建设的坚定决心。当前，我国已经形成了“1+3+7”的自贸区全国布局，强调以开放倒逼市场化的改革，提高利用国际国内两个市场、两种资源的能力，建立符合时代要求和国际标准、国际规则、国际惯例的机制体制，在更广领域、更大范围形成各具特色、各有侧重的试点格局，推动全面深化改革、扩大开放。

自贸区建设与我国正在推进的“一带一路”倡议，以及“长江经济带”、京津冀协同发展等国家战略高度吻合，相辅相成。自贸区本身就承担着这些国家战略先行先试的任务，自贸区的投资自由化、贸易便利化、金融国际化、行政管理简化等诸多实践经验，可以合理运用在我国国家战略中，推动构建高标准的自贸区网络。供应链是自贸区与国家战略对接融合的载体，国家战略中的新制度、新模式、新平台等最终都需要通过供应链项目来承载，以“一带一路”为例，其“政策沟通、道路联通、贸易畅通、货币流通、民心相通”的本质使供应链“物流、商流、资金流、信息流”四流合一。

过去20年，企业之间的竞争已经演变为供应链之间的竞争，未来10年，自贸区之间的竞争也将会演变为供应链之间的竞争。按“全球供应链绩效指数”排名，中国在2012年、2014年、2016年分别排26位、28位、27位，位于全球第二梯队。自贸区成立以来，中国的"全球供应链绩效指数"全球排名不升反降，有必要对照"全球供应链绩效指数"的指标，找差距、提措施，从供应链的视角加大改革与创新的力度，与世界更好地接轨。

自贸区与供应链的结合将推动货物贸易、服务贸易的产品、人员、信息、资本、技术、知识等贸易要素的自由流动以及在自贸区集聚；通过对物流、贸易、金融、信息等资源要素的优化和重组，促进产业在全球价值链中向高端递进，推动产业格局重构，提升产业核心竞争力；实现自贸区由一般的货物贸易和加工贸易转向更加注重物流、航运、金融、商贸等服务领域的功能拓展；在促进供应链与产业链一体化发展的同时，促进政府职能的转变，推动形成以自贸区为核心的全球供应链体系，培育国际竞争新优势。

《自贸区背景下的供应链转型与创新》丛书是在上海海事大学中国(上海)自贸区供应链研究院系列研究成果的基础上编纂而成的，从自贸区改革与创新的视角分析了航运、港口等类型的企业向供应链转型与创新的战略意义、基本模式、总体思路和创新实践，分析了检验检疫等自贸区监管单位采用供应链理念构建制度创新体系、服务国家战略、助力国家供应链体系、提振产业发展的思路，为我国企业在全球供应链中培育国际竞争优势提供路径支撑，为政府部门职能转变提供智库支撑。

《自贸区背景下的供应链转型与创新》丛书的出版受到了"上海高校服务国家重大战略出版工程"等项目的资助，得到了中国(上海)自贸区供应链研究院全体教师的支持，在此致以衷心的感谢！本丛书在编写过程中，参考了大量国内外有关自贸区、供应链、航运、港口、检验检疫等方面的文献资料，在此向本丛书参考文献中已列出和未列出的文献作者表示诚挚的谢意！

严伟

2016年12月

前　言

当前，全球主要经济体需求疲弱，国际贸易复苏缓慢，航运业运力过剩将趋于常态，加之运营成本持续增加，航运业长期不景气的格局很难被打破。自贸区的建设以及全球供应链理念的引入，将给航运企业带来新的发展机遇。本书介绍自贸区背景下航运业的政策及其影响、基于供应链创新的航运业发展战略、精细化管理的航运运营优化，以及物联网技术在航运业的创新应用。

本书融合中国(上海)自贸区供应链研究院的教学和科研经验，由胡坚堃、郝杨杨编著，编写组其他主要成员分别为杨斌、袁象、何军良、陈继红等，研究生彭子良、王嘉励、梁凤婷、董贵颖、黄星星、赵雅琦等也参与本书的资料收集和部分编写工作，在此一并表示感谢！

本书的出版得到“上海高校服务国家重大战略出版工程”等项目的资助，在此表示衷心的感谢！

在本书编写过程中，编著者参考大量国内外有关自贸区、航运、供应链等方面的文献资料，在此，向参考文献中已列出和未列出的作者表示衷心感谢！

由于编著者水平有限，书中难免存在不足与疏漏之处，恳请各位读者、同行和专家批评指正。

编著者
2016年11月

目　录

引言

政策篇

行业篇

管理篇

技术篇

引　言

◎航运业创新需求

航运业创新需求

一、国家对国有企业深化改革的需求

作为国民经济的骨干力量，国有企业深化改革、转型发展是中国经济转型升级的重要组成部分。习近平总书记在十八届三中全会《中共中央关于全面深化改革若干重大问题的决定》报告中明确提出国有企业总体上已经同市场经济相融合，必须适应市场化、国际化新形势，进一步深化国有企业改革。上海市人民政府公布了《关于进一步深化上海国资改革促进企业发展的意见》，提出国有企业应聚焦核心主业、核心技术、核心竞争力，坚持专业化基础上的相关多元经营。国资委明确"十三五"时期国有企业改革发展的核心目标就是做强做优，培育具有国际竞争力的世界一流企业。为了实现国家战略和改革目标，中国航运企业应率先深化改革，增强经营活力、控制力、影响力，为中国经济的转型升级发挥骨干作用，在国家的改革过程中处于领先地位。

二、"一带一路"倡议的需求

2013 年，党中央提出的"一带一路"倡议，是我国主导推动经济全球化、区域一体化的时代要求，是我国主导构建新的国际贸易和投资体系的内在要求，也是我国主导构筑全新国家安全体系的现实要求。"一带一路"贯穿亚欧大陆，东边连接亚太经济圈，西边进入欧洲经济圈，航运企业作为"一带一路"的主要承担者之一，必然要发挥其作用，为沿线的国内外港口间的贸易往来提供航运服务，并在"一带一路"建设中创新商业模式，加强与沿线国家的航运与港口企业的合作，大力开展全球化经营，促使区域间互通有无、优势互补，建立和健全航运供应链、产业链和价值链，积极推动"一带一路"建设。

三、海运强国与自贸区建设的需求

国务院《关于促进海运业健康发展的若干意见》(国发〔2014〕32 号)确立了航运业在经济社会发展中重要的基础产业地位，首次把航运业发展上升至国家战略，进一步明确我国航运业发展的目标和主要任务，将为航运业发展带来新的机遇。上海自贸区、天津自贸区、广东自贸区、福建自贸区等自贸区的建立，不仅有助于推进国家层面的改革开放深化与经济发展模式转型，而且将给我国大型航运企业带来新的发展机遇和新的全球挑战。中韩、中澳、中美等国际双边和区域贸易协定更

是给国际运输企业发展带来了全新的机遇。在市场持续低迷的形势下，充分利用国内自贸区建设和双边或区域自由贸易协定的契机，航运企业通过供应链物流、金融、贸易、信息的整合、重构、拓展、优化与创新，以及商业模式创新来提升市场营销能力、货源控制能力、供应链综合服务能力和持续盈利能力，以此推进其市场化、多元化、集约化、国际化的改革与转型发展。

四、我国航运业应对全球竞争的需求

由于全球主要经济体需求疲弱，全球航运业运力过剩严重，航运市场供需矛盾十分突出，加之运营成本持续增加、区域竞争不断加剧，我国航运企业面临着严峻的经营形势。更大的挑战将来自全球航运业的重组，P3 联盟的形成对国内港航企业的正面冲击难以避免，航运市场面临严峻挑战。此外，我国未来参与 TPP，TTIP，TISA 等国际高标准贸易协定谈判，在自贸谈判的推动下，全球贸易投资规则体系面临重构，对我国航运业转型发展的要求不断提高。为此，交通运输部从运力调控、转型升级、市场监管、减轻企业负担、提高服务水平等 5 个方面制定了 20 条意见，促进航运企业尽快实现创新转型。航运企业需积极应对当前航运业面临的严峻形势，促进国内航运市场平稳健康发展，拓展新的增长点，促进转型升级。

政 策 篇

第一章　自贸区航运政策解析

第一节　自贸区航运政策梳理

随着全球经济和科技的发展，各个国家和地区经济水平不断提高，彼此之间贸易往来日趋密切，全球经济的一体化程度大幅提升。经济全球化和区域经济一体化的发展使单个国家或地区的经济与世界经济之间的联系日趋紧密，进而对自由贸易和跨国投资等贸易活动提出更高的要求，推动自由贸易的不断发展。自由贸易试验区(Free Trade Zone，FTZ，以下简称自贸区)作为一个国家和地区吸引外国投资、扩大国际贸易规模、促进本国经济增长、提高本国国际竞争力的重要方式之一，已经被世界各个国家和地区广泛采用，尤其是在金融危机之后，发展自贸区越发成为一个国家或地区刺激经济发展、试行新经济政策、扩大国际贸易规模的重要推动力。由此可见，自贸区作为一个国家或地区发展区域经济、参与国际贸易活动的平台，在促进贸易自由化、完善国际贸易机制、反对贸易保护主义、利用自由贸易带来的成果等方面发挥着越来越重要的作用。

从各国的经验来看，自贸区的发展离不开政府的政策支持，反过来，自贸区的发展又更好地促进政府提高自身的管理水平和政策制定能力，通过制度创新来改善自贸区经济体制机制，在适应国际贸易规则的同时促进贸易体系的重塑。为了管理、监督上海自贸区的运行与发展，交通运输部、国家发改委、海关总署、财政部等相继出台了一系列政策，这将对自贸区航运业的发展产生深远的影响。这些政策主要包括《关于落实〈中国(上海)自由贸易试验区总体方案〉加快推进上海国际航运中心建设的实施意见》(以下简称《实施意见》)、《交通运输部关于在上海试行中资非五星旗国际航行船舶沿海捎带的公告》、《交通运输部关于中国(上海)自由贸易试验区试行扩大国际船舶运输和国际船舶管理业务外商投资比例实施办法的公告》、《上海海关关于在中国(上海)自由贸易试验区设立海关业务窗口的公告》、《交通运输部、国家发展改革委关于放开港口竞争性服务收费有关问题的通知》、《上海海关关于中国(上海)自由贸易试验区开展海运国际中转集拼业务的公告》、《交通运输部关于取消内外贸同船运输以及中国籍国际航行船舶承运转关运输货物备案事项的

公告》等。这些政策对我国航运业的发展方向的总体要求是：以上海自贸区的建设为契机，加快推进上海国际航运中心建设，同时进一步深化改革，扩大开放水平，探索具有国际竞争力的航运发展制度和模式，积累可复制推广的模式与经验，更好地实现创新驱动，为国内其他自贸区提供良好的示范带动作用。

上海自贸区关于航运业的政策创新主要表现在 3 个方面。一是扩大航运服务领域的开放程度，主要包括：允许外商设立国际船舶企业、从事国际船舶运输业务；允许外商设立国际船舶管理企业且从事相关业务；开放临海港口至上海港的沿海捎带业务，允许外商企业进入。二是为了适应自贸区的发展，对自贸区的船舶登记制度进行调整和创新，包括登记主体、登记种类等方面。三是航运税费制度方面，为了降低航运企业成本、吸引国际航运企业进驻，上海自贸区在增值税一般纳税人资格认定、发票管理、非贸事项审核等方面提高了办税效率和办税便利化程度，优化了税费环境。

一、既有政策的调整

1. 船舶登记制度

不同的国家在船舶登记制度方面有着不同的规则，作为航运政策的重要组成部分，船舶登记制度在一定程度上体现了该国的航运政策特点。我国的船舶登记制度的法律依据主要来源于 1994 年的《中华人民共和国船舶登记条例》。我国船舶登记制度的目的在于加强中国船舶监督管理以及维护民族航运业和造船业的稳定，但是也存在着诸多弊端。因此，我国船舶登记制度也经过了不断微调、创新。

2014 年 1 月，《中国（上海）自由贸易试验区国际船舶登记制度试点方案》（以下简称《试点方案》）正式获得交通运输部审批通过，标志着我国的船舶登记制度进一步创新，开始施行国际船舶登记制度。与原有的登记制度相比，《试点方案》主要的创新有登记主体、船龄、外籍船员雇佣、船籍港和登记种类等 5 个方面，其中：在登记主体方面，提高了外商投资限制比例；在船龄方面，在现行的船龄标准基础上放宽 2 年；在外籍船员雇佣方面，雇佣外籍船员只需要向上海海事局报备；在船籍港方面，设置“中国上海港”和“中国洋山港”2 个船籍港；在登记种类方面，增加了船舶租赁融资登记。

可以预见，船舶登记制度方面的创新将吸引中资船舶“回归”，也将吸引外资船舶在上海自贸区登记。

2. 启运港退税政策

启运港退税政策指的是由财政部、海关总署、国家税务总局于 2012 年联合发布的新政策，其本质是基于出口退税的制度创新。具体来说，货主在外贸货物运出启运港尚未到达中转外贸出口港的时候即可办理退税手续，而不需要等到货物到

达外贸出口港并办理结关手续之后。新的退税政策目前适用于青岛、武汉启运报关，经上海离境的货物。启运港退税政策提前了货主获得退税的时间，将有利于促进国际贸易的发展和上海国际航运中心的建设。

3. 航运市场开放政策

根据《交通运输部关于在国家自由贸易试验区试点若干海运政策的公告》，在自贸区内经营国际船舶代理业务的中外合资、合作企业中的外资股比提高到不超过51%，突破了2013年低于49%的规定，即允许外商控股经营国际船舶代理业务。同时，在上海自贸区允许设立的中外合资或合作的且成立的国际船舶运输企业由双方协商决定董事会主席以及总经理的人选。这对于航运市场开放来说是质变的一步，将会极大地刺激外商投资中国航运业的积极性。

4. 国际船舶管理市场准入政策

由于国内的船舶管理公司在管理经验和技术手段方面与国外公司还有一定的差距，因此为了防止国外公司对中国船舶管理企业造成冲击，以往的航运政策并不允许外商独立经营国际船舶管理业务。然而，这一政策在上海自贸区有了改变，外商设立国际船舶管理企业，从事相关业务得到允许，且企业注册方式也由原来的中央审批改为地方审批、中央备案。这极大地提高了该类企业注册的审批效率，也将扩大与国际市场的交流，从而提高国内同类企业的管理水平。

二、全新航运政策的出现

1. 负面清单管理模式

由于WTO的影响力降低，中国急需采取其他措施进一步融入世界。为了更好地对接国际经济新秩序，上海自贸区也对新的经济管理模式进行探索，根据《中共中央关于全面深化改革若干重大问题的决定》，上海自贸区实行负面清单管理模式。负面清单指的是一个国家禁止外资进入或限定外资比例的行业清单，相当于投资领域的“黑名单”。其是一种较为先进的涉外投资管理办法，应用于一些重要的国际贸易同盟，例如美国主导建立的TPP，TTIP，PSA 3个国际贸易同盟。负面清单与正面清单的区别在于，前者强调除了清单项目外都可以自由投资，而后者强调只可以自由投资清单规定的项目。负面清单管理模式是一项突破性的政策创新，极大地提高了上海自贸区的开放程度，是深化全面改革精神的战略性举措。

2. 沿海捎带试点政策

根据《中资非五星红旗国际航行船舶试点沿海捎带业务备案办理程序》的规定，在中国境内注册的中资航运公司可利用其全资或控股拥有的非五星红旗国际航行船舶，经营以自贸区开放港口为国际中转港的外贸进出口集装箱在国内沿海对外开放港口与自贸区开放港口之间的捎带业务，试点范围是外贸进出口集装箱在国内开放港口与上海港(或以上海港为中转港的港口)之间的捎带业务。新政策改变了我国《海商法》关于中国港口之间的运输只能保留给中国籍船舶运输的规定，对沿海捎带业务的开放，首先在政策上为中资航运公司的悬挂“方便旗”的船舶进行沿海捎带业务提供了支持，同时也增加了国内港口中转业务的数量。

3. 航运支持政策

《实施意见》提出加大航运信息、人力和财力以及文化等方面的支持力度。一是促进了航运衍生品的交易，为上海开展的进口大宗散货的发布工作提供了方便；支持在上海建立船舶交易平台，提供船舶交易信息，为船舶交易提供便捷服务。二是通过市场导向与政府推动相结合，建立不同于传统基金发起方式的发起人建立基金公司；支持股权基金与航运政策的结合，重点调整运力结构，实现企业经营规模化。三是成立国际航运教育机构，打造国际品牌，建造具有高端设备和深远影响力的人才输出基地，使之真正成为国际性的人才培养基地。四是不断创新与探索，努力与政策相配合，切实抓住航运时代的机遇，着力提升上海国际航运中心在国际航运规则和标准制定、市场规则制定、信息咨询服务等领域的能力和水平，扩大国际市场影响力；鼓励国内外航运企业入驻上海。

三、自贸区航运政策的梳理

1.《中国(上海)自由贸易试验区总体方案》

《中国(上海)自由贸易试验区总体方案》中的有关航运政策见表1-1。

表1-1 《中国(上海)自由贸易试验区总体方案》中的有关航运政策

序号	摘要	来源
1	积极发挥外高桥港、洋山深水港、浦东空港国际枢纽港的联动作用，探索形成具有国际竞争力的航运发展制度和运作模式	“主要任务和措施”第6条
2	积极发展航运金融、国际船舶运输、国际船舶管理、国际航运经纪等产业	“主要任务和措施”第6条
3	推动中转集拼业务发展，允许中资公司拥有或控股拥有的非五星旗船，先行先试外贸进出口集装箱在国内沿海港口与上海港之间的沿海捎带业务	“主要任务和措施”第6条
4	充分发挥上海的区域优势，利用中资“方便旗”船税费优惠政策，促进符合条件的船舶在上海落户登记。在试验区实行已在天津试点的国际船舶登记制度。简化国际船舶运输经营许可流程，形成高效率的船籍登记制度	“主要任务和措施”第6条

2.《中国(上海)自由贸易试验区服务业扩大开放措施》

《中国(上海)自由贸易试验区服务业扩大开放措施》中的有关航运政策见表1-2。

表1-2 《中国(上海)自由贸易试验区服务业扩大开放措施》中的有关航运政策

序号	摘要	来源
1	放宽中外合资、中外合作国际船舶运输企业的外资股比限制,由国务院交通运输主管部门制定相关管理试行办法	“航运服务领域”第4条
2	允许中资公司拥有或控股拥有的非五星旗船,先行先试外贸进出口集装箱在国内沿海港口与上海港之间的沿海捎带业务	“航运服务领域”第4条
3	允许设立外商独资国际船舶管理企业	“航运服务领域”第5条

3.《中国(上海)自由贸易试验区试点98项任务》

《中国(上海)自由贸易试验区试点98项任务》中的有关航运政策见表1-3。

表1-3 《中国(上海)自由贸易试验区试点98项任务》中的有关航运政策

序号	摘要	来源
1	简化国际船舶运输经营许可流程,形成高效率的船籍登记制度,促进符合条件的船舶在上海登记落户	“制度创新挂牌前”第19条
2	积极发挥外高桥港、洋山深水港、浦东空港国际枢纽港的联动作用,探索形成具有国际竞争力的航运发展制度和运作模式	“制度创新挂牌后”第8条
3	加快发展航运运价指数衍生品交易业务	“制度创新挂牌后”第9条
4	在试验区实行已在天津试点的国际船舶登记制度	“制度创新挂牌后”第10条
5	允许中资公司拥有或控股拥有的非五星旗船,先行先试外贸进出口集装箱在国内沿海港口与上海港之间的沿海捎带业务	“扩大开放挂牌前”第4条
6	允许设立外商独资国际船舶管理企业	“扩大开放挂牌前”第5条
7	放宽中外合资、中外合作国际船舶运输企业的外资股比限制,由国务院交通运输主管部门制定相关管理试行办法	“扩大开放挂牌后”第4条
8	积极发展航运金融、国际船舶运输、国际船舶管理、国际航运经纪等产业	“功能拓展挂牌后”第2条

4.《中国(上海)自由贸易试验区条例》

《中国(上海)自由贸易试验区条例》中的有关航运政策见表1-4。

表1-4 《中国(上海)自由贸易试验区条例》中的有关航运政策

序号	摘要	来源
1	自贸试验区加强与海港、空港枢纽的联动,加强与区外航运产业集聚区协同发展,探索形成具有国际竞争力的航运发展制度和运作模式	"贸易便利"第23条
2	自贸试验区支持国际中转、集拼、分拨业务以及集装箱转运业务和航空货邮国际中转业务发展。符合条件的航运企业可以在国内沿海港口与上海港之间从事外贸进出口集装箱沿海捎带业务	"贸易便利"第23条
3	完善航运服务发展环境,在自贸试验区发展航运金融、国际船舶运输、国际船舶管理、国际船员服务和国际航运经纪等产业,发展航运运价指数衍生品交易业务,集聚航运服务功能性机构	"贸易便利"第23条
4	在自贸试验区实行以"中国洋山港"为船籍港的国际船舶登记制度,建立高效率的船舶登记流程	"贸易便利"第23条

第二节 自贸区政策对航运业的影响

随着国际航运业的不断创新与发展,国际航运形势显得更加复杂,推行合理的航运政策对航运业的发展显得尤其重要。作为中国自贸区试验点的上海自贸区的发展受到各方的关注,其推行的航运政策必须具有典型性、先进性,才能为其他港口开展自贸区建设提供借鉴,因此,如何建立起上海自贸区乃至全国航运发展的政策至关重要,这关系到中国航运业的发展。随着新政策的不断探索与创新,中国的航运格局也必将发生巨大的变化,对航运格局产生重大影响。

一、上海自贸区的航运政策总体评价

上海自贸区的航运政策在体制机制健全、简政放权、航运市场开放等领域突破了诸多限制,在提升中国航运的对外开放水平的同时,也将对中国未来航运政策产生重大的影响。一方面,吸引外商投资中国航运企业:借鉴国际先进管理经验,带来了政策红利效应,以及商业模式创新、航运与金融的产融结合等一系列新模式,这将成为未来航运业发展的一大机遇。另一方面,由此引发的风险与挑战也不容

小觑：未来的竞争环境可能更加激烈，自贸区对中外企业的进一步开放使得中国航运业遭受到各个层面的竞争；传统的沿海捎带业务面临较大冲击；随着外商的入驻，航运管理人才的需求将会持续上涨，中国企业的船舶与船员管理将面临新的挑战。中国航运企业必须适应新形势的要求，建立和培育有利于人才培养的环境和机制。

二、上海自贸区的航运政策风险点

鉴于上海自贸区的相关航运政策仍存在一定的模糊性和不确定性，或恐引起一系列连锁反应。比如中外合资、合作的船舶运输企业在自贸区的入驻情况并不理想，虽然自贸区航运开放政策已经实施一年多的时间，但是却陷入"政策很丰满，市场反应很骨感"的现状，因此，必须更加清醒地认识到政策指导下的市场还必须有一段反应的时间，必须做好充足的准备。其中，可能产生的沿海运输权限问题、启运港退税问题和负面清单下的开放问题等，影响较为深远，需要重点关注。

1. 沿海运输权限问题

上海自贸区的国际船舶登记制度规定，注册在境内的中资航运公司可利用其全资或控股拥有的非五星旗国际航行船舶，经营以自贸区开放港口为国际中转港的外贸进出口集装箱在国内沿海对外开放港口与自贸区开放港口之间的捎带业务。《实施意见》提出允许中资公司拥有或控股拥有的非五星旗船，先行先试外贸进出口集装箱在国内沿海开放港口与上海港之间的沿海捎带业务。因此，中资五星旗船、外资五星旗船以及中资非五星旗船都有机会参与到沿海运输中来，这将引发一系列的沿海运输权限问题：其一，这将与中国沿海运输规定产生冲突，对国内沿海运输企业产生较大冲击；其二，政府对国内航运的宏观调控力度加大，难以控制沿海运输模式，国内运输市场运力过剩，加剧竞争。

此外，WTO 服务贸易多边规则要求不能内外有别和外外有别而进行歧视。但是，在上海自贸区航运政策下，中资和外资五星旗船都属于中国籍船舶，却得到不同的沿海运输权限，这明显违背了 WTO 服务贸易多边规则的非歧视性原则。

2. 启运港退税问题

从某种程度上说，这是一种过渡性政策，优化了目前的货运流程。这一政策的实施，缩短了货物退税的时间流程、提高了企业资金的流动性、改善了港口集疏运体系、解决了港口集疏运体系中不合理的问题。随着该政策的实施，不可避免地会产生一系列连锁反应：第一，中国港口运输多以公路为主，铁路系统尚未完善，基础设施不健全，费用、时间、运力等方面与国外先进自贸区相比尚不具备竞争力；第二，中国在加入 WTO 后，根据 WTO 相关规则的要求，中国出口退税率持续下降，启运港退税政策的效果也不断缩水；第三，中国沿海港口腹地交叉严重，港口竞争十分激烈；第四，多数企业选择到上海港进行中转，这不仅会增加企业的运输成本，也会导致上海港集装箱船的待泊时间过长、港口拥堵等情况，对企业更为不利。

3. 负面清单下的开放问题

中国以往的航运政策采用肯定式的正面清单管理模式，根据 WTO 海运服务承诺表，中国对国际海上船舶运输服务、海运理货服务、集装箱堆场服务、海运代理服务等均采用正面承诺，用肯定的方式表示国家政策所允许外商投资的航运业务领域。上海自贸区首次创新采用了负面清单管理模式，仅规定了中国禁止的航运业务，这在一定程度上扩大了中国航运业的开放力度，但也很可能会对政府政策的制定与实施产生不小的压力，甚至会影响中国航运业的格局，对航运业产生不好的影响。随着航运业的不断发展，新的管理模式应运而生，而负面清单管理模式无法完全对航运业的新情况进行覆盖，一些国外航运企业利用政策空白进入国内航运业，对国内航运企业的发展产生冲击。

三、上海自贸区的航运政策复制性

上海自贸区自推行航运政策改革以来，整体运行平稳，一些创新的航运政策取得了良好的效果，比如沿海捎带业务的开放打开了中国封闭的沿海运输市场。负面清单管理模式刺激了航运服务水平的提高。这些政策虽然在刚推出时会引起一些波动，但是最终会成为推动持续改革的动力。然而，由于航运业本身的特点，以及上海自贸区的独特性，个别航运政策难以在其他港口或者自贸区进行复制或者推广。

1. 航运支持政策难以全面推广

上海航运交易所是中国唯一一家国家级航运交易所，其他城市的航运交易所不允许也没有能力取代上海航运交易所在信息发布与加工方面的地位，否则会导致全国范围内的市场交易信息混乱。但是，其他的一些航运支持政策如发展航运教育可以在其他港口和自贸区进行复制、推广。

2. 沿海捎带试点政策难以推广

如果全面开放沿海捎带业务，将会导致大量的外资公司进入，从而导致国内航运市场竞争混乱、监管困难，而且全面开放市场也不利于中国自身航运企业的发展。

3. 经营国际船舶运输的外商独资企业设立条款难以复制

上海自贸区允许设立外商独资企业经营国际船舶业务。但是，由于市场监管的需要，外商独资企业的设立不可能全面放开，新成立的天津和福建自贸区还没有相关政策允许，而广东自贸区也只允许成立港澳独资企业。

4. 负面清单管理模式难以复制

负面清单管理模式对于中国来说是一种管理模式的重要突破。中国加入WTO时仍使用正面清单，在负面清单的管理上尚没有积累足够的经验，贸然全面使用负面清单的风险无法有效控制，上海自贸区还在为负面清单管理进行试点研究，因此其他港口和自贸区只能先使用正面清单。

第三节　自贸区框架下的航运政策趋势

世界主流航运中心一般是通过货物量与政策吸引航运企业入驻来成长的，航运企业的入驻会给航运中心带来帮助，与此同时，国家航运政策的扶持是航运中心建设的必要条件。作为中国自由贸易区的试验性区域，上海自贸区航运政策在税费等诸多方面都进行了创新，促进了国内航运政策的创新，产生了可供借鉴和推广的经验，为其他港口城市的发展提供了必要的帮助。

一、基于创新的上海自贸区背景下的航运政策发展趋势

上海自贸区出台的一系列航运政策将会引领中国航运政策未来的走势、加速中国航运政策的创新、带动中国航运政策的发展，进而不断提高中国航运的软实力。

1. 上海自贸区将带动中国航运政策的创新

上海自贸区成立之后，政府出台了一系列相关的航运新政策：既有船舶登记制度，又有启运港退税政策等；既有税费的调整，又有负面清单管理模式、沿海捎带政策等全新航运政策。这不仅解决了我国航运界遗留已久的问题，更是我国航运政策的重大创新与突破。随着航运业的不断发展，将来会有更多更棘手的问题出现，伴随着新政策的开展，旧问题也会不断延伸形成新的问题。例如，在沿海运输市场的开放问题上，现行政策允许中资非五星旗船舶在国内开放港口与上海港之间开展进出口集装箱捎带业务，这进一步开放了中国沿海运输市场。此外，日趋发达的干支线网络的衔接，形成了集装箱运输的规模经济，这是集装箱运输的客观要求，沿海捎带政策满足了这一要求。但是，从政策角度来说，沿海开放政策的实施打开了中国封闭的大门，这一政策是否会持续发展，通过这一政策实施的集装箱班轮运输是否会将中国市场与国际市场合并，将是一个世界性的问题，这会促进中国航运政策的进一步创新。上海自贸区航运政策的出台及实施，必将会引起重大的关注，通过实践更好地为航运政策的创新提供帮助，将为中国航运政策的创新机制提供良好的借鉴意义和积累宝贵的经验。在上海自贸区航运政策的带动下，未来中国将出现更多创新的航运政策。

2. 航运软实力的打造将是未来中国航运政策创新的重点

上海自贸区在航运市场开放等领域突破了许多限制，提升了中国航运对外开放水平，但仅仅是提升了中国航运的硬实力，航运软实力的提升并没有得到很好的改善。中国港口在基础设施、吞吐量等航运硬实力方面已达世界前列，但在航运服务、信息、研发、教育等航运软实力方面仍与国际先进水平有一定差距，相关航运政策存在一定的不确定性，可能会产生一系列连锁反应。《实施意见》提出一系列航运支持政策，包括建立船舶交易信息平台、完善航运发展基金、设立高等航运学院、支持创新机制等，不断增强软实力，体现了中国对提升航运软实力的重视。未来，随着国家航运政策的不断推行与创新、经济结构的转型，航运软实力提升将逐步成为中国未来航运政策制定的关键。作为航运大国，中国真正达到航运强国的实力，还需要进一步提升航运软实力，在未来很长的一段时间里，中国必将把航运软实力的提升作为重中之重。

二、基于推广的上海自贸区背景下的航运政策发展趋势

将上海自贸区作为试验点，就是为了积累可供借鉴的经验，以便在其他港口推广实施。上海自贸区的航运管理方法和手段都有许多可以借鉴的地方，其中航运政策主要用于扩大开放，但是其中一些政策的不可复制性带来了一系列值得考虑的问题，在此重点分析国际船舶登记制度、启运港退税政策等政策的推广前景。

1. 国际船舶登记制度的推广

国际船舶登记制度在上海自贸区成功实施后可逐渐推广至其他港口。在上海自贸区成立前，《天津东疆保税港区国际船舶登记制度创新试点方案》(以下简称《创新试点方案》)就获得交通运输部批复同意，《创新试点方案》在保障安全的前提下，允许进行多方面的创新。但是，天津东疆保税港区下的国际船舶登记制度的开放程度没有上海自贸区高，如天津东疆保税港区要求外商出资额低于50%。因此，不久的将来便可以将上海自贸区的国际船舶登记制度推广到天津东疆保税港区，以放宽船舶登记制度限制，实现船舶登记制度的创新。与此同时，中国其他港口也可以引进该制度，吸引更多航运企业的船舶来登记，这在吸引航运企业入驻的同时，也扩大了港口的影响力。

由于市场容量限制，国际船舶登记制度难以大范围推广。此外，国际船舶登记制度也应当更加注意细节限制。随着国际船舶登记制度的推广，各大港口之间的竞争也必将更加激烈，如何处理好港口之间的关系、如何更好地推行政策，提高港口的航运实力显得尤其重要。

2. 启运港退税政策的推广

《实施意见》提到扩大启运港退税政策的试点范围，增强上海港的辐射作用。这一政策要求以上海港作为中转港，也要增加相应的支线港口的数量。但是，现状是只有上海一个中转港和数个支线港口，根本形成不了干支线运输网络，需要更多的支线港口才能形成集装箱班轮运输的规模经济。由此可见，这一政策的推广将是中国航运业发展的必然趋势。未来，中国可以选取更多的沿海港口作为启运港退税的中转港，以取得最好的经济效益。但是，中转港的数量不能过多，否则会适得其反，达不到理想的效果，导致过度竞争、资源浪费。因此，在部分港口适度推行启运港退税政策是可行的，可提升港口相关方面的实力。随着这种趋势的不断发展，围绕中转港的竞争将会越来越激烈，启运港退税中转港的许可的竞争以及获得许可后各中转港对于货源的竞争显得尤其突出，这或许需要更多的制度创新来解决。

上海自贸区背景下出台的各种创新的制度政策，对于推进中国港航业整体发展的意义日渐突出，进一步拓展了中国港口贸易等领域的创新成长空间，实现了中国航运政策全新的突破与创新，翻开了中国航运政策的崭新一页，是中国航运业具有里程碑意义的创新，将推动中国航运政策创新机制的形成，带动中国航运政策总体创新。因此，要不断积累可供借鉴的有益经验，为上述政策的推广复制提供契机，为中国航运业的发展提供必要条件。

第二章　自贸区航运政策应用案例

第一节　自贸区背景下的船舶登记制度

一、自贸区国际船舶登记制度的战略意义

自组建第一支自营远洋船队以来，经过50年左右的发展，我国的航运实力逐渐壮大，已成为世界公认的航运大国。但是，由于我国有大量国际航运船舶在国外登记，悬挂"方便旗"，这直接影响了我国船队的健康发展和航运大国的形象，损害了国家安全战略利益。

众所周知，船舶国籍的取得须经过登记。我国《海商法》规定，船舶经依法登记，取得中华人民共和国国籍，方可悬挂五星红旗航行。《联合国海洋法公约》规定，船舶应与船旗国有"实质联系"，船旗国应对悬挂其国旗的船舶有效地行使行政、技术及社会事项的管辖和控制权。但是，由于航运的国际性特点，船舶可以自由选择到其他实施开放登记制度的国家登记。如果一个国家为非本国公民或法人的船舶办理登记，就称为开放登记，其中一些还能称为"方便旗"登记。一些实行"方便旗"登记的国家往往缺乏完善的船舶安全监管制度，只对船舶收取少量的登记费，悬挂其国旗的船舶因此能够获得诸多经营便利。船舶悬挂"方便旗"经营，是国际航运特有的现象，世界商船队中65%左右的船舶悬挂"方便旗"经营。一些主要航运国家已在采取措施、制定政策，吸引本国资本的船舶在国内登记，悬挂本国国旗航行。

中资船舶海外移籍问题由来已久。我国船舶悬挂外国旗的历史可以追溯到20世纪50年代，即中华人民共和国成立初期，当时新政权还未被西方国家认可。美国对我国采取经济封锁和禁运政策，加之退守台湾的国民党不断拦截扣留来往于台湾海峡的商船，使得我国船舶只能依靠国际合作和在境外注册的方式来开展国际运输。1951年，中波轮船公司成立，公司13艘船舶全部悬挂波兰旗。1959年，中捷海运公司成立，我方的6艘船舶也全部悬挂捷克旗。1962年，中阿轮船公司成立，4艘中资船舶悬挂阿尔巴尼亚旗。20世纪60年代，我国组建了真正意义上的中资国际船队，同时诞生了中国远洋运输总公司，从此五星红旗船队开始遨游世界。20 世纪 70 年代，我国重返联合国，中国籍船舶日渐活跃于世界五大洋，但因当时我国仍未与一些国家（如南非）建交，所以部分船舶仍需悬挂“方便旗”。随着中国船队规模不断扩大，船舶所有人构成和利益考量日益多样化，中资船舶在境外注册、悬挂外旗经营的比例也有所上升，占国际航运船队总吨位的 50%～60%。我国船舶境外移籍现象从 20 世纪 90 年代开始日益严重，给我国带来了一系列复杂的影响。改革开放后，特别是 90 年代以后，我国船舶悬挂外旗的情况发生重大变化，在境外登记注册的船舶数量和质量大幅提升，境外登记地主要是巴拿马、利比里亚、塞浦路斯、马耳他等。

我国政府主管部门以及业内人士也曾多次呼吁国家有关部门认真分析研究中资船舶境外移籍的问题，实施国际船舶登记制度等相关政策，以吸引在境外登记的中资船舶回国登记，从而提高我国五星红旗船队的总量和竞争力、提升我国在 IMO 中的话语权、保障国家经济安全和国防安全。2009 年，国务院《关于推进上海加快发展现代服务业和先进制造业建设国际金融中心和国际航运中心的意见》（国发〔2009〕19 号）提出上海建设具有全球航运资源配置能力的国际航运中心，而船舶及其相关要素集聚是航运资源配置能力提升的重要手段，因此要提升上海国际航运中心航运资源的配置能力，船舶登记服务的影响力和国际竞争力十分关键。2013 年 9 月，国务院正式发布《中国（上海）自由贸易试验区总体方案》（以下简称《自贸区方案》），进一步明确要求利用中资“方便旗”船税费优惠政策，促进符合条件的船舶在上海落户登记，建立国际船舶登记制度，简化国际船舶运输经营许可流程，形成高效率的船籍登记制度。因此，如何解决中国船籍大量外移问题已成为国内航运界关注的热点，实施上海自贸区国际船舶登记制度是当前一个迫切需要认真对待和深入研究的课题，具有重要战略意义。

1. 有利于提升我国航运大国的地位，建设具有全球航运资源配置能力的国际航运中心

20 世纪 90 年代以来，我国航运企业在对自身船队的更新升级过程中，挂五星红旗的船舶屈指可数，而一些船型新颖、设备先进的船舶大多数悬挂了其他登记国的船旗。一方面，原有的国有船队多投入到我国国内航线及近洋航线上，由于船体老化、设备陈旧，威胁到了我国航运业的健康发展及我国水域的安全；另一方面，随着全球港口国检查及国内安全检查力度的加大，中国籍船舶被滞留的概率也大大增加，严重损害了我国作为航运大国、IMO A 类理事国的形象以及航运发展的话语权的提升。因此，上海自贸区国际船舶登记制度有利于吸引中资外籍船舶“回归”和新造船悬挂五星红旗，实际加强我国政府对船舶资源的控制力，提升我国航

运大国的地位，加强中国航运事业的国际话语权，促进上海建设和发展具有全球航运资源配置能力的国际航运中心。

2. 有利于促进我国航运产业集聚和航运衍生服务发展

上海自贸区国际船舶登记制度的建立，将实施优惠的政策和提供良好的登记服务，船舶所有人从经济效益和航运服务的角度考虑，将船舶“回归”登记，从而促进我国航运产业竞争力提升。伴随着油船和散货船的大型化、集装箱船的高速化和大型化，发达国家原有的、系统完善的航运产业结构逐渐向我国转移，促进我国航运产业集聚化发展。我国船舶“回归”登记，使五星红旗船队的吨位增加，而且由于其中含有不少技术先进的新船，使五星红旗船队结构得以改善，极大地完善了国内的整个航运业体系。由于船舶在我国登记注册，其有关的经济活动，包括船舶融资、保险、买卖、建造、检验等工作一般均可在境内进行，以及围绕船舶营运管理的交易、经纪、船员服务、物料供应等一系列衍生服务在境内快速发展，形成我国完善的和具有国际竞争力的航运服务体系。

3. 有利于增加国家税费，带来相关收益

境外登记注册的船舶不受我国政府的直接控制和监督，也无从了解这些船舶的资产变动及盈亏情况，这使得大量的国有资产在我国交通、财政和税务等主管部门的监管之外进行“体外循环”。由于我国政府难以掌握这些航运企业的经营好坏、资产增减、纳税多少等情况，因此可能导致国有资产失去监控，并使得大量税费悄然流失。我国相关法律规定，万吨级以上船舶的登记注册费为 1 元/吨船、使用税为每年 5 元/吨船、营运税为运费的 3%、所得税为运输利润的 25%。以近 4 000 万载重吨在境外登记的中资船舶为初步统计，一次性的船舶登记注册费损失近 4 000万元，每年的船舶使用税损失约 2 亿元。另外，还有部分企业的船舶营运税和船舶所得税等也流失在外。与其船籍外移，税费大量流失，不如以实施优惠的上海自贸区国际船舶登记制度，吸引船舶“回归”登记，这可以增加国家登记注册费和其他税费。

4. 有利于充分保障我国船舶安全和船员权益

船舶移籍境外，使得我国的船舶管理权转移到相应的船旗国。但是，实际上由于境外登记的船舶与其船旗国之间只是建立在经济互惠基础上的联系，部分国家和地区并没有能力履行船旗国管理义务，对船舶在行政、技术和社会事项上的“管辖和控制”十分薄弱。因此，在境外注册的船舶经常处于无政府管理状态，不利于远洋船队的安全监管。一旦船舶发生意外，我国政府对境外登记的船舶爱莫能助，无法直接以船旗国主管机关的身份进行联系、协调和处理相关工作，不利于保护中国船舶所有人和船员的合法权益。因此，从保障船舶安全和船员权益出发，实施上海自贸区国际船舶登记制度，吸引船籍"回归"，从而使我国政府加强对船队和船员安全的管理，是十分必要的。

5. 有利于加强我国国防战略和经济发展安全

强大的商船队是各国海军的可靠后备力量。从我国国家战略角度出发，实施新的优惠的船舶登记制度，吸引大量船舶在国内登记，一旦发生战争或当国家出现危机时，我国政府实际控制征用这些船舶，从而保障国家安全。同时，悬挂五星红旗的中国船队也可在遇到危机的时候得到国家的有力庇护。另外，随着我国对外贸易依存度的不断扩大，尤其是对进口石油、天然气等重要战略物资的依存度不断提高，运输安全已成为国民经济发展中的重要一环，而保证中国籍船舶承运这些重要战略物资的必要份额，是确保国家安全的一个重要条件。我国航运巨头如原中远、原中海等都是国有企业，旗下的船舶属于国有资产，如果政府无法监督管理这些船舶，就无法掌握这些船舶的资产变动和营运能力等，那么就难以对我国航运业进行宏观调控，同时造成国有资产和外汇的大量流失。

二、自贸区国际船舶登记制度创新对我国产业经济的影响

通常认为，航运服务业是指所有围绕航运和海事活动而形成的服务产业。根据这个定义，航运服务业属于服务业范畴。从航运服务业构成要素来看，可将现代航运服务业划分为核心层、辅助层和支持层等 3 个层面，其中：核心层由船舶运输业和港口服务业组成；辅助层由为核心层服务的航运辅助业组成，包括船舶代理、货运代理、航运经纪、船舶维修和船舶检验等；支持层为附加值高的增值层，主要包括航运金融、航运保险、海事法律和航运人才培养等航运衍生服务行业，是航运服务集群外围，属于知识密集型行业。国际船舶登记制度的创新会直接增加船舶代理服务、船舶供应和货物服务的需求。此外，其对我国产业，尤其是航运产业的推动还体现在以下几个航运辅助业和附加值高的衍生支持行业。

1. 维修服务

我国是航运大国，但不是造船与修船强国，在修造船上还落后于日本、韩国以及欧洲国家。特别是在修船问题上，我国的修船技术、修船经济规模、修船行业的分布等均存在问题。更现实的问题是，我国的修造船行业在对外修理悬挂"方便旗"船舶时面临着巨大的商业风险：由于世界范围内修造船行业的激烈竞争，船舶维修通常都是分期付款的，船厂往往仅能在船舶开航出厂前收到少部分修船费，对于剩余未付的维修费用亦无任何担保，国内骨干修船企业维修费的应收账款数额和占产值的比例惊人，在这种情况下，众多国内船厂期望以扣押当事船舶这一海事请求，最大限度地降低商业风险。但是，现行的《海商法》中关于船舶留置权的规定失去了发挥其保

全作用的现实基础。国际船舶登记制度的创新在吸引中资“方便旗”船回国的同时也增加了对船舶维修产业的需求，有利于促进船舶维修服务业的发展，促进我国船舶维修行业技术水平的提高，同时维护船舶维修行业的合法权益。

2. 船员劳务

许多国家将全部或按一定比例配备本国船员作为给予船舶国籍的条件，以确保本国船员的就业机会和船舶的技术标准，同时也为了保证国家能对本国籍船实行有效控制。对于大多数船舶所有人来讲，如果所有条件都相同的话，那么他们肯定会选择在本国进行船舶登记，悬挂本国国旗并配备本国船员。二战以后，传统航运国家的工资水平上涨很快，船员成本成为船舶营运的一项主要投入。因此，最大限度地降低船员成本就成为吸引船舶移籍的最重要因素之一。

我国船员储备较为充实，因此，我国国际船舶登记制度的主要内容并不是配备外国船员，而是更应该从提高我国船员就业率和就业环境的角度考虑，为船务公司和其他相关的配套行业创造更多的就业机会，保障中国籍船员就业，同时保障我国船员的福利待遇，维护船员的合法权益。此外，我国国际船舶登记制度的创新也有利于鼓励我国培养高质量的船员，尤其是对高级船员的培养，以此进一步巩固我国“航运强国”“海洋强国”的战略目标。

3. 航运保险

航运业与金融业互为依托、相互促进、共同成长。航运业是资本密集型产业，具有投资金额大、回报期长、风险较高等特点。这些特点决定了港、航、船等企业在经营中有诸多融资、转移风险、损失补偿、价格发现和套期保值等需求。金融业与航运业的紧密结合不仅能够解决上述问题，充分发挥金融在航运融资、保险和价格发现等方面的作用，而且为航运业的发展提供强大支持。以金融、保险、法律、信息服务为代表的高端航运服务业是航运中心建设的核心内容，而航运金融又是核心中的关键。全面提升航运金融服务水平是发展航运高端服务业的重要内容，同时也是建设上海国际航运中心和国际金融中心的重要方面。

伦敦至今依然是国际航运中心，原因就在于其高端航运服务业发达。仅航运贷款和海上保险两项，伦敦就分别占全球市场份额的 20%和 19%。据中国证券网报道，截至 2014 年 8 月，上海已有 8 家航保中心，其中 1 家在筹，船舶保险保费收入约占全国一半。与伦敦相比，上海的航运金融等高端航运服务业仍欠发达，尚处于起步阶段。

船舶登记制度的创新将有利于简政放权，创新航运保险业的监管模式，助推保险公司在上海集聚，激发市场活力，在吸引更多船舶所有人的同时，也有利于引入国外优秀的船舶保险企业，促进国内外航运保险规则的对接，不断提升行业的专业化水平。

4. 船舶检验

船舶检验是指国家授权或国际上承认的船舶检验机构、组织等，按照国际公约、规范或规则的要求，对船舶的设计、制造、材料、机电设备、安全设备、技术性能及营运条件等所进行的审核、测试、检查和鉴定，是目前各国为保证船舶技术状态，保障水上人命、财产安全和防止海洋污染所普遍采用的一种对船舶监督管理的措施。船舶检验一般是指国际承认的民间船级社，依据其船级规范对船舶的船体、设备、轮机（含电气）设备和（或）货物冷藏装置是否处于良好和有效技术状态进行的检查和鉴定。对于符合船级社规范的船舶可以入级。船舶检验属公证性质。船舶入级检验是船舶所有人为了商业目的而自愿进行的，所谓“入级”就是船舶的技术状况达到或满足船级社的规范标准。国际船舶登记制度的创新使得船舶检验不再仅限于中国船级社一家检验机构，增强了具有国际竞争力的服务理念，降低了船舶转级、换旗的成本，为船舶所有人提供了便利，自由选择船级社也有利于吸引中资“方便旗”船的回国。此外，通过制度创新逐步放开船龄的限制，以船舶检验技术作为认定标准也是与国际接轨的开放管理模式，减少了企业财产的浪费和不必要的经营成本，也增加了对船舶检验行业的需求，有利于我国船舶检验服务整体水平的提高。

三、自贸区国际船舶登记制度创新对我国税费的影响

我国目前实行封闭型船舶登记制度，税费负担应该说是造成我国船队悬挂“方便旗”的主要原因之一。目前，我国船公司的税种繁多、税率高昂，这样的财政环境与“方便旗”国家注册船舶低廉的税负情况相比，船公司显然难以接受。中资外国籍船舶不愿意回国登记、现有中资船舶不断移籍及“国轮外造”现象的不断加剧，已严重影响到我国造船业乃至整个航运产业的发展和转型升级，使我国在航运软实力上失去国际竞争力。此外，我国“方便旗”船队全年境外运费收入达上百亿美元，因此，船舶悬挂“方便旗”导致我国税费流失，同时中国籍国际航行船舶处于高成本运营的不利地位。国家的税费政策如同一柄双刃剑，在积极调控的同时，也会对一些产业带来一定的负面影响，正如美国政府在推行减税政策时提出的“拉弗曲线”理论所指出的，当国家对某一产业设定的税率达到一定高度时，国家从这一产业得到的税费将随之减少，直至为零。

按照船舶登记条件不同，目前国际通行的船舶登记制度主要有封闭型登记制度、开放型登记制度、国际登记制度等。

1. 封闭型船舶登记制度的税费征收

实施封闭型船舶登记制度的国家对登记船舶的征税标准普遍较高，通常规定

登记船舶所属航运企业每年需向国家缴纳一定比例的航运所得税，且该税费比例一般较高，而进口类船舶还需缴纳高昂的进口关税与增值税。实施封闭型船舶登记制度的国家还要求登记船舶的船舶所有人缴纳一定数额的资本利润税、免税储备基金和船员个人所得税等项目的税金。此外，封闭型船舶登记制度下的船舶的国籍登记费用与其他船舶管理费用也比开放型船舶登记制度要高。以美国为例，2006 年，封闭型船舶登记制度下 2 000～5 000 净吨船舶的登记费用为 2.26 美元/t，而同年实施开放型船舶登记制度的巴哈马对同等吨位船舶的登记费用收取标准约合 1.2 美元/t，仅是美国的 53%。一般而言，在封闭型船舶登记制度下，对船公司不会减免税费。

2. 开放型船舶登记制度的税费征收

实施开放型船舶登记制度的国家通常会给登记船舶提供较为优惠的税费征收待遇，对前来登记的船舶一般只以吨位为基础征收数额较低的登记费和年费，而不再征收航运所得税或营业税，也不征收进口关税等，并向船舶所有人保证其后不再征收任何其他税费。

例如：巴拿马一般按总吨收取登记费，5 000～15 000 总吨的船舶收取 3 000 美元，年费按每总吨 0.1 美元收取(较利比里亚每年每总吨 0.3 美元的年费更低)，且免营业税和所得税(在本国取得收入除外)；游艇登记费为每 2 年 1 000～1 500 美元，具体视船舶所有人国籍不同而定。对于登记总吨位超过 75 000 且向巴拿马政府缴纳不少于 50 000 美元税费的船舶所有人，巴拿马海事局有权给予这个船队在船舶注册方面的折扣。

3. 国际船舶登记制度的税费征收

实施国际船舶登记制度的国家为吸引“方便旗”国轮回籍，同时增强其对域外船舶所有人的吸引力，一般会通过相关立法积极下调船舶登记费用的征收标准，并积极为登记船舶提供一定程度的税费减免待遇。

以最早实施国际船舶登记制度的挪威为例，该国在实施国际船舶登记制度后，将船舶登记费用从原有封闭型船舶登记制度下的 7 200 克朗(约合 1 296 美元)降至1 400克朗(约合 252 美元)，降幅高达 80.6%。与此同时，该国对 400 总吨以上的货船征收的年费从原有封闭型船舶登记制度下的 12 600 克朗(约合 2 268 美元)降至5 800克朗(约合 1 044 美元)，降幅近 54%。其后又不断借鉴开放型船舶登记国的税费减免措施，逐渐减少航运税费，直至 2007 年完全免除国际船舶登记制度下的船舶经营所得税，同时参照开放型船舶登记国的做法将船舶年费的征收方法改为以船舶吨位为单位来征收，由此改变了原有的固定年费的征收方法，使得船舶年费的缴纳依船舶吨位的实际情况而变得更为灵活、更为优惠。

日本国际船舶登记制度对国际航行船舶长期实行特别折旧制度，将国际航行船舶的固定资产税和登记许可证税定位为非课税对象。

英国马恩岛船舶登记制度不征收吨税、年度税等税费，只收少量登记费用：1 500总吨以下的船舶征收 170 英镑，1 500 总吨以上的船舶征收 245 英镑。另外，根据马恩岛 1984 年所得税条例，免征船舶固定资产税、船员收入所得税和社会保险税（船员费用可减少 30％以上）。

中国香港船舶注册费按总吨收取，如 15 000 总吨以上船舶的登记费为在 3 500 港元的基础上按每总吨 3 港元收取，最多收取 100 000 港元；而年费则按净吨收取，1 001～15 000 净吨船舶的年费为在 1 500 港元的基础上按每净吨 2 港元收取。香港对从事国际航运所取得的收入免除所得税，并且所有在香港注册的船舶都不用缴纳 ITF 会员福利基金、验船费、海难调查费和国际组织参与费。

新加坡的船舶登记费主要包括外籍船舶转来新加坡的登记费、所有权更改登记费、每年吨税等。新加坡会给予特定船舶和公司享受免征收入税、船舶销售税、预扣税的待遇。

4. 不同船舶登记制度的税费征收差异

从前述关于各船舶国籍登记制度的税费征收情况来看，封闭型船舶登记制度的税费征收标准一般要高于其他两种船舶登记制度，而国际船舶登记制度则在此方面充分借鉴了开放型船舶登记制度的税费减免规定，从而在税费征收标准方面与开放型船舶登记制度更具相似性。各船舶登记制度在税费征收方面的差异也反映在其各自不同的实现效果上，具体来说：

（1）封闭型船舶登记制度可以使船舶登记国政府当局能有效地保护本国航运企业和造船业者的利益；控制运力投入与需求之间的适当平衡；对登记船舶实施高效的监督管理，保障海上安全，保护环境；促进国内船员就业。封闭型船舶登记制度较高的税费征收标准表面上虽然有利于增加国家的航运税费收入，但过高的税费征收标准加重了航运企业的负担，压缩了航运企业的利润空间，致使航运企业的国际竞争力遭到削弱，由此导致封闭型船舶登记制度的吸引力逐年下降，致使大量原本在封闭型船舶登记制度下登记的船舶转向税费更为优惠的开放型船舶登记国登记，并大大削弱了封闭型船舶登记国的航运实力，使其航运发展出现不同程度的下滑。这一点从日渐流失的船舶登记吨位上可略见一斑，并最终造成船队规模缩小、船舶状况下降、税费流失等状况的出现。就国家战略安全的角度而言，商船，特别是新船和高技术含量船舶的大量移籍显然不利于在战争或敌对状态下的国家安全。

（2）开放型船舶登记制度优惠的税费征收标准对于外国船舶所有人来说有着极大的吸引力。据 UNCATD 统计，目前全球开放型登记船队每年的航运收入在

其向开放型船舶登记国缴纳年费的比例仅为0.3%，如此低廉的收费吸引了大量域外船舶移籍至开放型船舶登记国登记。对于开放型船舶登记国来说，虽然低额的税费表面上短期内带来了外汇收入的减少，但是吸引到了大量域外船舶前来登记注册，使得船舶登记量激增，由此足可通过登记数量上的优势来弥补低额税费的劣势，继而达到薄利而多销式的效果，从而在中长期实现船舶登记收入的大幅增长，使得登记费与年费成为上述开放型船舶登记国的重要外汇收入来源，同时也使得开放型船舶登记国凭借低额的税费征收标准而在船舶国籍登记竞争中取得难以撼动的竞争优势。

(3) 国际船舶登记制度在税费征收方面的积极调整，使船舶登记国改变了原有封闭型船舶登记制度下过高的税费征收状况，从而利用其较为优惠的税费征收规定对原本移籍海外的船舶和其他从事国际航运的域外船舶形成了类似于开放型船舶登记制度的巨大吸引力，进而能成功地吸引上述船舶“回归”或前来登记注册，有效克服了原有封闭型船舶登记制度的弊端与开放型船舶登记制度的挑战。以在挪威航运史上具有重要意义的2004年的航运发展情况为例，该国当年拥有的专门从事国际航运业务的船舶共计1 593艘，其中：共有690艘、总载质量22 577万t的船舶选择在该国国际船舶登记制度下登记注册，占该国船舶总数的43.3%；有223艘船舶选择在该国原有封闭型船舶登记制度下登记注册，占船舶总数的14%；而其余680艘船舶选择在开放型船舶登记国登记注册，占该国船舶总数的42.7%。此外，当年该国还有100艘、总载质量4 734万t的新建船舶提出了该国国际船舶登记申请。

四、自贸区国际船舶登记制度相关配套政策建议

上海自贸区国际船舶登记制度是借鉴世界航运国家实施的国际船舶登记制度经验，结合我国国情，在上海自贸区对从事国际航行和作业的船舶试行的，在船舶所有人的股权结构、船龄限制、船舶检验等方面跟现行的船舶登记制度相比，适度放开的一种登记形式。该制度以“中国洋山港”为船籍港，通过放宽登记主体、船龄范围等条件，完善船员配备、登记种类、船舶航行区域等内容，优化审批程序、材料要求、网上办理等登记流程，设计与国际船舶登记制度相配套的营运、检验等流程，从而形成高效率的船舶登记制度。上海海事局结合国际船舶登记制度的特点和自贸区实际情况，制定了自贸区国际船舶登记规则、登记工作规程和办事指南等一整套配套程序和办法，以确保国际船舶登记制度能在自贸区顺利有效实施。

为了保证上海自贸区国际船舶登记制度的成功实施，必须建立配套的制度和环境，在多个方面突破现有制度，旨在给中资船舶所有人创造一个基本形同境外的

经商环境，最终达到吸引他们“回归”之目的。换言之，自贸区就是某种形式的特区，在特区内建立一套符合国际船舶经营需求的环境，建立一套能与船舶注册热点国家或地区竞争的制度。只有在与这种大环境相匹配的条件下，辅以政策引导，自贸区国际船舶登记制度才有机会获得成功。具体措施如下：

1. 国际船舶登记机构与船籍港

在上海自贸区洋山保税港区设立上海自贸区国际航运船舶登记中心，负责中国国际船舶登记制度的实施和推广。中华人民共和国海事局是我国法定的船舶登记主管机关，经中华人民共和国海事局授权的海事管理机构，是具体实施船舶登记的机关。据此，由中华人民共和国海事局负责设立登记机关有利于中国国际船舶登记制度的推行和归口管理。在上海自贸区国际船舶登记制度下，船舶的船籍港被确定为“中国洋山港”或“中国上海港”。

2. 国际船舶登记制度下的船舶航线经营权与沿海捎带业务开放

适用上海自贸区国际船舶登记制度的船舶仅限于从事国际航线的船舶运输，不能从事国内航线的船舶运输。但是，对于中资控股的国际航运企业在国际船舶登记制度下登记的船舶，允许其在我国沿海港口之间开展外贸货物中转捎带业务。

3. 中资公司在上海自贸区登记的船舶不强制引航

目前，从维护国家主权和保障港口、船舶安全的不同角度，世界大多数国家均对船舶进出本国港口规定有一定程度的强制引航要求。各国法律对强制引航区和强制引航船舶均作了明确规定，一般对外国籍船舶进出本国港口都实施强制引航。我国法律也规定，凡进出中华人民共和国港口和在港内航行、移泊的外国籍船舶，一律实施强制引航。为提升上海自贸区国际船舶竞争力，对于中资公司在上海自贸区登记的船舶，在进出我国开放港口时，享受无强制引航的优惠政策。

4. 国际船舶登记制度下的相关税费政策

上海自贸区国际船舶登记制度实施一系列的配套航运税费相关的政策措施。主要包括：

(1) 对在国内建造的实施上海自贸区国际船舶登记的船舶，视同船舶已经出口，享受国家规定的出口船舶退税等优惠政策。

(2) 对在国外建造的在上海自贸区进行国际船舶登记的船舶，免征船舶进口关税和增值税。

(3) 对已经在国外登记的中资船舶转籍“回归”上海自贸区进行国际船舶登记的船舶，免征进口关税和增值税，并简化回国登记审批手续。

(4) 对已经在国内运营的国际航运船舶，转入上海自贸区洋山港登记，则不享受出口退税，但可以享受在中国洋山港登记船舶的其他优惠政策，如船员个人所得

税免征、沿海捎带等。

(5) 对在上海自贸区实施国际船舶登记的船舶转移到国内其他港口登记的要按现行的二手船进口政策办理。

(6) 对在上海自贸区实施国际船舶登记的船舶报废到国内拆船厂拆解的按进口废钢船办理。

(7) 对在上海自贸区内融资租赁的船舶,予以融资租赁相关登记。

(8) 对国外光租的船舶免关税予以登记。

(9) 对适用上海自贸区国际船舶登记制度的船舶免征车船税。

(10) 经营船籍港为"中国洋山港"的船舶的航运企业所雇佣的船员,对其在船籍港为"中国洋山港"的船舶上工作的工资收入免征个人所得税。

(11) 为境内航运企业购买境内区外船舶办理出口退税手续,并简化办理流程。

(12) 在上海自贸区国际船舶登记制度下,经营船籍港为"中国洋山港"的船舶所属的工商注册航运企业,可以享受《国务院关于推进上海加快发展现代服务业和先进制造业建设国际金融中心和国际航运中心的意见》(国发〔2009〕19 号)有关国际航运企业的税费优惠政策。

5. 船舶检验配套政策

经中华人民共和国海事局授权的验船机构是可参与注册上海自贸区国际船舶登记的船舶的法定检验机构。

依据《中华人民共和国船舶和海上设施检验条例》,国际航运船舶的检验机构应是经中华人民共和国海事局认可的验船机构。中国船级社经海事局授权,可代行法定检验。为便于注册为"中国洋山港"的船舶的法定检验工作的开展,建议中华人民共和国海事局对目前国际船级社协会的 10 余家成员单位进行认定,对符合要求的境外验船机构授权代行法定检验,而不限于中国船级社一家。但是,对于原船舶检验机构是非国际船级社协会的应由中国船级社进行入级检验。

6. 船员雇佣政策

船员雇佣政策依据现行《中华人民共和国船员条例》的相关规定保持不变,船长须由中国公民担任,高级船员经批准可由外国籍船员担任,普通船员不受国籍限制。

本质上现行船员雇佣制度对中资国际航运船舶"回归"的影响较小,可保持不变。但是,对于高级船员经批准可由外国籍船员担任的规定,应由中华人民共和国海事局推出认定标准和程序。

7. 船舶保险自由政策

充分发挥上海自贸区"境内关外"国际化特征,将在上海自贸区国际船舶登记制度下登记的船舶视同出口境外的船舶，故船舶保险选择不应受国内现行《保险法》的规定约束，即境外保险标的保险不受约束。因此，建议明确在上海自贸区国际船舶登记制度下登记的船舶的保险标的性质，船舶视为出口境外的船舶，其保险标的也不完全属于境内，所以，此类船舶应该作为一种特例，允许其自由选择在我国境内或境外投保。

五、船舶登记服务创新促进航运产业经济发展

航运服务业作为服务业的一部分已经成为被重点关注的领域之一，从航运服务业集群孕育和成长过程来看，上海市虽然已经形成相对完整的产业链条，但尚未建成多层次、全方位的航运服务体系，尤其是航运交易、航运信息、航运咨询、航运金融、航运保险、航运商务和海事法律服务等行业还存在不足。

1. 完善航运服务产业链，重点发展高附加值海事服务产业

尽快使航运服务功能从较低层次、较少门类、各个服务行业各自发展向较高层次、门类逐步齐全、各类服务协调发展方向转变，必须重点发展与船舶交易、船舶检验及注册登记、海事处理等相关的各类服务业；重点突破知识型和高附加值服务项目，引进和大力发展能满足上海国际航运中心建设要求的航运金融与保险、航运经纪、公估公证、船舶检验、海事法律咨询、海事仲裁和船舶信息等服务功能。

2. 提高服务意识，建立具有国际化服务理念的船舶登记机构

在国际上实行开放型船舶登记制度的“方便旗”国家均把船舶登记当作商业模式来运作。如果上海国际航运中心的船舶登记服务不能提供具有国际竞争力的服务理念，这将使已经习惯了国外登记机构便捷、优质服务的船舶所有人感到无所适从，最终导致我国国际航运船舶特殊登记制度吸引中资“方便旗”船“回归”登记的可能性大打折扣。因此，必须提高上海船舶登记机构服务意识，提供便利的登记程序和高效的服务。

3. 完善船舶登记制度的相关配套服务法律政策环境

由于我国的船舶融资和法律体系不够完善，国际银行对我国现有的船舶登记制度缺乏信心，使得上海的船舶登记服务缺乏吸引力。完善而稳定的政策环境对于上海自贸区国际船舶登记制度来说非常重要。

当前，上海国际航运中心与纽约、伦敦等世界航运中心相比，硬件方面的差距不断缩小，但在体制、机制、管理和环境等软实力方面还存在较大差距。因此，国际船舶登记制度的创新对加快上海现代航运服务业发展、形成航运产业集群、促进上海国际航运中心建设和上海市经济发展具有重大意义。

第二节　自贸区背景下的航运金融

2013年9月27日，国务院印发《自贸区方案》，其中明确指出："扩大投资领域的开放，提升国际航运服务能级，探索形成具有国际竞争力的航运发展制度和运作模式。积极发展航运金融、国际船舶运输、国际船舶管理、国际航运经纪等产业。加快发展航运运价指数衍生品交易业务。"《自贸区方案》还明确指出要积极发展航运金融产业，并且强调加快发展航运运价指数衍生品交易业务。《自贸区方案》的出台，将极大地刺激航运金融产业的发展，对于发展前景看好，但进展并不顺利的航运金融产业是极大的利好。航运金融相关部门，一定要利用好此次良机，出台相关政策，采取有力措施，真正把上海乃至全国的航运金融产业做大、做强。

一、上海航运金融业存在的问题

航运业属于资金密集型行业，其发展对银行等金融机构的依赖度很高，同时航运业的金融需求也对金融业的发展产生巨大的推动作用，两者相辅相成。对于承担超过90%的国际贸易运输量的航运业，其需求庞大、日益复杂的国际化金融业务成为金融行业创新的主要动力和源泉。

上海的航运金融业经过几年的发展，已经取得一定的成绩，但与西方发达国家相比还存在较大的差距，具体存在以下几个方面问题：

1. 受到政策制度的制约较多，而且缺乏相关的税费扶持

航运金融的发展需要良好的国际金融环境，需要国际金融中心的地位的支撑，但近两年上海国际金融中心建设进展缓慢，没有真正意义上的政策突破。缺少国际金融中心地位的支持，是上海航运金融发展缓慢的主要原因之一。另外，上海在船舶融资成本、船舶租赁项目财政税费政策及交易透明度等方面，与伦敦、纽约等存在着非常大的差距，这些方面成为影响我国发展航运金融业务的限制性因素。

2. 航运服务产业链不完善，导致船舶融资发展滞后

目前，国内很多银行都成立了航运金融业务部门，并且开展了一些船舶融资业务，但我国的航运企业还主要以传统的贷款为主，真正意义上的船舶融资业务很少。船舶融资具有很高的专业性，涉及的环节较多，如船舶检验、船舶登记、船价评估以及法律、会计等多个环节。目前，我国的航运服务产业链主要集中在货运代理、船舶代理等附加值较低的环节，在船价评估、法律以及会计等高端环节非常薄弱，致使船舶融资行业发展非常不顺利。另外，由于我国外汇管制的原因，国际性航运企业在全球资金配置和回笼过程中途经中国时存在一定限制，企业只能通过

设立离岸账户的方法解决。这不仅增加了交易成本，而且与立足本土、为客户提供具有全球化视野的清算服务的期望是相背离的。

3. 航运保险险种少，相关保险机构国际性程度不高

航运保险属于专业性较强的险种，进入门槛较高，一直是国内航运金融领域的短板。国外保险公司在航运保险领域实力强大，它们往往拥有全球性的航运保险产品和遍布世界主要港口的保险检验、理赔和追偿代理网络，这是从事航运保险的必要条件。国内保险业缺少航运信息的综合平台、缺少相关专业人才，大部分保险公司主要承保一些市场准入门槛低的短期货运险种，少有公司有能力开展远洋货运险。另外，由于存在数量少、规模小、国际知名度不高、经营管理水平相对落后、风险定价能力不足、保险条款各方面未能与国际接轨、不能提供较为全面的保险服务等缺陷，国内航运保险机构在与实力强大的国外保险机构竞争时，往往流失了很多航运保险业务。

4. 高端运价衍生服务尚处在初级阶段

近几年，航运业价格波动非常频繁，而运价指数衍生品是规避运价风险的主要工具，是与航运业发展高度匹配的风险控制手段。航运金融衍生品市场发展是航运金融业纵深发展的高级阶段，但我国的航运金融衍生品市场发展起步晚，产品品种偏少，产品设计方面的科学性也存在争议，而且缺少国际性的航运企业和金融机构参与。纵观国际上航运金融衍生品的发展历史，可以看出航运金融衍生品未来在中国必然会有非常好的发展前景。

5. 航运金融相关人才极度短缺

航运金融业属于航运业与金融业的交叉行业，在我国属于新兴行业。作为航运金融业的从业人员，必须同时掌握航运、金融、法律、会计等多方面知识，不仅要具备坚实的理论基础，还须具有丰富的从业经验。国内商业银行和相关航运企业，包括大型银行和航运企业涉足航运金融领域时间不长，缺乏既懂航运又懂金融的复合型人才，在人才的积累上与国外银行、航运企业等差距很大。上海高级国际航运学院院长余思勤教授曾在接受东方卫视记者的采访中指出："目前，航运金融是我国航运业的短板，软实力方面与西方发达国家存在较大的差距，而且最主要的是缺乏航运金融方面的人才。"

6. 航运金融相关国际结算便捷度低

在航运金融的国际结算方面，由于我国外汇管理相对严格，在资本项目方面尚未实现完全自由兑换，外资跨境资金流动受到较大的限制，境内外汇资金划转也同样如此，这使得资金的划转和流动都需要加上人为的审核环节，致使结算效率低下。在人民币结算方面，国内各商业银行电子结算系统建设水平良莠不齐，大多不

具备专门针对航运企业的特色系统或模块。总体而言,航运金融领域的结算便捷度较低。

二、上海自贸区对航运金融业的促进作用

自上海自贸区获批以来,人们对上海自贸区内的各项改革寄予厚望。上海自贸区改革的主要任务是投资和贸易的便利化,而这些需要金融领域改革的支持,因此在上海自贸区建设中,必然引起一系列金融领域的改革。另外,上海自贸区建设必然会推动新的航运政策的出台,从而提升我国国际航运服务的能级。上海自贸区若能推行与国际水准持平的航运标准,则相应也将带动金融体制的改革,与国际航运金融接轨。具体来说,上海自贸区建设将对航运金融业产生以下几个方面的促进作用。

1. 航运金融业将直接受益于上海自贸区带来的贸易提升

航运金融业的发展,需要以金融业和航运业的快速发展为基础,很难想象,一个国家的金融业和航运业都不发达,而航运金融业却非常发达。因此,航运金融业是以航运业和金融业的发展为依托的。上海自贸区建设,必然将加大我国的国际贸易量,包括转口贸易量,贸易量的增加,必然会增加对航运的需求,从而增加对航运金融的需求。金融改革将是上海自贸区的最大亮点,会引起利率市场化、汇率自由汇兑、金融业对外开放、产品创新等方面的改革。这些改革将非常有利于航运金融业的快速发展。

2. 上海自贸区建设将为我国航运保险业带来难得的发展机遇

随着上海自贸区不断发展、完善,航运保险未来发展环境优越。上海保险监管部门充分地利用了上海成立自贸区的大好时机,迅速采取行动。为配合上海航运保险适应上海自贸区发展的需要,上海保监局成立了保险创新业务监管领导小组。该小组全面负责对航运保险和自贸区保险的监管工作,旨在探索保险创新业务监管的思路、制度和方法,更好地支持上海自贸区建设。保险从业机构也正在加大产品创新的力度,以适应上海自贸区所带来的对航运保险的需求。

3. 上海自贸区的设立为航运金融衍生品创新带来新的机遇

《自贸区方案》中明确指出:“积极发挥外高桥港、洋山深水港、浦东空港国际枢纽港的联动作用,探索形成具有国际竞争力的航运发展制度和运作模式;加快发展航运运价指数衍生品交易业务。”上海航运交易所应上海自贸区政策要求,于近期推出了南北线煤炭运力衍生品,这是全球首个运力交割型航运金融衍生品。通过实物交割,该衍生品更贴近实体经济的实际需求。上海航运交易所于2014年推出基于国际干散货的衍生品,并对现有的中国出口集装箱运价衍生品进行改造升级。

可见，上海航运交易所利用上海成立自贸区的时机，不断推出新产品。

另外，如果在上海自贸区内能够实现人民币自由兑换，那么会吸引国外的成熟交易者参与我国的运价衍生品交易，这将改变我国衍生品交易中没有国外投资者参与的窘境，使我国航运运价衍生品的投资者队伍更加合理。

4. 利用上海成立自贸区的契机，不断健全金融服务方式和手段，提高航运金融业结算便捷度

为了提高航运金融业结算的便利性，利用自贸区内很可能放开外汇管制的时机，积极筹建国际航运公司的中国业务结算中心和资金管理中心。在人民币结算方面，建议国内商业银行利用自贸区的优势，积极加大研发力度，并结合航运企业的结算特点，提高结算便捷度。另据报道，近期某国际航运巨头提出与国内商业银行共同开发运费清算中心的设想，用以作为航运业通用的清算船公司与代理之间的资金和票据的平台，加快结算速度。对于国内商业银行等金融机构而言，应抓住上海成立自贸区的契机，强强联手，使航运金融业结算能力实现突破。

5. 培养航运金融专业人才，做好人才储备

国内相关部门应建立航运金融人才的引进机制和培养机制，既要形成人才流动，又要注重人才的培养和储备。上海相关部门应该利用成立自贸区的契机，出台相关政策，为真正掌握航运金融的人才提供一系列的优惠措施和政策，吸引国际人才参与到我国的航运金融建设中来。另外，还要加大本土航运金融专业人才的培养力度，政府部门要采取相关措施，联合研究机构，进行联合培养。上海海事大学利用上海成立自贸区的契机成立“中国(上海)自贸区供应链研究院”。该研究院将在与自贸区供应链相关的航运、物流、金融、法律等领域开展研究咨询、政产学研合作、境外合作、高端教育培训、情报发布等工作。相关政府部门也可以利用这一平台，建立科学合理的人才培养机制，培养大量的航运金融专业人才。

总之，随着国家相关优惠政策的落实，上海自贸区内的货物将实现自由贸易，金融也将自由流通，必然使进出口服务贸易更加活跃，而货物和服务自由贸易活跃度的提高，必将推动航运金融业的发展。上海自贸区的建立，对航运金融业的影响不会仅仅停留在自贸区内的相关企业，它将带动整个航运金融业的成长和发展。

第三节　自贸区背景下的航运保险

上海在建设航运中心的进程中，航运金融发挥着重要作用，而航运保险作为航运金融的重要组成部分，对于上海建设与全球枢纽节点地位相匹配的现代航运服务体

系，发挥着重要功能。随着上海自贸区改革的不断深入，贸易模式不断升级，除了带动传统航运保险的需求外，还有效催化了一些新型的保险方式，自贸区贸易模式的转型升级给航运保险业带来了很大的发展空间和机遇。“一带一路”建设也为航运保险业提供了重大机遇和广阔空间，同时也对航运保险业提出了更高的要求，需要航运保险业在产品、服务、技术等多方面进行创新。为了进一步提高上海国际航运中心的国际地位，上海需要深入分析航运保险市场的特征和规律，剖析自身的优势和不足，通过借鉴发达国家的经验，提升在国际航运保险市场中的份额和地位。

一、我国航运保险业的发展历程

近年来，在国际航运业发展的带动下，国内航运保险业务量保持了稳步的增长，但与航运业的需求以及我国航运业在国际上的地位相比，我国航运保险业的发展还存在很大空间。

目前在全球海上保险市场中，英、日、德、美占据六成份额，而全球45%的船舶由远东地区船舶所有人掌握，却只有5%的船舶在亚洲地区投保，在中国投保的更少。

我国航运保险业经历了如下发展历程。

1. 协会互保

1984年，中国船东互保协会在北京成立，旨在维护与保障其会员的信誉与利益，并为之提供各项专业性保赔业务与补偿服务。协会的船舶互保业务发展迅速，已成为中国大陆三家最大的船险承保者之一。较著名的会员有原中远集团、原中海集团、河北远洋运输集团、中外运长航集团、招商集团、东方海外、香港华光、新加坡万邦、SEASPAN等大型航运公司。

2. 综合保险公司部门业务

2009年1月3日，太平洋产险在上海设立保险业内首个航运保险事业部，对航运保险业务进行专业化经营。此前，太平洋产险航运保险事业部在承保理赔、销售渠道、业务拓展、机构建设等多方面进行了有效整合，航运保险专业线条建设已初具规模。

2010年1月9日，中国人民财产保险股份有限公司航运保险运营中心(以下简称人保财险航保中心)在上海正式开业。该中心是中国人保财险筹备设立的我国第一家专营航运保险业务的专业机构。

3. 专业协会

2013年12月，上海航运保险协会正式成立，这是我国第一家专业性航运保险社团组织。目前，已有太平洋产险、平安产险、阳光产险等多家公司在上海设立了航运保险中心，其他保险公司也在大力拓展航运保险业务。新近成立的上海航运保险协会包括航运保险中心、财产保险公司、保险经纪公司及保险公估公司等几十家会员单位，致力于航运保险产品创新、数据共享开发和人才培养，以及推动航运保险技术水平的提升和服务领域的拓展，同时还将致力于航运保险业发展，有组织地与航运上下游产业协调处理航运保险服务事宜，共同培育壮大航运保险市场。

4. 互联网平台代理

实力强大的原中远集团、原中海集团每年都可以与保险公司谈判相关的保费以及保险条件，但是其他小公司由于抗风险能力弱，国内保险公司“看不上眼”。于是，中小船舶所有人只好到国外购买保险，这就造成了大量客户和保费的流失。2013年，互联网进一步普及，为中小船舶所有人服务的航运保险代理平台接连涌现。

随着互联网的发展，国内航运网络平台如中国航运网、航运在线先后设立保险投保业务模块，为中小船舶所有人服务的保险投保平台相继诞生。2015 年，一些航运服务公司在原来船舶管理系统平台的基础上相继开发出船舶投保理赔管理模块，以对接船舶所有人投保理赔服务。这些系统将直接对接船舶所有人管理与保险公司理赔，实现为船舶所有人尤其是中小船舶所有人保险管理服务的目的。

目前，国内民营船公司的几千艘中小吨位的船舶和一些老龄船舶，它们的风险和责任无法或难以得到我国保险公司的保险，以及我国法律对其财产的保护，但是，这些船舶管理系统既能解决它们目前在境内投保的难题，又能简化保险投保、理赔程序，以及降低管理成本。

5. 专业航运保险公司

2015 年 9 月 8 日，东海航运保险股份有限公司在宁波创立。东海航运保险股份有限公司是宁波市首家保险总部法人机构，由宁波市人民政府倡议，由中国人民财产保险股份有限公司、宁波港集团有限公司、上海国际港务（集团）股份有限公司、宁波开发投资集团有限公司分别按照 40%，20%，20%，20%的股比联合向中国保险监督管理委员会发起设立申请。

6. 专业保险交易所

2016 年，上海保险交易所成立。2011 年上海保险交易所筹备，2015 年 9 月中旬上海保险交易所在上海自贸区成立两周年之际获批，获批后用大半年时间筹建，2016 年正式开业。保险交易所是衡量一个保险市场发达的显著标志，将推动形成区域性再保险交易及定价中心，并推动保险业及航运保险金融市场进一步合理化发展。

二、上海航运保险市场的发展特征

上海的航运保险市场经过多年发展，已经取得一定的成绩，但在全球范围内，

与欧美等发达国家和地区相比，上海航运保险业务仍处于起步阶段。上海航运保险市场具有如下几个方面的基本特征。

1. 传统保险业务发展迅速

上海传统航运保险业务收入在近10年获得飞速发展，船舶险和货运险持续快速增长。船舶险从2006年的4.86亿元，增长到2014年的24.1亿元，增长了近5倍，而且超越了货运险，成为第一大险种。货运险从2006年的8.53亿元，增长到2014年的16.18亿元，也增长了近1倍。2014年，全国实现船货险保费收入150.56亿元，其中排名前十的重点地区共实现船货险保费收入108.57亿元，占全国总量的72.11%，市场集中度上升，上海以40.2亿元的船货险保费收入居全国首位，占全国总量的26.7%。全国有近50%的船舶险落地上海，远洋保险也有80%～85%的业务集聚在上海。

2. 航运保险在上海集聚效应明显

目前，太保、人保、平安、太平等11家财产保险公司先后在上海设立了航运保险运营中心，共有54家财产保险公司在上海经营航运保险直保业务，3家再保险公司从事与航运相关的再保险业务。2015年，上海的船舶险和货运险总保费收入达到38.33亿元，占全国船舶险、货运险保费收入的26.8%，其中船舶险保费收入占全国船舶险保费收入的44.4%，几乎占据全国的半壁江山。

3. 航运保险软环境不断优化

伴随着航运保险市场规模的逐步扩大及航运保险服务体系的逐步形成，航运保险业聚焦制度创新、接轨国际规则，推出了一系列制度创新举措。2013年12月26日，我国首家专业性航运保险社团组织——上海航运保险协会正式成立。2015年7月，航运保险产品注册制改革率先在上海试点，航运保险产品注册管理平台正式上线运行。2015年9月，上海航运保险协会代表中国加入国际海上保险联盟(IUMI)，从2016年1月1日起成为正式会员。截至2016年1月5日，共有25家机构在上海航运保险协会完成注册登记，700多个航运保险产品完成注册并投入经营。

三、伦敦发展航运保险市场的基本经验

伦敦航运保险市场由保险和再保险公司、劳合社(Lloyd's)的辛迪加、互保俱乐部以及保险经纪人四部分组成，其核心活动是从事全球范围内国际航运保险和再保险业务。

1. 伦敦航运保险市场是国际性市场

伦敦航运保险市场的国际性不仅表现在市场上业务来源的国际性，也表现在市场参与者或其拥有者的国际性。伦敦航运保险市场上大多数的保险公司是国外

的或是由国外控股的，但是伦敦仍然是全球的保险中心，因为全球前二十大保险集团都坐落于此。另外，伦敦航运保险市场是一个风险认购性市场，风险作为产品由经纪人在保险市场上兜售，而作为风险买方的保险人（一般是专于此种风险的保险人）购买风险份额。

2. 众多出色的航运保险供应商和经纪人

劳合社在伦敦航运保险市场的份额为82%，其中：由世界领先的保险集团、金融机构及其他来自世界各地的保险公司构成了劳合社85%的承保能力；700余名私人保险经纪人则分担了5%的承保能力。全球领先的20家保险及再保险公司分割了其余的伦敦航运保险市场。这些供应商大多拥有雄厚的资本、长期积累的经验及多样化的保险产品，保证了伦敦及全球航运保险市场的供给。

在伦敦航运保险市场上，航运保险投保人首先接洽保险经纪公司。由于对各保险公司的承保能力和风险偏好有较多的了解，因此保险经纪公司既能将航运风险分配到合适的保险公司中，又有助于降低投保人的保费，还通过联系分保和再保险业务为原保险公司分散航运风险，提高了保险业整体的风险承受能力。伦敦通过保险经纪获取的海外航运保险保费收入一直保持在稳定水平。

3. 与航运保险发展相协调的国际航运服务集群网络

作为历史最悠久的国际航运中心、全球最重要的金融中心、世界最大的保险中心，伦敦为国际航运业提供了包括融资、保险、经纪、法律、会计、船舶检验等在内的全方位的商业服务。这些现代化的航运服务公司在国际市场上均占据着举足轻重的地位，构成了伦敦国际航运中心服务集群。这些特质都为伦敦航运保险市场的创新和稳定发展提供了良好的支持。

四、上海航运保险发展存在的问题

虽然上海航运保险的规模有很大的提升，但从航运保险的分布结构来看，航运保险主要集中在国内，向外辐射的范围和能力有限。上海的航运保险在市场规模、保险产品、风险管理、全球服务网络、高端人才等方面都难以与伦敦、新加坡等进行竞争。

1. 航运保险缺乏话语权，与我国贸易大国的身份不对称

目前，中国在世界上拥有数量庞大的船队，进出口贸易额排名世界前列，然而中国是航运大国，但不是航运强国，是贸易大国，但不是贸易强国。进出中国的大部分船舶和货物，其保险并非在中国投保，究其原因是中国的船舶所有人和货主在目前的国际航运贸易市场中没有足够的话语权，这就直接影响到中国保险企业在国际航运保险领域中的竞争能力和定价能力。

2. 航运保险产品结构单一，缺乏应对新型风险的创新型产品

目前，市场准入门槛较低的货运险在上海航运保险业务中较为集中，而技术性要求较高的承运人责任险、码头责任险和船舶险等业务规模偏小，低层次的保险产品同质化现象严重，保险产品结构中创新型保险产品比例过低，险种设计创新性不够，新型风险不能被有效覆盖。

3. 航运再保险处于萌芽阶段，对海外再保险市场依赖度偏高

上海航运再保险主体的实力与能力不足，尤其是在市场准入标准、体制政策环境、法律法规、再保险条款、再保险人才等方面与伦敦、新加坡等相比存在较大差距的情况下，大量航运再保险费只能投保于国外，因此对国外再保险市场依赖度过高。

4. 航运保险机构的技术和服务体系不完善，缺乏高端人才

与国际上从事航运保险业务的机构相比，上海的保险机构实力整体偏弱，中资保险机构的国际认可度低，提供的保险费率低下，理赔能力不足；风险评估技术较为落后、风险定价能力不足；缺乏航运保险业发展的全球化布局，缺少先进的管理技术和经验积累；航运保险高端人才匮乏，没有完整的激励机制和科学的保险价格。

5. 航运保险市场环境不佳，保费恶性竞争严重

在国际贸易中我国常常处于劣势，签订货物进出口合同时的贸易术语多由海外客户决定。货物成交价格进口时多采用 CIF，出口时采用 FOB，海外保险公司承揽了大多数份额的航运保险。另外，国内航运保险公司的保费价格恶性竞争，造成船舶保险费率和货运险费率屡屡下降，并导致航运保险服务水平低下，航运保险市场的环境进入不良循环。

五、上海航运保险发展的对策与建议

上海航运保险发展呈现不均衡性，基础险种服务能力较强，港口综合险、互保险等新型险种发展较为滞后。上海航运保险业需要借助国家“一带一路”倡议和上海自贸区建设的有利契机，攀登航运保险发展新高地，逐步搭建一个全球网络，发展并完善保险机构海外服务体系，以开放的姿态，有效服务于“走出去”的跨国企业，充分利用国家政策，主动对接国家战略，加强产品创新。

1. 创新航运保险投保模式，大力推广集中保险经验

鼓励航运企业创新航运保险投保模式，大力宣传推广中外运长航集团的集中保险模式，建议由政府部门牵头，召开集中保险专题研讨会以及中外运长航集团集中保险经验交流会。支持航运企业开展自保、互助合作航运保险业务，鼓励中小港

航企业联合起来发展集中保险，以此降低港航企业保费支出、提高保险企业保险效率。

2. 改善航运保险软环境，吸引大型航运企业航运保险业务落户上海

由于航运保险软环境不佳，导致上海对诸如中国远洋海运集团等大型航运企业的吸引力不够，大量航运保险业务“外流”。为此，上海市相关政府主管部门，尤其是浦东新区需要出台改善保险软环境的相关政策，如进一步提供税费优惠政策，鼓励中国远洋海运集团等大型航运企业的海上货运险、船舶险在上海投保，同时通过以税制创新改革为重点的软环境建设，吸引全球航运保险机构落户上海浦东。

3. 打造航运保险交流平台，形成航运保险交流机制

为了加强行业间的交流与合作，建议由中国(上海)自贸区供应链研究院牵头上海国际港务集团、中国远洋海运集团、中外运长航集团等港航企业与太平洋保险、平安保险等保险企业联合组建航运保险研究会和航运保险经纪人联合会，这两个机构都可设在上海海事大学，通过制度建设形成定期交流机制。考虑到航运保险需要高端复合型人才，建议政府部门联合上海高级国际航运学院为保险企业提供高端航运保险业务培训。

4. 设立最低费率标准，加强航运保险行业监管

加强行业监管，避免市场中保险企业之间的恶性竞争，促进航运保险企业服务的提升。上海航运保险市场中各航运保险企业一直以降低费率作为主要的竞争手段，这种竞争方式不仅导致了航运保险服务的低质低效，同时也增大了航运保险市场的风险。因此，行业监管部门应建立完善的行业标准和规则、设定最低费率标准，促使保险企业以提高航运保险服务质量和创新保险产品作为有效的竞争手段。

5. 鼓励业态创新，实现航运保险供给侧改革

加强航运保险供给侧改革，建议上海浦东新区政府成立促进航运保险产品创新基金，给予对航运保险产品创新有成绩的保险机构奖励，重点支持港口基础建设保险、港口营运保险以及港口建设第三者责任保险的发展。同时，建议由政府部门牵头，将太平洋保险和平安保险的航运保险业务进行整合，并联合相关的港航企业，在上海组建专业的航运保险公司。支持航运保险中介机构发展，构建完善的中介服务体系，提高上海航运保险专业化水平。

行 业 篇

第三章　航运业发展环境

第一节　国内外政治环境

一、国外政治环境

1. 新贸易保护主义影响进出口贸易

1）全球经济的复苏之路漫长曲折

各大经济体贸易保护情绪更加高涨，采取贸易保护政策越来越频繁，形式多样的新贸易壁垒层出不穷，阻碍了全球经济的复苏。

2）贸易保护实施主体发生变化

长期以来，为了维持在国际贸易领域的优势地位，发达国家一直是新贸易保护的主要实施主体，但近年来，发展中国家实施贸易保护的势头也愈演愈烈。

3）贸易保护主义呈现集团化、区域化的发展趋势

各国纷纷利用双边贸易协调机制以及自由贸易协定，实施区域贸易保护政策，在成员国内部实行相对自由的贸易政策，对外则设置贸易壁垒，共同抗衡和抵制外部贸易竞争的冲击，使现阶段的新贸易保护主义呈现出区域化、集团化的发展趋势。

4）新贸易保护涉及的领域不断扩大

传统的贸易保护对象主要是幼稚工业和落后工业，而当前的新贸易保护主义正在逐步向新兴产业、高新技术产业领域扩展。发达国家企图凭借技术和经济优势，抢占未来新兴产业发展的制高点，挤压其他经济体的发展空间，新兴产业领域的贸易保护由此兴起。

5）贸易保护手段不断升级

与关税、配额、许可证制度等传统的贸易保护措施相比，当前的贸易保护手段往往程序更复杂、周期更长。首先，技术性贸易壁垒的运用越来越普遍；其次，国家援助措施和政府购买的手段运用得越来越多；最后，碳关税成为新的热点。2009 年，美国众议院通过的《美国清洁能源与安全法》规定，从 2020 年起，美国有权对来自不实施碳减排限额国家的钢铁、水泥、玻璃和纸张等进口产品征收碳关税。

6）“全球治理”“国家安全”成为实施贸易保护的新借口

很多国家，特别是发达国家常常以“全球治理”“国家安全”等为借口，行“贸易保护”之实，因为多数国际贸易协定都允许签约国可以在涉及国家安全或其他“基本安全利益”问题时不必遵守条约规定的义务。

2. 双边和区域贸易协定重构贸易新秩序

TPP，TTIP，RCEP 等双边和区域贸易协定对以 WTO 为主的多边贸易体系产生冲击，新型深度区域贸易协定的发展逐渐削弱了 WTO 的全球贸易治理中心地位。

1）区域贸易协定违背多边贸易体系的最惠国待遇原则

多边贸易体系最基本的原则是最惠国待遇原则，而区域贸易协定与此项原则冲突。区域贸易协定对内部成员实行优惠、贸易自由化，而对于非内部成员则有非同等的待遇，非内部成员要进行贸易合作将会受到关税的影响；区域贸易协定内部成员在贸易上将受到优惠的政策，而非内部成员则受到歧视的对待，甚至有的经济体量较小的国家就被彻底地排除在区域贸易之外，这种差别对待将严重地影响世界的和平与稳定发展。

2）区域贸易协定产生的贸易转移效应对多边贸易体系产生冲击

区域贸易协定的区域性优势无可避免地会产生贸易转移效应，在经济贸易活动中，区域内成员国与区域外非成员国享受不同的优惠，区域内成员国与区域外非成员国相比，提供的商品和服务并不一定更具优势，但是一旦加入区域集团就可以获得较低的进入门槛，在竞争定价上获得一定优势，而区域集团外的经济体想要进入就不得不面临较高的进入门槛。因此，这势必会增加其成本支出。

3）世界贸易“权力”导向愈发明显

发达国家以全球价值链组织者身份主导规则制定，发展中国家为参与全球分工、实现国家工业化，往往被动接受符合发达国家标准的国内政策改革要求，谈判过程“权力”导向明显。

3. 全球自贸区建设促进航运业发展

自贸区的建立将创造新的要素转移和资源配置模式，开放的幅度也将更大，能够释放新的政策红利、创造新增长极。自贸区建设为全球航运业发展带来如下促进作用。

1）促进航运供应链一体化发展

保税区功能将从简单的“保税仓储、初级加工、转口贸易”进一步拓展到“商品储存和转运以及相关工业、贸易、运输、金融多位一体业务”。

2）提升货物吞吐量和国际中转量

自贸区优越的管理系统和优惠的制度体系将会增加各国的进出口贸易额，从而拉动航运货物吞吐量和国际中转货物量的增长。

3）促进航运要素集聚

自贸区的建立有助于推进金融和监管创新，有助于接轨国际航运政策，吸引航运要素聚集。

4）推动航运高端服务业发展

自贸区的各项制度、政策与平台有利于具有高附加值、产业关联度大的金融、保险、法律、信息等航运高端服务业的发展，有利于打造航运服务产业链。

自贸区的建立，令自贸区成员国取消贸易壁垒，增加投资机会，提高双边贸易额，增加自贸区成员国进出口量。这些势必会增加自贸区成员国的运量，为航运业发展带来契机，如表 3－1 所示。

表 3－1　全球主要自贸区对海运量的影响

自贸区所属地区	自贸区简介	贸易及海运量增长
欧盟	截至 2013 年，《欧洲联盟条约》共有 28 个成员国	1980 年成员国内部的相互进口量约占总进口量的 50%，1990 年贸易量上升到 60%，2000 年贸易量增至 70.2%
北美	《北美自由贸易协定》成员国包括美国、加拿大和墨西哥，1994 年 1 月 1 日，该协定正式生效	贸易额增长：成员国之间的贸易额增长迅速，三边贸易额翻了一番，2014 年拉丁美洲与美国的贸易额达 8 441 亿美元，增长 2.5%，创历史新高；墨西哥与美国的贸易额同比增长 5.5%，总额达 5 344.84 亿美元 海运量增长：在与美国的贸易中，墨西哥出口量占美国全部出口量的比例从 9.0%上升到 13.5%，进口量从 6.8%上升到 11.6%，海运量占比不断上升
东盟	东盟自贸区，关税最终降至 0～5%，基本实现成员国之间免除关税	贸易量大幅上升，2014 年，中国与东盟的双方贸易额达 4 804 亿美元，增长 8.3%，其中：中国向东盟进口 2 083 亿美元，增长4.4%；中国向东盟出口 2 721 亿美元，增长11.5%。海运量不断上升
中国-巴基斯坦	巴基斯坦给予中国的 769 个 8 位税目的产品零关税待遇，同时中方给予巴方 486 个 8 位税目的产品零关税待遇，商品主要涉及蔬菜、水果、石料、纺织机械和有机化工品	贸易量节节上升，2012 年，中国与巴基斯坦的双边贸易额为 124 亿美元，增长 17.6%。巴基斯坦对中国的出口额增加了 48.2%，贸易量大幅上升

4. 部分地区政治风险影响进出口贸易

近年来全球部分地区政局动荡，对进出口贸易带来了较高的政治风险，包括征收风险、战争和内乱风险（政治暴力风险）、违约风险、汇兑限制风险（转移风险）、延迟支付风险等。

1）公开、直接的征收风险总体降低，但“蚕食式征用”风险日益突出

各国政府竞相吸引国际投资，大多数建立正常政治秩序的国家，公开、直接的征收风险可以忽略不计，但是“蚕食式征用”风险依然存在，甚至有所上升。

2）传统战争风险转向和平环境中的政治暴力风险

目前，全球进出口贸易中面临的主要政治暴力风险已经不是传统的战争与内乱风险，而是和平环境中贸易保护主义驱动的政治暴力风险，由于劳工权益问题引起的政治暴力风险也呈方兴未艾之势。

3）违约风险集中于部分发展中国家和转轨国家

违约风险即东道主国家政府违约，投资者无法或无法及时求助于司法或仲裁机关，或虽有裁决，但无法申请执行。这类风险通常出现在一些法制不健全的发展中国家。

4）国家延迟支付（主权债务违约）风险不可忽视

国家延迟支付通常指由于东道主国家政府停止支付或延期支付，致使外商无法按时、足额收回到期债权本息和投资利润。目前，这一风险主要存在于一些重债发展中国家。

5）汇兑限制风险总体大幅度降低，但部分金融危机高发国转移风险仍较高

汇兑限制风险即东道主国家国际收支困难而实行外汇管制，禁止或限制外商、外国投资者将本金、利润和其他合法收入转移到东道主国家境外。

二、国内政治环境

1. “一带一路”倡议促进中国对外合作

“一带一路”着眼于我国同欧亚大陆国家各领域的互利合作，是新形势下中国推进对外合作的总体构想。推进“一带一路”建设既是中国扩大和深化对外开放的需要，又是加强与亚欧非等地区互利合作的需要。

中国正与“一带一路”沿线国家一道，积极规划“中蒙俄”“新欧亚大陆桥”“中国—中亚—西亚”“中国—中南半岛”“中巴”“中孟印缅”六大经济走廊建设。亚洲基础设施投资银行和丝路基金将为亚欧互联互通产业合作提供有力的资金支持。“一带一路”与互联互通相融相近、相辅相成，亚欧互联互通产业合作前景光明，航运业面临着重要的发展机遇。

2. 自贸区建设力度不断加大

随着上海自贸区的扩区，天津、广东、福建自贸区的获批，中韩、中澳自贸协定的签订，我国自由贸易园区和双边自贸区建设力度不断增大。上海自贸区和中韩自贸区等在贸易便利化、投资自由化方面的改革举措，将促进我国内贸、外贸规模的扩大与水平的提高，增加航运运量。得益于中韩、中澳自贸协定，中韩、中澳贸易额占中国进出口额的比例均保持平稳增长，详见表 3 - 2。

表 3 - 2　2010—2014 年中韩、中澳贸易额

年份		2010	2011	2012	2013	2014
中韩	贸易额/万美元	207 105. 534	245 637. 151	256 402. 166	274 237. 869	290 627. 072
	增长率/%	32. 6	18. 6	4. 4	7. 0	6. 0
中澳	贸易额/万美元	88 325. 432	116 577. 490	122 303. 129	136 508. 251	137 127. 747
	增长率/%	47. 0	32. 0	4. 9	11. 6	0. 5
数据来源：Trade Map						

3. 新型城镇化建设促进内贸发展

《国家新型城镇化规划(2014—2020 年)》指出城镇化是现代化的必由之路，是推动区域协调发展的有力支撑，是扩大内需和促进产业升级的重要抓手。新型城镇化建设将有力地促进内贸与进口贸易发展，带来产业、人口的集聚效应。由此产生的物流需求，对航运业的内河与沿海运输是一个新的机遇，同时也提出了新的挑战。

新型城镇化主要是创造需求，在扩大内需中具有重要的战略意义，将有力地促进贸易发展，增加对航运、物流的需求。

新型城镇化的建设，要求涉及贸易的社会物流建设要配套跟上，航运业作为主要的社会物流，其商机将随城镇化建设的加速而增多。

新型城镇化将城镇基础设施进行建设完善，这又会催生出新的企业和产业，并带来极大的航运服务需求。

我国城镇化水平呈现“东高西低”状态。今后，中西部地区由于承接产业转移，将成为城镇化高速发展的最大受益者，这也为航运企业，特别是内河航运企业带来巨大机遇。

4. 长江经济带等区域一体化战略不断推进

2014 年 9 月，国务院发布《关于依托黄金水道推动长江经济带发展的指导意见》和

《长江经济带综合立体交通走廊规划》两个文件,将长江经济带战略上升至国家层面。

(1) 利用产业转移形成区域接力。产业转移是区域发展接力的重要途径,有利于缓解东部沿海地区劳动力成本上升、资源环境约束给传统产业带来的压力,有利于东部沿海地区实现产业转型升级,有利于中西部地区发挥劳动力、土地、资源等综合比较优势,有利于中西部地区提升价值链、推动产业技术水平提升和产业结构升级,有利于优化整体产业布局、实现东中西部地区协调发展、联动发展。

(2) 推进江海航运一体化发展。长江经济带的建设不仅将深入发挥长江三角洲地区对外开放的引领作用,更将建设向西开放的国际大通道,促进港航企业规模化发展和转型升级,有助于培育长江港口、航运龙头企业,实现规模化、集约化、网络化经营。

(3) 促进中西部地区对外开放。近年来国内外形势的变化使得中国不仅需要开放东部沿海的发达地区,还需要加强东部与西部、西南部发展中地区以及能源、原材料输出地区的联系,求得东西部双向开放的平衡,谋划东西联动、以我为主的国际化发展战略的新格局。显然,推动长江经济带的形成和发展是实现这个战略的关键步骤,见图 3-1。

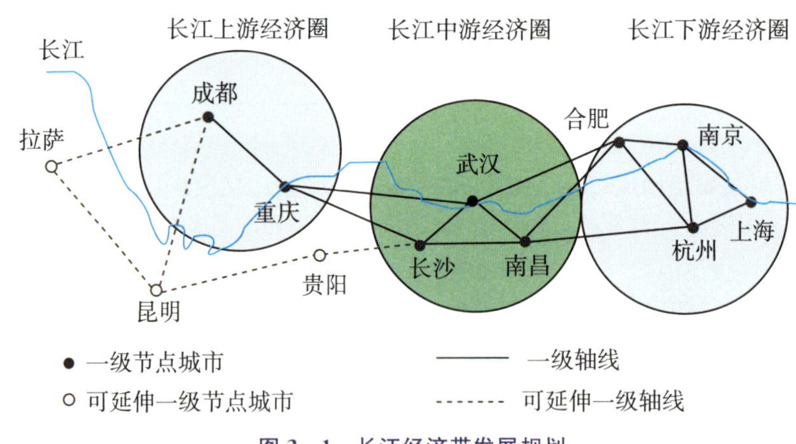

图 3-1 长江经济带发展规划

第二节 国内外经济环境

一、国外经济环境

1. 全球贸易增速放缓,低速增长成为新常态

自 20 世纪 90 年代起,世界经济总体呈现快速发展趋势,但受美国次贷危机影

响，世界经济增长明显出现拐点，从 2010 年开始全球 GDP 增速和贸易额增速再次放缓(见图 3－2)。

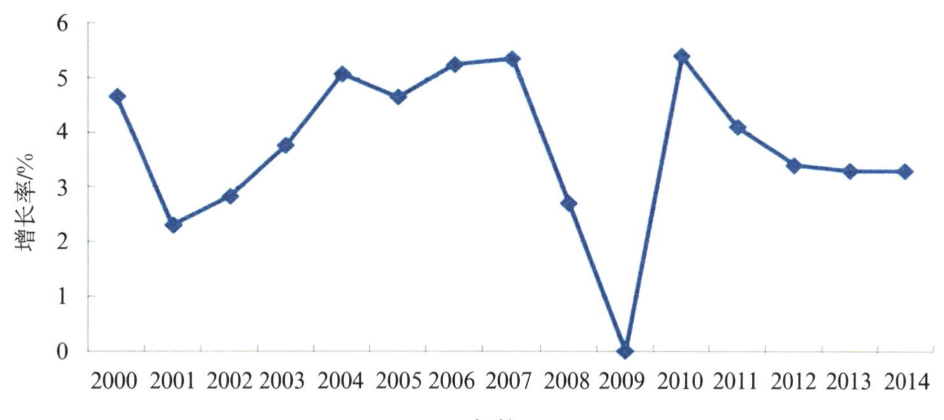

图 3－2　全球 GDP 增长率

目前，全球经济发展呈现以下几个特点。

1）全球贸易流动仍相对疲弱

由于国际金融危机后全球经济持续低迷、经济增长疲软，全球货物贸易额增速持续低于 GDP 增速，全球贸易流动仍相对疲弱。自 1990 年以来，全球贸易额年均增长率为 5.1％；而 2012 年至 2014 年，全球贸易额增长率连续 3 年低于 3％，年均增长率仅为 2.4％。

2）贸易增速需要深层次因素来推动

由于全球价值链已发展到足够深的程度，因此提升贸易增速的动力不复存在，从而造成现在的贸易低迷。再继续深化虽有较大潜力，但需要深层次的因素来推动。

3）贸易前景充满不确定性

目前存在的多个风险可能造成全球贸易前景更加充满不确定性，其中最突出的是美国和欧元区的货币政策分化。2014 年和 2015 年贸易增长缓慢，是因为新兴经济体经济增长放缓、发达经济体经济复苏不均衡以及地缘政治冲突的持续升级。

2. 全球经济复苏缓慢，分布不均

全球经济复苏速度低于预期。后金融危机时代，全球经济复苏速度低于预期，

发达国家GDP增速仍相对较低，而重要发展中国家GDP增速也出现大幅度下降。作为全球发达国家代表，七国集团经济增速仍在低位，普遍低于过去30年3%的年均增长率，更远低于2001—2008年间3.6%的年均增长率。全球发达国家经济复苏较为乏力，2012—2014年GDP年均增长率仅为1.43%。随着世界经济结构调整，作为全球经济增长发动机的重要发展中国家的经济增速也罕见地出现下降。发展中国家2012—2014年GDP年均增长率仅为4.73%，如表3-3所示。

表3-3　全球发达国家和发展中国家GDP增长率　　%

国家	2007年	2008年	2009年	2010年	2011年	2012年	2013年	2014年
发达国家	2.8	0.1	−3.4	3.1	1.7	1.2	1.3	1.8
发展中国家	8.7	5.8	3.1	7.5	6.2	5.1	4.7	4.4
数据来源：Clarksons								

关于世界经济未来走势，2014年世界银行认为：未来5年世界经济前景会比较乐观，全球经济年均增长率可能为3.4%。另据国际货币基金组织（IMF）和WTO分别报告：截至2015年，全球经济和贸易年均增长率分别达到3.9%和5.3%。IMF和世界银行估计的全球GDP增长率见图3-3。

国家					
IMF					
2015年	3.5%	3.1%	1.5%	1.0%	6.8%
2016年	3.8%	3.1%	1.6%	1.2%	6.3%
世界银行					
2015年	3.0%	3.2%	1.1%	1.2%	7.1%
2016年	3.3%	3.0%	1.6%	1.6%	7.0%

数据来源：IMF报告、世界银行报告

图3-3　全球GDP增长率

对世界各国经济走势进行分析，北美洲、欧洲、亚洲、非洲和拉丁美洲等国家和地区经济发展态势如图3-4～3-6所示。

1）全球经济复苏不均

作为2008年金融危机后带动全球经济复苏的引擎，新兴经济体的增长势头从2013年开始明显减弱，与之形成鲜明对比的是发达经济体复苏态势逐步转好，成为未来全球经济增长的重要动力。

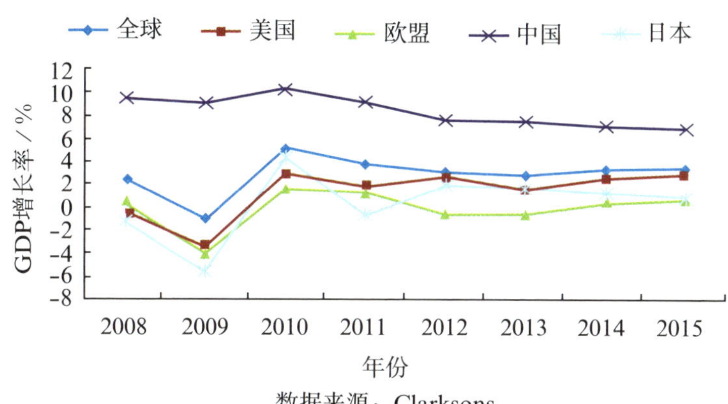

数据来源：Clarksons

图3-4　主要国家和地区GDP增长率

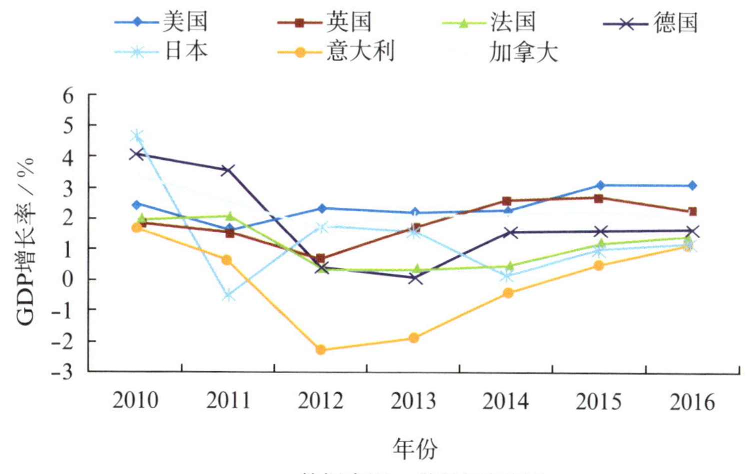

数据来源：世界银行报告

图3-5　七国集团GDP增长率

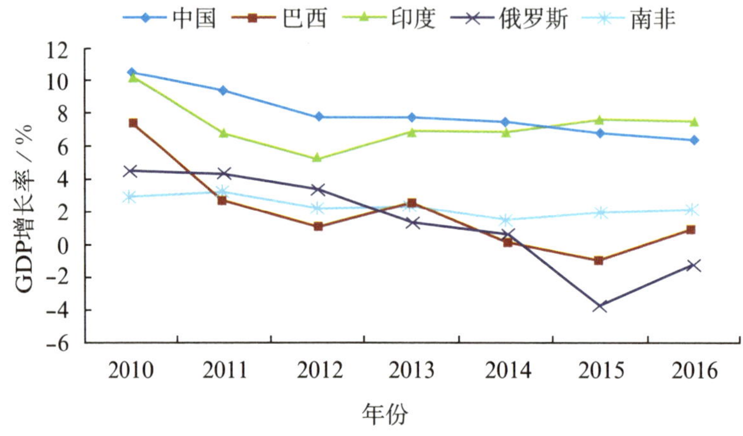

数据来源：世界银行报告

图 3－6　金砖国家 GDP 增长率

2）主要发达经济体经济增长分化

美国与日本复苏势头明显，经济增长逐步趋稳。2015 年初，IMF 预计日本实际经济增长率为 1.2%，日本将摆脱消费税增税后的低迷状态。欧洲经济复苏步履维艰，IMF 认为，中期看来，欧元区经济增长率或徘徊在 1%～1.2%。

3）新兴经济体分化加剧

主要新兴经济体经济增速放缓成为新常态。中国和印度等主要大型经济体经济增长集体放缓。但是，非洲等新兴经济体经济增长较为稳定，2014 年和 2015 年撒哈拉以南非洲经济增长率分别为 5%和 5.75%，其中东非共同体经济增长率分别达 6%和 6.4%。

3. 全球产业转移不对称

1）货运总量增加

国际分工深化必然导致国际贸易变局、相互依赖加强和经济一体化趋势，从而改变商品的流量和流向，促使更多品种在更大范围作更远距离、更大批量的“流动”，最终推动物流资源配置格局在全球急剧变化，推动物流资源和物流量向若干个世界生产、加工区快速集中，航运业面临较大的机遇。

2）不对称物流量增加

在货运总量增加的同时，结构性失衡大量出现，货物贸易顺差、逆差失衡随处可见，导致国与国、区域与区域之间的“不对称、不匹配”物流大量增加，物流能力短缺与过剩并存，给航运业带来挑战。

4. 全球经济增长不确定风险增加

1）L+W 模式初具形态

发达国家经济复苏依然脆弱；新兴市场国家经济增速明显放缓；国际资本流动逆转可能造成新兴市场出现局部金融危机。

2）政治博弈愈趋复杂

国家贸易和投资保护主义回潮，逆全球化“趋势”显现；美国推行重返亚洲战略，我国面临的地缘政治更加复杂。

3）贸易格局面临重构

发达国家实行“再工业化”，全球产业呈现大规模分化整合；区域一体化加深，全球化的世界贸易格局将转向区域主导的贸易格局。

4）印度、巴西、印度尼西亚等新兴国家经济崛起

印度经济未来保持较高的增速，具有很大的潜力，人口红利、科技和人才优势以及庞大的市场规模有利于印度经济持续增长。

巴西的经济实力居拉丁美洲首位，已经成为世界经济的新兴实体、新兴市场，也是 G20 成员国。由于利率的连续降低和资源价格的上升，巴西经济表现出强劲的势头。

印度尼西亚作为东南亚地区最大的经济体，具有良好的经济基础、有利的自然条件和巨大的增长潜力。印度尼西亚拥有丰富的石油、天然气和煤、锡等矿产资源，丰富的土地、渔业等自然资源，以及巨大的潜在消费市场和富有竞争力的劳动力市场。这些都为其提供了相对于其他东盟国家较大的竞争优势，同时其受惠于东盟提供的广阔平台，经济增长强劲。

二、国内经济环境

1. 经济增长趋缓，出口贸易形势严峻

增长动力趋缓，固定资产投资增长乏力，外贸形势疲弱，如图 3-7 所示。三驾马车中，消费和投资增速均将趋缓。受制造业产能过剩、需求不足影响，民间投资意愿减弱。

据 IMF 2015 年 1 月预测，2015 年和 2016 年中国经济的增长率将分别下调至 6.8%和 6.3%，相比 2014 年 10 月发布的预测分别下调了 0.3 和 0.5 个百分点。2015 年一季度，中国 GDP 同比增长 7.0%，经济下行压力依然较大，如图 3-8 所示。经济增长动力减弱，经济运行中的结构性问题持续积累，接近临界点。

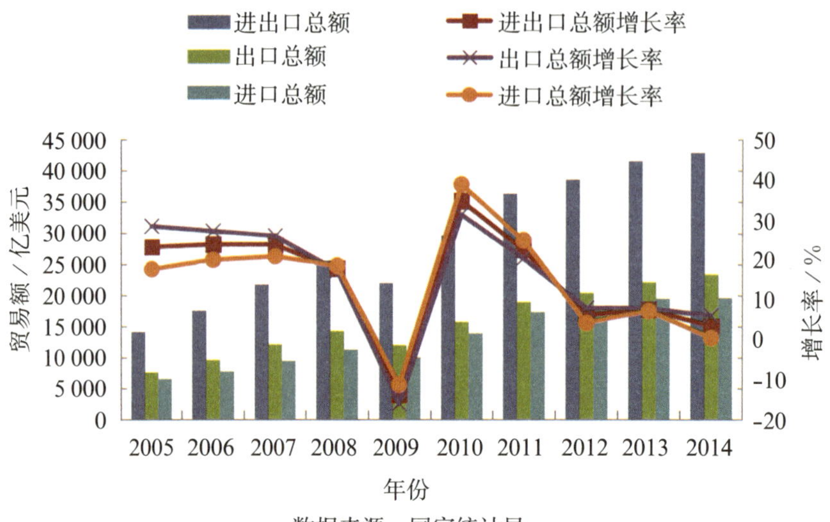

图 3－7　2005—2014 年中国货物进出口贸易情况

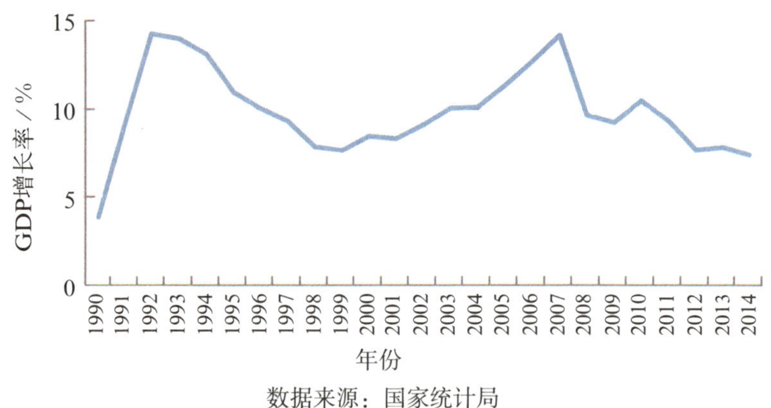

图 3－8　1990—2014 年中国 GDP 增长情况

2. 潜在内生动力强盛，经济总体趋势看好

1）经济运行总体平稳

尽管我国经济增长速度略有回落，但是经济运行总体在平稳区间。从国际范围来讲，我国 GDP 同比增长 7%仍是较高速度，而且在基数较大的情况下，7%的增量较大。从增长指标来讲，我国经济没有滑出合理区间，而且就业情况总体比较

稳定。我国经济的良好格局并没有发生实质性的改变。

2）供给质量提高

劳动力人口减少、储蓄率下降，但是人力资本、资本存量等要素供给质量提高，一些新的增长拉动因素正在形成。

3）消费增长具备条件

目前就业形势良好，居民收入增速超过经济增速，为消费持续增长和提升消费占比创造了有利条件。

4）投资回暖

“十三五”期间，一些规划项目建设进度将加快，出口回暖也将带动相关固定资产投资增长。中国地域辽阔，实施“一带一路”倡议，以及“长江经济带”和“京津冀协同发展”等国家战略，可以创造巨大投资需求。

5）改革红利显现

2014 年中央推出一系列重大改革措施，2015 年实施了一批重大改革，改革红利将逐步释放。

6）“积极＋稳健”的双政策

财政政策更积极、货币政策松紧适度，将调整社会总供给和总需求，促进我国经济继续保持在合理区间运行。

7）新型城镇化将保障未来经济的适速增长

未来 10 年，中国仍将处于城镇化快速发展阶段。2015 年，中国城镇化率达到 56.10%，预计到 2020 年，城镇化率将达到 60%左右。中国城镇化建设，能释放出庞大的市场需求能量。据测算，我国城镇化率每增加 1 个百分点，能带来 7 万亿元的投资和消费需求。这将是未来一段时间内促进内需和经济发展的战略着眼点。

据海关总署称，2014 年我国进出口总值达 26.43 万亿元，同比增长 2.3%。中国与世界其他主要国家和地区的贸易额大体呈现快速增长趋势，国内经济长期向好的基本面不变（见表 3－4 和图 3－9）。

表 3－4　中国与世界其他主要国家和地区的贸易发展情况

指标	中欧	中美	中国与东盟	中日
贸易额/万亿元	3.78	3.41	2.95	1.92
增长率/%	8.90	5.40	7.10	－1.00
数据来源：国家统计局				

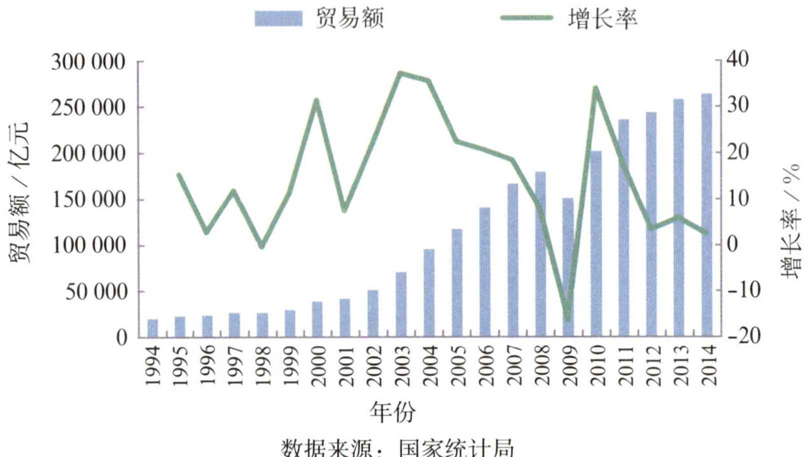

图 3-9　1994—2014 年中国贸易额增长情况

2014 年，全国生产总值达 63.6 万亿元，同比增长 7.4%；社会消费品零售总额达 262 394 亿元，同比增长 12.0%（见图 3-10）；全社会固定资产投资达 51.3 万亿元，同比增长 15.3%。这些数字表明内需方面有进一步增长的空间。

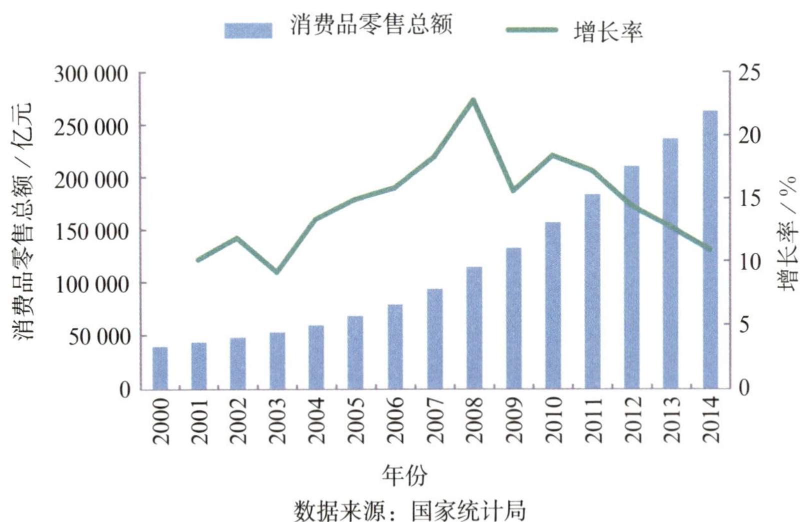

图 3-10　2000—2014 年中国全社会消费品零售总额增长情况

3. 三大战略全面布局，新增长极初露端倪

三大国家战略的形成，是中央在我国经济发展进入新常态下，根据全球经济形势深刻变化，统筹国内国际两个大局作出的重大决策部署，是我国经济发展在空间格局上的重大突破和创新，对于经济发展具有中长期持久推动作用。

1）“一带一路”建设从规划到实施，渐显成效

2015年一季度我国与“一带一路”沿线国家的双边贸易额为2 360亿美元，占我国进出口总额的26%。其中，我国对沿线国家出口1 445亿美元，同比增长10%，占我国出口总额的28%，大幅领先于整体出口增速。目前，我国在“一带一路”沿线国家共有70多个在建合作区项目，建区企业基础设施投资超过80亿美元，将带动入区企业投资近100亿美元，预计年产值超过200亿美元。

2）“长江经济带”沿线保持活力

2015年一季度“长江经济带”沿线大多数地区依然保持较高的经济增速。重庆和贵州两地增长率均超过10%，而江苏、浙江、江西、安徽、湖北、湖南的增长率也超过8%，相对增长较慢的四川和云南增长率分别达到7.4%和7.2%，超过全国平均水平。

3）京津冀表现抢眼

与2014年一季度经济增速相比，河北省虽然仍未赶上全国GDP增速，但数据同比提高2个百分点，是全国一季度经济增速提升最快的省份。天津一季度经济增长率达到9.3%，在全国排在第四位，港口、基建投资都有明显增长。北京一季度GDP同比增长6.8%，增速比2014年回落0.5个百分点，但经济增速放缓在一定程度上也是结构调整和动力转换的结果。

4. 临港产业快速发展

海洋运输是目前全世界范围内运输成本最低的方式，临港产业具备突出的转运成本优势，因此成为沿海区域集中力量发展的重点。大力推进以“大进大出”为特征的临港产业发展，进而发挥带动效应，对于拉动区域经济发展、提升发展水平都具有重要意义。随着“一带一路”倡议的提出和建设海洋强国的现实要求，我国临港经济迎来新一轮的发展机遇期。临港经济的发展能够有效地带动航运业的发展，我国临港地区的航运业有着较大的发展机遇。我国临港开发区统计见表3-5。

表 3-5　全国临港开发区统计

省/直辖市	临港开发区/工业园区	省/直辖市	临港开发区/工业园区
海南省	洋浦经济开发区	江苏省	江阴临港经济开发区
广东省	广东南沙开发区		连云港临港产业区
	珠海临港工业园区		盐城大丰港产业园区
	湛江临港工业园区	山东省	济南临港经济开发区
	茂名博贺临港工业区		青岛临港经济开发区
福建省	莆田秀屿临港工业园区		临沂临港经济开发区
	漳州临港工业区		潍坊临港产业园
浙江省	宁海临港开发区		威海临港科技产业园
	舟山临港工业园	辽宁省	大连长兴岛经济技术开发区
	安吉临港开发区		营口经济技术开发区
上海市	上海临港新城开发区		丹东临港产业园区
天津市	天津临港经济区		大洋河临港产业区

第三节　航运市场环境

一、全球集装箱航运市场

1. 运量

20 世纪 90 年代以来，全球集装箱航运市场始终呈现波动态势，但总体保持增长趋势。自 2008 年起，受全球经济危机的影响，集装箱航运市场波动加大，并进入市场低迷期，一直延续至今，近几年增长率均低于 5%，如图 3-11 所示。

2. 运力

2003—2007 年，全球集装箱船运力增速始终保持在高位，2009 年后运力增速回落至个位数，但仍高于海运量增速，如图 3-12 所示。另据 Drewry 数据显示，2014 年全球集装箱船公司将新增运力 137 万 TEU，而拆解量仅为 45 万 TEU，运力过剩现象可能要在相当长的一段时间内存在。

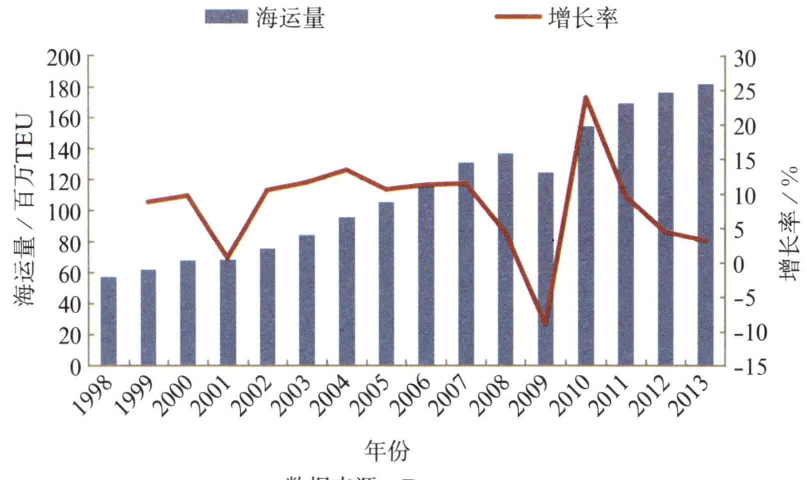

图 3-11　全球集装箱海运量及其增长率走势

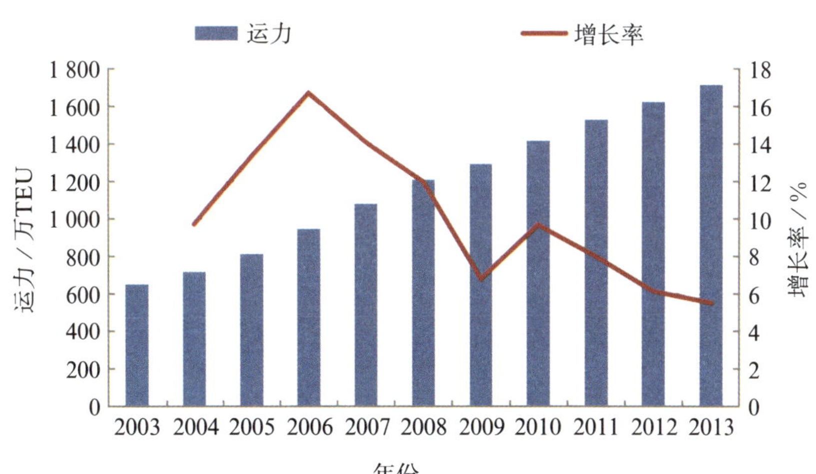

图 3-12　全球集装箱船运力及其增长率走势

3. 运价

2005—2007 年全球集装箱新造船价格指数和期租指数增长较快，2008 年后全球集装箱新造船价格指数和期租指数均呈现下降趋势，且跌幅较大，如图 3-13 所示。

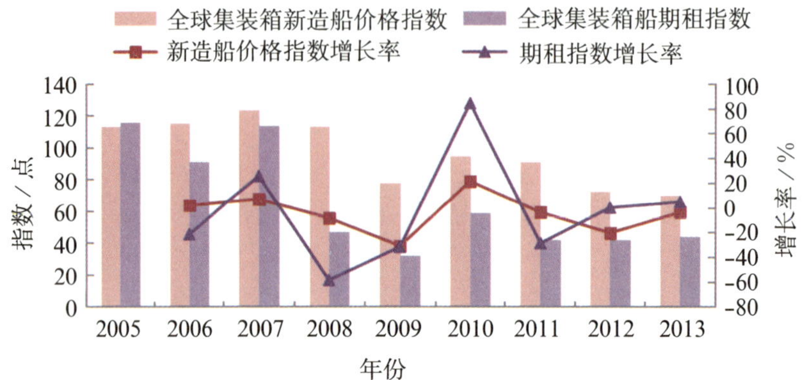

图 3－13　全球集装箱船市场走势

4. 预测

1)全球集装箱航运市场预测

基于各类统计数据，就集装箱航运市场未来海运量、运力和运价指数的变化趋势，建立如图 3－14～3－16 所示预测模型（＊表示预测值，下同）。

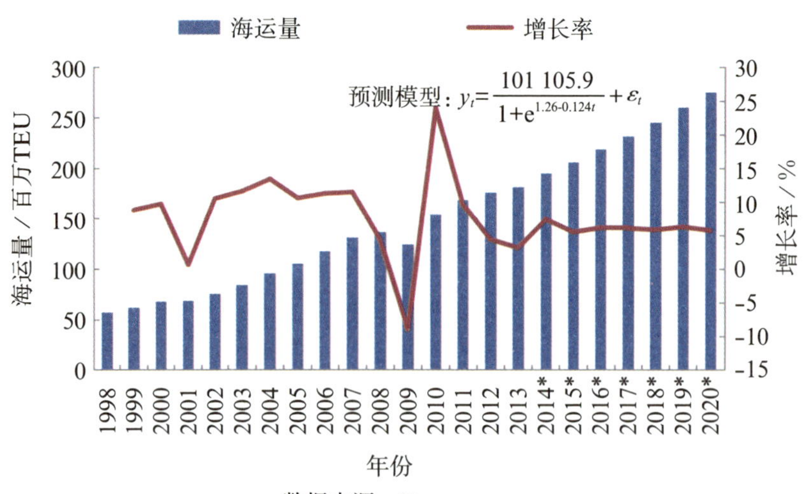

图 3－14　全球集装箱海运量及其增长率变化预测模型

图 3－15　全球集装箱船运力及其增长率变化预测模型

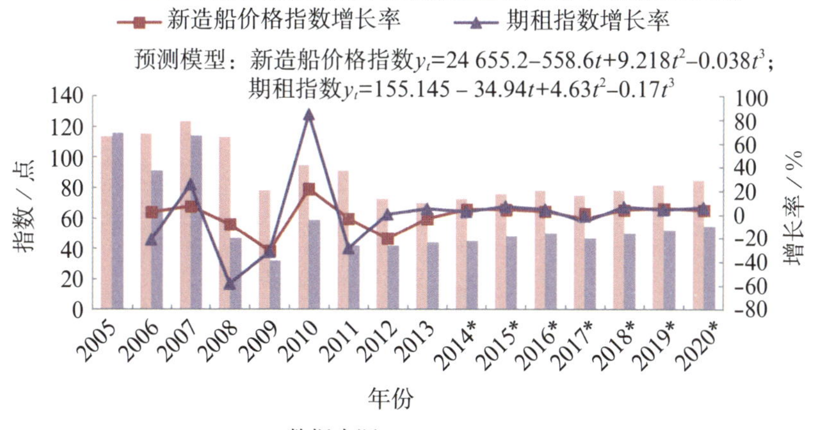

图 3－16　全球集装箱船运价及其增长率变化预测模型

据图 3－14～3－16 所示模型的预测结果：2015 年至 2020 年，集装箱海运量的增长率将维持在 4.5%～7%之间，运力增长率将维持在 4%～6.7%之间，集装箱新造船价格指数的增长率将维持在 3.6%～4.5%之间，集装箱船期租指数的增长率将维持在 4%～7%之间。

另据 Drewry 的预测：2015 年至 2020 年，集装箱海运量的增长率将维持在 5%～6.7%之间，运力增长率将维持在 5%～7.2%之间，集装箱新造船价格指数的增长率将维持在 3.5%～4.8%之间，集装箱船期租指数的增长率将维持在 3.8%～7%之间。这与模型预测结果大致吻合。

2）全球集装箱分航线市场预测

基于全球集装箱航运市场长期看好的预期，集装箱主要航线市场未来也各自呈增长趋势，但表现各异。

（1）亚欧航线和地中海航线。

自 2010 年初开始，欧洲经济出现回暖迹象，亚欧航线逐渐成为全球最大的货流航线，运量呈持续上升趋势，如图 3－17 所示；而地中海航线运量总体也呈持续上升趋势，如图 3－18 所示。

据图 3－17 和 3－18 所示模型的预测结果，2015 年至 2020 年：亚欧航线西行运量的增长率将保持在 3.7%～5.2%之间，东行运量的增长率将保持在 4%～4.2%之间；地中海航线西行运量的增长率将保持在 5.4%～6.2%之间，东行运量的增长率将保持在 8%～8.5%之间。

另据 Drewry 的预测，2015 年至 2020 年：亚欧航线西行运量的增长率将保持在 3.5%～4.9%之间，东行运量的增长率将保持在 3.2%～3.8%之间；地中海航线西行运量的增长率将保持在 5.6%～6.5%之间，东行运量的增长率将保持在 7.8%～8.5%之间。这与模型预测结果大致吻合。

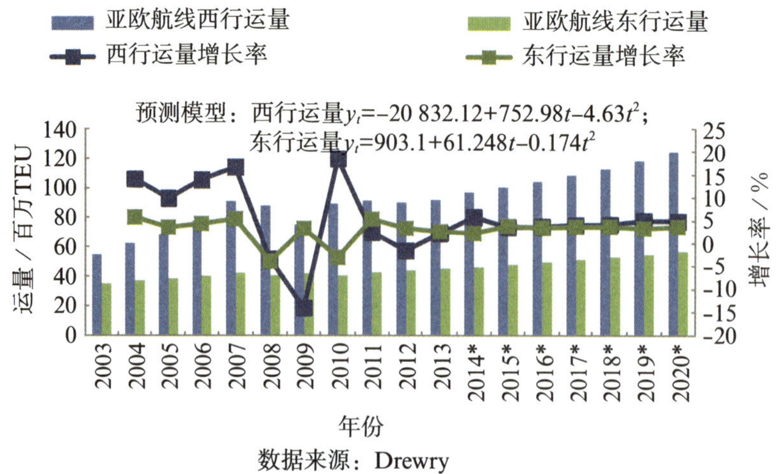

图 3－17　亚欧航线运量及其增长率变化预测模型

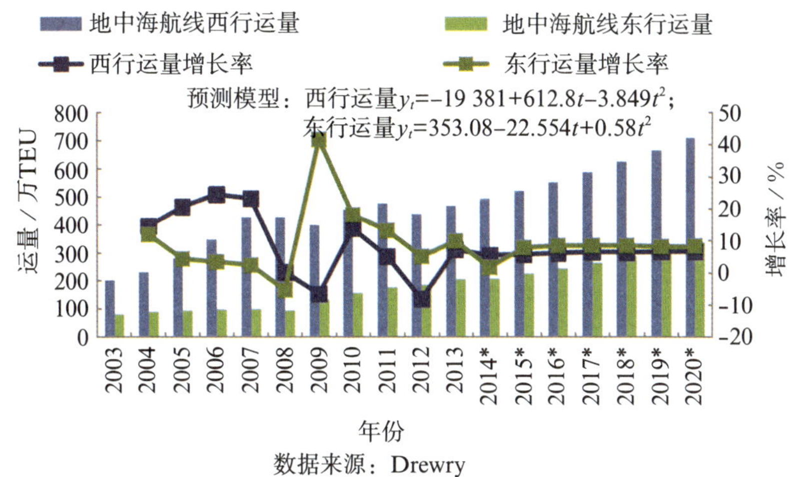

图 3－18　地中海航线运量及其增长率变化预测模型

（2）太平洋航线。

随着次贷危机影响的逐步消除和中美贸易的平稳发展，航运市场运输需求将逐步回升，但受美国失业率居高不下、贸易保护等多重因素的影响，太平洋航线运量在未来几年将呈缓慢上升趋势，增长幅度不大（见图 3－19）。

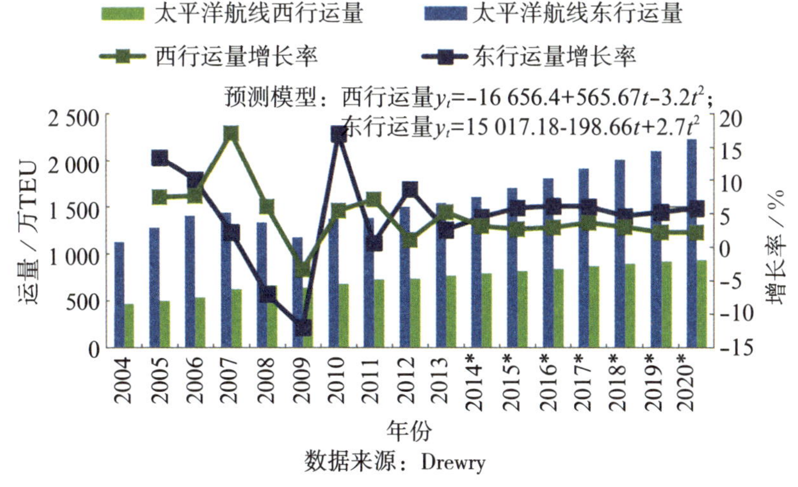

图 3－19　太平洋航线运量及其增长率变化预测模型

据图 3－19 所示模型的预测结果：2015 年至 2020 年，太平洋航线西行运量的增长率将保持在 2.5％～4％之间，东行运量的增长率将保持在 4.2％～6.2％之间。

另据 Drewry 的预测：2015 年至 2020 年，太平洋航线西行运量的增长率将保持在 2.2％～3.6％之间，东行运量的增长率将保持在 4.6％～6.1％之间。这与模型预测结果大致吻合。

(3) 大西洋航线。

得益于美国及欧洲各国的经济复苏，大西洋航线运量呈缓慢上升趋势，但波动幅度不大(见图 3－20)。

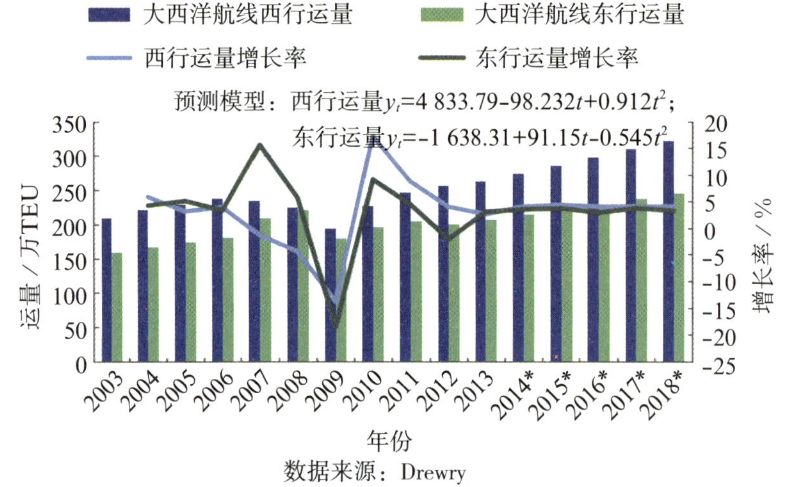

图 3－20　大西洋航线运量及其增长率变化预测模型

据图 3－20 所示模型的预测结果：2015 年至 2020 年，大西洋航线西行运量的增长率将保持在 4％～4.8％之间，东行运量的增长率将保持在 3％～4％之间。

另据 Drewry 的预测：2015 年至 2020 年，大西洋航线西行运量的增长率将保持在 4.1％～4.4％之间，东行运量的增长率将保持在 2.9％～3.8％之间。这与模型预测结果大致吻合。

(4) 亚洲区域航线。

未来 3～5 年，亚洲经济发展态势良好，可有效促进亚洲区域内航运市场的平稳发展(见图 3－21)。

图 3-21　亚洲区域航线运量及其增长率变化预测模型

据图 3-21 所示模型的预测结果：2015 年至 2020 年，亚洲区域航线运量增长率将维持在 7.2%～9.4%之间。

另据 Drewry 的预测：2015 年至 2020 年，亚洲区域航线运量增长率将维持在 7.4%～8.9%之间。这与模型预测结果大致吻合。

二、全球干散货航运市场

1. 运量

自 2000 年以来，全球干散货航运市场始终呈现波动态势，尤其受 2009 年金融危机影响，出现大幅波动，但总体保持增长趋势，目前市场趋于平缓，如图 3-22 所示。

2. 运力

近 10 多年来，全球干散货船运力始终保持高速增长态势，受金融危机的影响，增速趋缓，虽然运力增速大幅收窄，但市场存量仍处于高位，如图 3-23 所示。

图 3-22　全球干散货海运量及其增长率走势

图 3-23　全球干散货船运力及其增长率走势

3. 运价

由图 3-24 可见，全球干散货船 BDI 自 2009 年后一直呈走低态势，2012 年更跌破 1 000 点，2013 年虽然有所好转，但仍在低位徘徊。

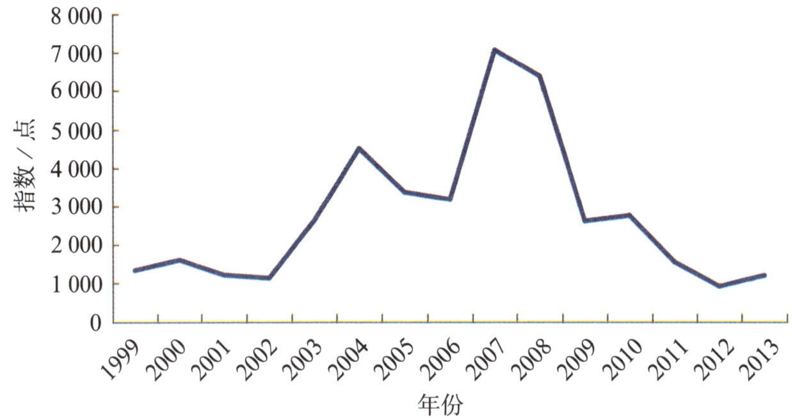

数据来源：Clarksons

图 3－24　全球干散货船 BDI 走势

4. 预测

1）全球干散货航运市场预测

基于各类统计数据，对全球干散货航运市场的海运量、运力建立如图 3－25 和 3－26 所示预测模型。

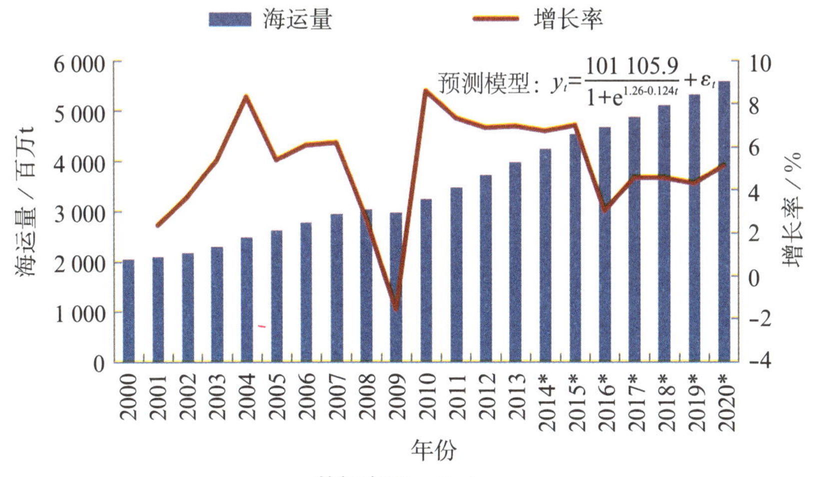

数据来源：Clarksons

图 3－25　全球干散货海运量及其增长率变化预测模型

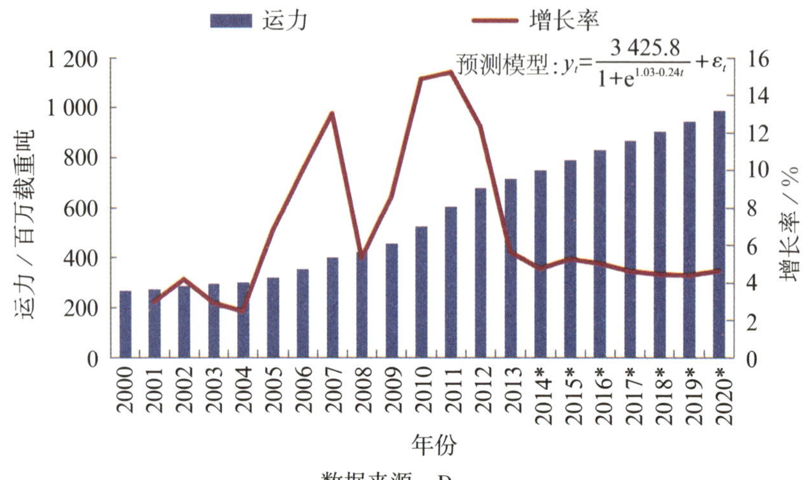

图 3－26　全球干散货船运力及其增长率变化预测模型

据图 3－25 和 3－26 所示模型的预测结果：2015 年至 2020 年，全球干散货海运量的增长率将维持在 5.1%～6.73%之间，干散货船运力的增长率将维持在 4%～5.5%之间。

另据 Drewry 的预测：2015 年至 2020 年，全球干散货海运量的增长率将维持在 5%～7%之间，干散货船运力的增长率将维持在 4.3%～5.2%之间。这与模型预测结果大致吻合。

2）全球干散货分货种市场预测

基于全球干散货航运市场长期看好的预期，干散货主要货种市场也各自呈增长趋势，但表现各异。

(1) 铁矿石。

自 2000 年初开始，全球铁矿石海运量呈现高速上升趋势，虽然 2008 年后增速有所放缓，但依旧保持稳定的增长态势。具体如图 3－27 所示。

据图 3－27 所示模型的预测结果：2015 年至 2020 年，全球铁矿石海运量增长率将维持在 4.8%～7%之间。

另据 Drewry 的预测：2015 年至 2020 年，全球铁矿石海运量增长率将维持在 5.1%～6.6%之间。这与模型预测结果大致吻合。

(2) 煤炭。

自 2000 年以来，全球煤炭海运量一直保持增长态势，受全球经济危机影响，2009 年增速有所下降，陷入低谷。具体见图 3－28。

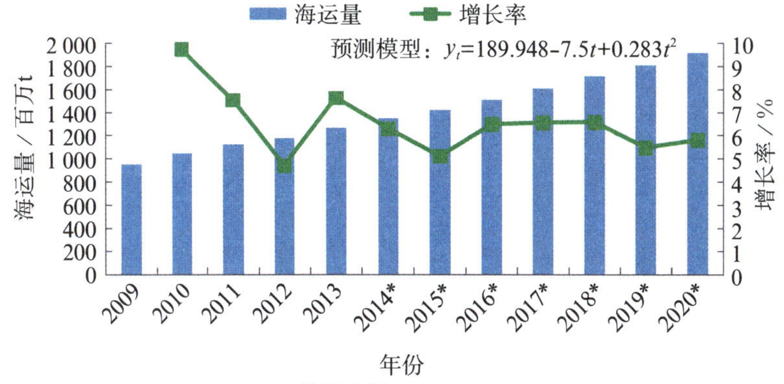

数据来源：Drewry

图 3-27　全球铁矿石海运量及其增长率变化预测模型

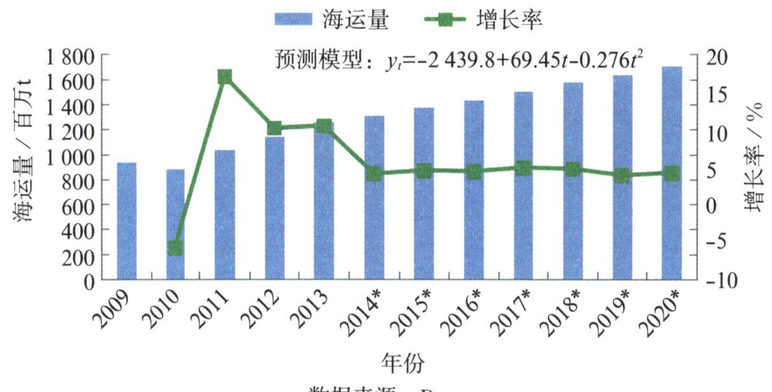

数据来源：Drewry

图 3-28　全球煤炭海运量及其增长率变化预测模型

据图 3-28 所示模型的预测结果：2015 年至 2020 年，全球煤炭海运量增长率将维持在 4.3%～5%之间。

另据 Drewry 的预测：2015 年至 2020 年，全球煤炭海运量增长率将维持在 4%～4.6%之间。这与模型预测结果大致吻合。

(3) 散粮。

自 2009 年以来，全球散粮海运量呈波动上升态势，未来呈平稳增长态势。具体见图 3-29。

据图 3-29 所示模型的预测结果：2015 年至 2020 年，全球散粮海运量增长率将维持在 2.3%～3%之间。

另据 Drewry 的预测：2015 年至 2020 年，全球散粮海运量增长率将维持在 1.7%～2.6%之间。这与模型预测结果大致吻合。

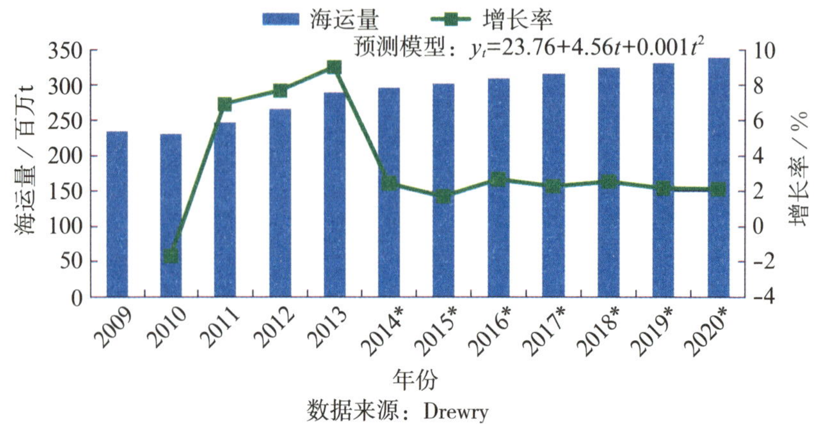

数据来源：Drewry

图 3－29　全球散粮海运量及其增长率变化预测模型

三、全球油船运输市场

1. 运量

长期以来，作为主要的能源资源，石油需求持续增长，但受全球经济复苏缓慢的影响，近年来全球石油航运市场始终呈微弱波动态势，但总体保持缓慢增长趋势。具体见图 3－30。

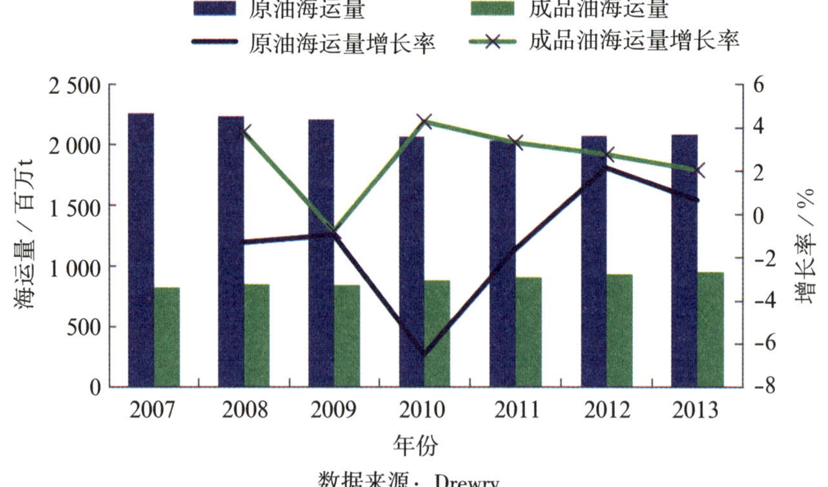

数据来源：Drewry

图 3－30　全球石油海运量及其增长率走势

由图 3－30 可见，全球石油海运量受经贸环境影响，近年来其增长率一直在低位徘徊，原油和成品油海运量的增长率都未超过 5%。

2. 运力

长期以来，全球油船运力不断增长，但目前受金融危机的影响，增速趋缓。具体如图 3－31 所示。

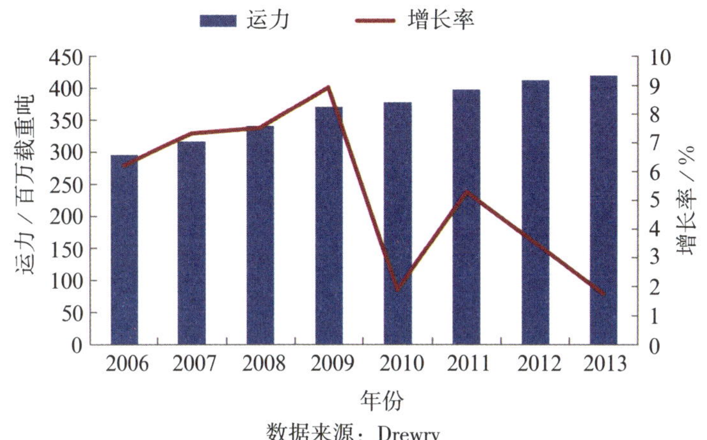

图 3－31　全球油船运力及其增长率走势

由图 3－31 可见，全球油船运力增速在 2009 年后一直处于低位，近两年来运力的增速震荡回落，运力过剩的矛盾短期内难以消除。

3. 运价

由图 3－32 可见，波罗的海成品油油船运价指数(BCTI)和波罗的海原油油船运价指数(BDTI)自 2008 年后一直呈走低态势，2013 年 BCTI 和 BDTI 分别为 605 点、642 点。

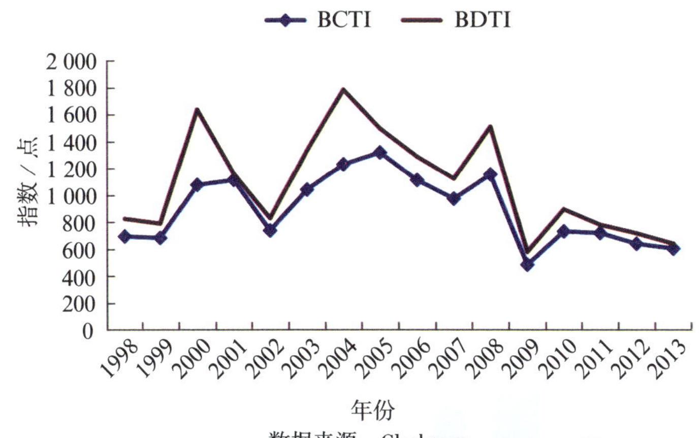

图 3－32　BCTI 和 BDTI 走势

4．预测

基于各类统计数据，对全球油船市场的海运量、运力建立如图 3－33 和 3－34 所示预测模型。

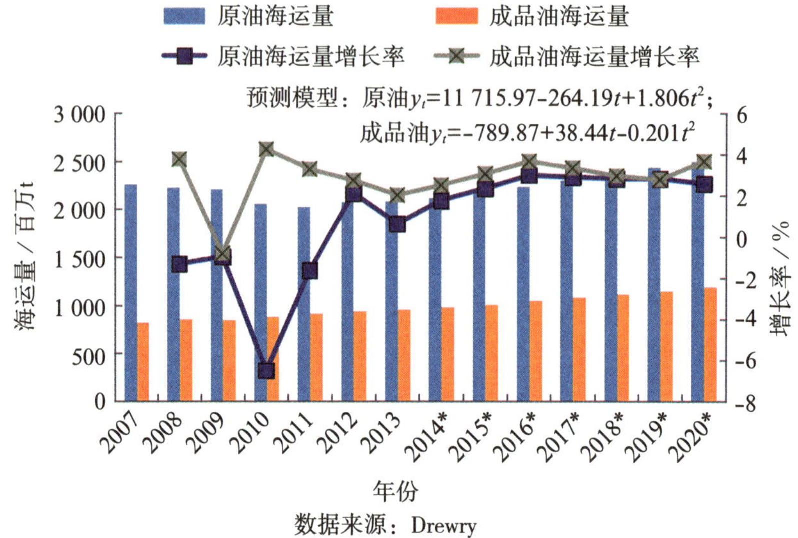

图 3－33　全球石油海运量及其增长率变化预测模型

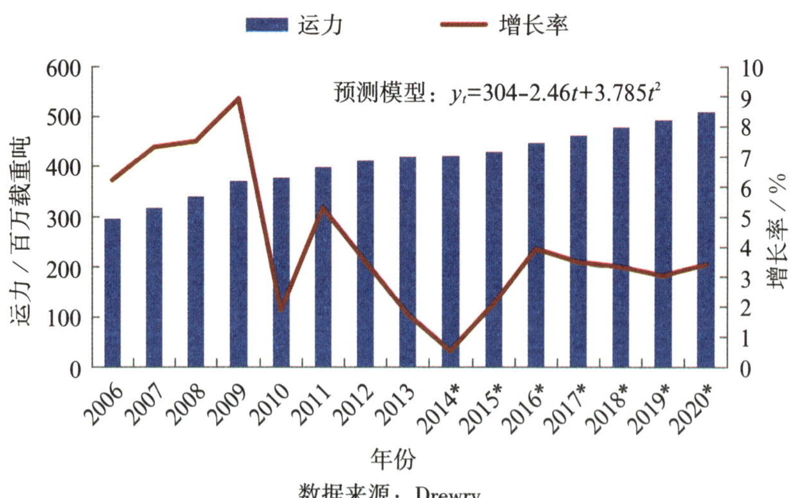

图 3－34　全球油船运力及其增长率变化预测模型

据图 3 - 33 和 3 - 34 所示模型的预测结果：2015 年至 2020 年，全球原油海运量的增长率将维持在 2.5%～3.2%之间，成品油海运量的增长率将维持在 2.5%～3.8%之间，全球油船运力的增长率将维持在2.5%～4.3%之间。

另据 Drewry 的预测：2015 年至 2020 年，全球原油海运量的增长率将维持在 2.4%～2.9%之间，成品油海运量的增长率将维持在 2.6%～3.7%之间，全球油船运力的增长率将维持在 2.1%～3.9%之间。这与模型预测结果大致吻合。

四、结论

1. 世界经济贸易复苏缓慢

2008 年的金融危机与 2013 年的主权债务危机对世界经济造成了巨大冲击。未来，世界经济贸易低速增长或将长期化，海运需求将持续低迷。

2. 运力过剩趋于常态

受世界经济贸易复苏缓慢的影响，未来航运需求增长乏力，船舶订造高峰滞后效应和新兴航运金融投资主体的活跃，导致运力过剩趋于常态，市场供求将长期失衡。

3. 运价回升乏力，低位持续波动

市场供求失衡导致运价回升乏力，加之燃油、船员等方面的成本上升，造成多数航运企业经营困难、收益下降、亏损严重。

综上，航运市场持续低迷将成为新常态，如何在困境中实现航运业的良性可持续发展，将成为航运企业亟待解决的重大问题。

第四节　航运市场的挑战与机遇

一、航运联盟化

全球最大的两家班轮公司马士基航运与地中海航运获美国联邦海事委员会(FMC)批准成立 2M 联盟，而被排除在外的第三大班轮公司达飞轮船也与阿拉伯轮船和中海集运组建 O3 联盟，加上 G6 联盟和扩容后的 CKYHE 联盟，全球班轮行业已经形成四大联盟，因此主干航线的市场集中度更高，对航运企业的生存与发展将产生重要影响，航运市场竞争将会更加激烈，航运公司对管理的创新更加迫切，要求航运管理更加高效。

二、全球供应链理念的引入

供应链管理已经发展成为一种先进的业务管理模式，成为企业参与全球市场

竞争的重要战略。工业的柔性化和个性化发展要求航运企业提供全程、全方位和多层面的服务，最大限度地满足客户个性化需求。航运由单一的运输环节发展为综合运输体系网络中的核心环节，成为物流、资金流、信息流与商流汇聚的重要载体。航运企业之间的竞争已经演化为供应链之间的竞争。因此，向以供应链管理为主要特征的航运企业转型发展，是现代航运企业发展的必然趋势，这给航运企业带来新的机遇与挑战。

三、船舶大型化

船舶大型化已是大势所趋，将使航运网络功能格局进一步发生变化，航运网络中的枢纽港将越来越集中在几个超大型港口。船舶大型化对集疏运能力、航道水深、仓储容量等提出了许多新的要求，物流的基础设施和集散水平都将成为影响航运的综合性因素。此外，便捷高效的海关和检验检疫流程也是货物到达后能够快速集散的必然要求。因此，只是简单地实现某个环节的突破并不能满足船舶大型化的要求，无论是基础设施还是航运管理模式都需要进行改革和创新。

第四章　航运企业应对措施

航运企业积极应对危机，业绩表现各异。2011 年，虽然各航运公司箱运量总体增长，但整个行业经营全面亏损，仅东方海外等个别班轮公司稍有盈利。2012 年，虽然集装箱航运景气度仍然比较低迷，但相较 2011 年行业亏损略有所好转，部分班轮公司扭亏为盈。2011 年班轮经营业绩总计亏损 60 亿美元；2012 年班轮业绩整体盈利约 15 亿美元；2013 年，班轮业绩整体亏损情况好转，东方海外和马士基等班轮公司稍有盈利。虽然航运市场收益整体下降，多数企业经营困难，但以马士基为代表的部分航运企业扭亏为盈，业绩瞩目。2011—2013 年部分大型航运公司经营情况如图 4-1 所示。

公司	经营情况	公司	经营情况	公司	经营情况
马士基	➢2011：净亏损5.53亿美元 ➢2012：扭亏为盈，净利润4.61亿美元 ➢2013：集装箱航运业务盈利15亿美元	韩进	➢2011：营业利润亏损4.87亿美元 ➢2012：营业利润亏损1.53亿美元 ➢2013：营业损失为3 169亿韩元（约合2.85亿美元）	赫伯罗特	➢2011：营业利润为1.05亿美元，但净亏损3 800万美元 ➢2012：净亏损1.28亿欧元（约合1.66亿美元） ➢2013：亏损9 740万欧元（约合1.346亿美元）
美国总统	➢2011：营业利润亏损4.67亿美元 ➢2012：营业利润亏损3.84亿美元	南美轮船	➢2011：亏损12.4亿美元 ➢2012：上半年亏损3.455亿美元，下半年净利润3 190万美元 ➢2013：全年亏损1.69亿美元	东方海外	➢2011：净利润8 600万美元 ➢2012：净利润1.97亿美元 ➢2013：全年实现净利润4 700万美元

数据来源：各大航运公司年报

图 4-1　2011—2013 年部分大型航运公司经营情况

第一节　全球知名航运企业对比

在国外及国内集装箱、干散货航运市场经营规模排名前 3 位的航运企业的运力资源、经营业绩、市场地位及所提供的航运服务情况，以及石油航运市场经营规模排名前 5 位的航运企业的运力资源、经营业绩及市场地位情况，如表 4-1～4-5 所示。

表 4－1　国外及国内集装箱航运市场排名前 3 位的航运企业的运力资源、经营业绩和市场地位

航运企业		国外前 3 位			国内前 3 位		
		马士基	地中海航运	达飞轮船	中国远洋(原)	中国海运(原)	中国外运
运力资源	总运力/TEU	2 780 485	2 494 830	1 584 662	799 923	655 510	43 673
	船舶总数/艘	586	499	432	161	137	31
	自有运力/TEU	1 536 441	1 057 735	545 625	472 657	469 654	20 631
	自有船舶数/艘	250	193	84	98	75	16
	租用运力/TEU	1 244 044	1 437 095	1 039 037	327 266	185 856	23 042
	租用船舶数/艘	336	306	348	63	62	15
经营业绩	收入	26 196 百万美元	4 879 091 297 欧元	15 901.55 百万美元	42 535 百万元	30 386 百万元	1 558 万美元
	利润	1 510 百万美元	422 336 111 欧元	531.359 万美元	－441 百万元	－1 270 百万元	
市场地位	货运量/百万 TEU	880			870	1 207.13	
	世界排名	1	2	3	5	7	33
	市场份额	15.10%	13.60%	8.60%	4.30%	3.60%	0.24%

表 4-2　国外及国内集装箱航运市场排名前 3 位的航运企业的市场服务情况

航运企业		国外前 3 位			国内前 3 位		
		马士基	地中海航运	达飞轮船	中国远洋(原)	中国海运(原)	中国外运
市场服务	全球办事处	在 100 多个国家设有 325 家分支机构	在 155 个国家设有 452 家分支机构	在全球设有 650 家代理机构，428 家分支机构	400 多家代理及分支机构	在全球 102 个国家和地区设有 110 家代理机构、287 个营业网点	在国内 9 个城市设有直属分支机构
	航线	全球范围	服务 6 大洲，通过 200 个直接的和组合的班轮服务，挂靠 316 个港口	超过 170 条航线	挂靠 49 个国家和地区的 162 个港口，经营 84 条国际航线、23 条国际支线、23 条中国沿海航线及 79 条珠江三角洲和长江支线	挂靠全球 60 多个国家(地区)的 180 多个港口，经营 80 余条国际、国内班轮航线以及东南亚，中国华南、华北、长江支线群	经营着由中国大陆主要港口到日本、中国香港、韩国、中国台湾、澳大利亚、菲律宾、新加坡、越南、印度尼西亚等国家和地区的多条集装箱班轮航线
	专业服务	干货、冷藏货物、特殊货物	海运;欧洲货物的进出口通关;联运(巴尔干半岛公路运输);大件货物项目物流;冷链运输	航线服务：美洲航线、欧洲及大西洋航线、南北航线、亚洲区域内航线	特殊货物运输服务：冷藏货物运输服务;危险品运输服务;超尺寸货物运输服务	集装箱管理;码头服务;海铁联运;物流服务	集装箱船舶;冷冻货物，危险货物等特殊货物以及干货

表 4-3　国外及国内干散货航运市场排名前 3 位的航运企业的运力资源、经营业绩及市场地位

航运企业		国外前 3 位			国内前 3 位		
		商船三井	川崎汽船	日本邮船	中国远洋(原)	中国海运(原)	中国外运
运力资源	船舶数量/艘	404	156	248	262	180	46
	总吨位	34 928 000	17 592 438	23 085 120	20 838 964	12 737 004	3 340 000
	平均吨位	86 455	112 772	93 085	79 538	70 761	72 608.70
	平均船龄/年	6.47	5.94	6.13	12.33	9.86	9.03
	好望角型船/艘	103	99	62	45	19	6
	巴拿马型船/艘	38	42	63	76	31	19
	大灵便型船/艘	68	50	88	105	77	9
	小灵便型船/艘	52	22	36	36	53	10
经营业绩	收入	8 364 亿日元	5 028 亿日元	7 955 亿日元	140.72 亿元	73.46 亿元	1.80 亿美元
	成本				157.02 亿元	73.22 亿元	1.53 亿元
市场地位	货运量				21 007.43 万 t	金属矿石运量超过 4 055 万 t，煤炭 1.4 亿 t	

表 4-4　国外及国内干散货航运市场排名前 3 位的航运企业的市场服务情况

航运企业		国外前 3 位			国内前 3 位		
		商船三井	川崎汽船	日本邮船	中国远洋(原)	中国海运(原)	中国外运
市场服务	全球办事处	遍及亚洲、欧洲、非洲、美洲等地区 120 多家公司	在欧洲和新加坡建立了办事处,在中国上海和印度孟买建立了枢纽中心	遍布欧洲、非洲、拉丁美洲、北美洲、大洋洲、亚洲的 93 个国家和地区	在北京总部和香港设立“经营平台”,在欧洲、美洲、澳洲及新加坡、印尼建立经营公司,在非洲及日本、韩国、印度等设有服务机构	除广州总部以外,还在上海、香港、新加坡及欧洲、北美等地设立办事机构	在长江及沿海主要港口设有分支机构,在德国汉堡、荷兰鹿特丹设有分公司
	航线		与中国、印度、欧洲及世界其他地区的客户进行散货业务合作		航线遍及 100 多个国家和地区的 1 000 多个港口	经营航线遍及国内沿海沿江和世界各主要港口	拥有各类运输航线 100 余条,涉足远洋至长江内河一、二、三程运输,业务遍及国内沿长江、沿海 50 余个港口和世界各主要贸易航线

表 4－4(续)

航运企业		国外前 3 位			国内前 3 位		
		商船三井	川崎汽船	日本邮船	中国远洋(原)	中国海运(原)	中国外运
服务	专业服务	主要从事全世界范围内的原材料包括铁矿石、粮食、木材以及水泥、化肥、盐等进口服务。目前的经济增长伴随着强有力的国际分工,全球化的航运更加活跃	用于制造钢铁的铁矿石和焦煤,用于造纸业的木屑和纸浆、大豆、小麦及其他谷物,还有给火力发电厂和锅炉做燃料的煤炭		航线服务：美洲航线、欧洲及大西洋航线、南北航线、亚洲区域内航线 特殊货物运输服务：冷藏货物运输服务;危险品运输服务;超尺寸货物运输服务	沿海运输,远洋运输,船舶租赁	拥有各类拖船,驳船,江海直达、沿海和远洋干散货运输船舶

表 4－5　石油航运市场排名前 5 位的航运企业的运力资源、经营业绩及市场地位

航运企业		SCF	商船三井	新加坡海洋油船	中国海运(原)	中国外运
运力资源	船舶数量/艘	133	109	102	92	88
	总吨位	11 972 863	13 242 892	7 794 078	7 910 629	7 378 027
	平均吨位	90 021	122 619	76 412	85 985	83 841
	平均船龄/年	8. 35	7. 56	10. 23	10. 44	7. 6
	超级油船/艘		29	14	14	17
	苏伊士型船/艘	18				
	阿芙拉型船/艘	54	9	13	8	
	巴拿马型船/艘	14	11	5	17	
	灵便型船/艘	36	37	42	33	44
	通用型船/艘		12	8	10	11
经营业绩	收入	12 628 亿美元	836 408 百万日元（包括干散货船、油船、LNG 船）		53. 04 亿元	
	利润	1 160 万美元			－0. 41 亿元	
市场地位	货运量				10 亿 t	
	市场份额					3. 6%

第二节　全球知名航运企业经营模式

一、航运企业经营模式的基本定位

总体而言，航运企业经营模式主要有下列几种基本定位。

模式一：定位于“航运投资人”，侧重于资本经营（如买卖船舶）和资本的回报。在这一模式下，航运公司日常的市场经营和生产技术管理（包括船舶、船员管理等）活动基本上委托船舶管理公司管理。

模式二：定位于“船舶经营人”，侧重于对自有船舶进行经营生产运作活动，追求由此产生的效益回报。在这一模式下，航运公司的管理范围将涉及所有与自有船舶有关的活动，具体包括市场经营、生产运作管理（包括海务、机务等管理）、船舶和船员管理三大部分。

模式三：定位于“航运经营人”，侧重于航运市场经营和生产管理活动，追求的是利用自身的技术和管理优势来获取回报。在这一模式下，主要有 3 种类型：一是注重航运市场经营的租船经营人；二是侧重船舶技术管理和船员管理的船舶管理公司；三是前两者的混合。对于“航运经营人”来说，是否拥有自己的船舶并不非常重要。

模式四：定位于“船舶经营人＋航运经营人”。这一模式实质上是模式二和模式三的组合。也就是说，船舶所有人已不再仅仅局限于对自有船舶进行经营生产运作活动，而是引入“外包”的理念，充分运用在对自有船舶进行管理过程中所积累和形成的技术和管理优势，对整个航运市场资源进行运作。

除了对上述定位模式作出抉择外，在日常的生产经营过程中，航运企业往往还应该关注下列问题。

1. 控制运力还是拥有运力

随着世界航运业的发展，一些新的运输经营理念正逐步被引入，传统的以自有船舶为核心的经营模式正逐步被打破，转而向充分利用市场航运资源的“控制船”方向发展。由“拥有运力”向“控制运力”的转变，标志着航运企业正在打破传统的“船舶所有人情结”，实现了“以生产管理为中心”向“以市场经营为中心”的转变，同时也能够根据市场情况随时调整企业船队运力的规模和结构，因而这是一个值得借鉴的经营模式。但是，必须指出的是，租进船战略也具有相当大的风险，一旦租进来的船舶无法创造效益，那么无疑就会给企业带来沉重的负担。

2. 期租船还是自营不定期船

期租船和自营不定期船对于航运企业来说是两大市场经营模式。前者收益相对稳定，风险比较小，而后者受市场的影响比较大，高收益高风险。究竟采取何种经营模式，与公司的经营理念、船队实力、管理水平、市场供需态势、决策者的领导风格等有着密切的关系。在具体的市场经营过程中，究竟采取什么样的经营模式，受许多因素的影响，一般来说：期租船经营模式比较适合于经营理念稳健、船队实力和管理水平一般，往往在市场态势不利于航运企业的阶段运用；自营不定期船经营模式则相反。这里值得强调的是：无论在何种情况下，建立在与货主签订长期合同基础上的期租船经营模式是所有航运企业都应该加以考虑的，区别在于期租船的具体比例。从短期看，期租船经营模式可能会损失一定的利润，但从长远看，它规避了市场的风险。当然，依靠与货主合资成立联盟来保证期租船战略的实施也具有一定的风险。

3. 市场份额优先还是利润优先

在当前航运市场竞争异常激烈的情况下，以市场份额优先还是以利润优先是值得考虑的两大经营目标。对于干散货运输市场来说，利润优先似乎占更重要的地位，从 Nippon Yusen，Showa - NYK 与 MOL - Navix 合并的公司及 Hyundai Merchant Marine，Cho Yang 等公司的经营分析中可以发现，追求利润而非市场占有率已越来越成为一些航运公司的市场经营目标。在市场利润明显降低或亏损的情况下，对于航运企业来说，封船与撤退是两种可供选择的战略模式，具体采取何种模式，在很大程度上与企业的经济状况有关。由于封船成本比较高，特别是对于船龄大的船舶更是如此，因此如果市场持续不景气，对于航运公司而言，更多的是采用撤退模式，包括转让船舶或淘汰船龄大的船舶。

二、航运企业的精细化管理

1. 在不断扩展规模的同时，通过多种战略联盟形式，进一步强化企业之间的联合，增强市场话语权

一般意义上的航运联盟的内涵和外延非常广泛，具体来说，船舶所有人、航运经营人、货主、内陆运输承运人以及港口方等市场主体可以通过资源（运力）共享、委托代理、联营体、合资等多种形式结成航运联营利益共同体。

在全球集装箱、干散货和液体货三大市场经营中，集装箱航运企业间的战略联盟现象尤为突出。

实践证明：航运企业间的战略联盟在寻求稳定收益、抵御市场风险、应对市场萧条等方面，能够发挥积极有效的作用。

2. 以成本控制和现金流保障为着眼点，全方位运作应对市场经营危机

为有效地应对世界经济低迷及复苏困难的影响，各航运企业对成本控制和现金流保障予以了高度重视。下面以集装箱运输企业为例进行说明。

1）减少运力

长荣海运 2009 年减少 37 艘集装箱船，其中拆解 9 艘、退租 11 艘、停航 17 艘，削减运力 38%，在中欧航线上超低速运营；马士基停航了 5 艘高耗油、高速集装箱船，严格控制订购集装箱船的比例，并下调欧亚航线上船舶航速；达飞轮船 2009 年各撤销和延期 15 艘集装箱船订单，在地中海、印度及欧洲航线上加船减速运营；川崎汽船一方面推迟其 10%新船订单的交付时间，将原订的 5 艘集装箱船改为市场需求较大的好望角型散货船，另一方面拆解 10 艘船龄在 25 年以上的 3 000～3 500 TEU集装箱船；商船三井 2009 年拆解 13 艘造于 20 世纪 80 年代中期和 90 年代初期的 2 500～3 500 TEU 集装箱船。

2）低速航行

据统计，近年来全球班轮公司已有 30 条远洋干线陆续实施了超低速运营，以降低船舶燃油成本。例如：马士基在亚洲—北欧贸易航线上将周班集装箱船航速由 20～25 kn 降为 17～19 kn，北欧—亚洲回程航线的集装箱船航速降低到 14～16 kn；达飞在远东/地中海航线实施超低速运营，调整后的航线周期由 10 周延长至 11 周，新增 1 艘 5 762 TEU 集装箱船，在印度—欧洲航线，在保持原有运输航线的基础上，延长 1 周的航线运营周期。类似的，长荣海运在欧洲航线(CES)上实施超低速运营，并对地中海航线和远东航线实施加船减速策略。

3）暂停航线

马士基在航运淡季，对大西洋航线及亚欧航线实施停航，并通过与达飞、地中海航运的合作，削减其太平洋航线；达飞分别关闭波斯湾、中东、印度、非洲及南美航线；日本邮船削减 15%的亚洲—美国航线。

4）缩减业务

马士基暂缓投资摩洛哥丹吉尔港二期码头，并出售旗下的非核心业务——船舶管理公司及集卡公司；日本邮船削减并调整了塔科马港的投资预算与项目规模；东方海外出售旗下的房地产公司，以增强其核心业务的竞争力。

5）裁员减薪

赫伯罗特裁减岗位数量 10%，并与公司员工签订免薪协议；新加坡东方海皇裁员1 000名，占其雇员总数的 9%。

6）寻求注资

各大航运企业采取了多项措施确保现金流安全。例如：赫伯罗特得到政府为其80%～90%的贷款做担保的支持，大股东 Tui 集团与 Albert Ballin 财团以现金和债转股权等方式向赫伯罗特注资9.23亿欧元；以星轮船的母公司2009年先后提供了5亿美元的贷款，帮助其克服由于运量和运价下滑造成的经营困难；日本邮船通过发售4.27亿新股，集资1 425亿日元，应付以支付新船费用为主的资金的需要，同时发行债券600亿日元。

3. 以信息系统、组织再造、服务营销等为手段，不断提高服务品质

1）信息系统建设

马士基首创以中小企业为服务群体的网上货柜订位服务；达飞轮船通过开发电子商务网络，为客户提供网上订舱、了解航线分布、查询船舶中转信息、跟踪货物等便利服务；长荣海运2005年起致力于开发地区性的信息网络，整合当地信息及全球的航运信息，提供丰富的查询功能。

2）组织再造

马士基将全球机构由14个分区精简为11个分区，并将总部机构重组为负责财务、融资、信息技术、人力资源以及运营相关业务的运营管理中心和提供后勤保障、IT 服务、技术运营等业务的后勤服务部门；日本邮船将下属的日邮物流公司与邮船航空服务公司合并，以充分发挥资源整合优势。

3）营销网络完善

马士基在全球拥有512个核心服务网点，呈垂直和扁平化并存交叉的布局态势，并依附各服务网点的办事处重点提供以售后服务为主的客户服务；达飞轮船全球营销网点达650个，坚持“以货流为主体，以目标顾客为基本点”的市场导向型营销理念，实施一站式和零距离营销模式；赫伯罗特在130多个国家和地区设立了约320个营销网点，以控制重点客户和高附加值货源为营销重点。

4. 强化市场营销，建立适应客户需求的市场营销体系，以应对市场低迷

1）构造全球性的营销和客户服务网络

当今，航运企业之间竞争的内涵有了质的变化。航运市场上对货源的争夺，已从传统粗放型的价格竞争，转向为赢得客户满意而进行的深层次竞争。为此，航运企业必须克服传统的营销观念，建立广泛的营销网络，全方位为客户提供个性化服务。从目前各大航运企业的运作实践来看，重点是实现企业与货主之间的有效沟通，通过设立客户档案，建立起企业与用户、港口、代理企业、运输企业之间的信息联系渠道，并在此基础上，展开市场营销和客户服务。

2）组建高素质的营销队伍

建立营销体系，首先要有一支高素质的专业营销队伍。所谓高素质的专业营销队伍，是指队伍中的成员爱企业、懂业务、善经营、肯吃苦、有头脑、愿奉献。目

前，各大航运企业均形成了以市场营销部门为核心、以区域揽货网点为基础、以中介货运代理人为辅助的营销网络体系，并建立和形成了点多、面广、稳定、可靠的营销服务网络。

3）确立特色鲜明的营销战略

对于航运企业来说，营销战略的制定不应以“交易”为目标，而是要以客户满意为目标，注重与客户建立长期稳定的合作关系。为此，要对经营范围内的市场格局作系统的分析，对竞争对手的经济实力、船队规模、人员素质、发展规划、成本结构甚至运行机制予以充分的把握，对本企业的优势和劣势也要有清醒的认识，在此基础上，把重点客户作为基本目标，细分营销市场，把重点客户分解到具体责任人，全面落实基础货源岗位责任制。

4）提倡服务创新，强化质量意识

目前，世界各大航运企业在日常的经营过程中，始终把货主满意度放在第一位，贯彻落实“货主没有想到的事我们已为其作了安排，货主办不到的事我们能为其办到，货主做不好的事我们能为其做好”的市场营销理念。为此，市场经营人员应主动出击，通过各种业务联系，时刻捕捉机遇，不断提高服务标准和货主的满意程度。

5）建立科学合理的营销激励机制

在当前航运市场竞争异常激烈的情况下，以市场份额优先还是以利润优先是值得考虑的两大经营目标。对于干散货航运市场来说，利润优先似乎占更重要的地位。

6）结合实际，不断调整市场营销体系

市场营销体系是一个动态体系，随着市场结构的调整、物流方式和方向的改变、国家产业政策的调整，甚至是关键部门和客户的人事变动而不断变化。考察营销体系的功能主要看其对市场的适应能力。为此，企业应不断分析消费者的需要和市场变化的信息，并及时调整市场营销体系。

5. 加强企业内部基础管理、降低成本、提高效率，以增强航运企业竞争力

一般来说，企业内部管理所涉及的范围非常广，突出表现在生产的集约化管理、成本控制、质量管理、船舶与船员管理等方面。

在质量管理方面，实践证明，企业实施 ISO 9000 标准在提升管理水平、提高工作效率和质量、强化安全运作、开拓市场、满足客户需求等方面愈来愈显示出强大的生命力。目前，对于航运企业来说，一项比较紧迫的任务就是随着 ISO 2000 的颁布而进行原标准的转换认证。

在船舶与船员管理方面，近年来，伴随着 ISO 9002、ISM 规则、PSC 规范、

STCW公约马尼拉修正案等的实施和生效,船舶管理已从传统的对船舶硬件的管理转变为对船舶软件即工作程序的管理,从而进一步强化了对船员行为的约束和管理。为此,航运企业正逐步对传统的船舶与船员管理模式进行改革,以适应外部环境的变化。目前比较推崇的模式包括:一是航运企业设立隶属于自己的船舶管理部或船舶管理公司,管理本企业的船舶,同时负责对船员的管理;二是通过自身的船舶管理部或船舶管理公司管理本企业的船舶,船员则由企业的船员管理部和企业以外的船员管理公司共同管理。

三、航运企业的多元化经营

首先给出多元化程度的基本界定,如表4-6所示。

表4-6 多元化经营的程度划分依据

多元化程度	企业类型	单一化比率(Special Ratio, SR)	收益与风险指标
低	单一型	$k_{SR} \geq 95\%$	(1) EBIT/EBITDA; (2) Operation income; (3) Relative risk
	主导型	$70\% \leq k_{SR} < 95\%$	
中	高关联型	$60\% \leq k_{SR} < 70\%$	
	低关联型	$50\% \leq k_{SR} < 60\%$	
高	非关联型	$k_{SR} < 50\%$	

通过分析2011—2013年马士基、原中远集团、日本邮船、川崎汽船、东方海外、原中海集箱这6家大型航运公司的年报,计算出单一化比率,见表4-7。

表4-7 航运企业多元化经验状况

公司	年份	k_{SR}	企业类型	多元化程度
马士基	2013	55.3%	低关联型	中
	2012	54.8%		
	2011	50.3%		
原中远集团	2013	73.0%	高关联型	中
	2012	70.8%		
	2011	48.9%		

表 4-7(续)

公司	年份	k_{SR}	企业类型	多元化程度
日本邮船	2013	41.9%	非关联型	高
	2012	40.4%		
	2011	41.3%		
川崎汽船	2013	92.0%	主导型	低
	2012	81.3%		
	2011	96.7%		
东方海外	2013	99.6%	单一型	低
	2012	99.6%		
	2011	99.6%		
原中海集箱	2013	88.8%	主导型	低
	2012	97.1%		
	2011	98.6%		

围绕收益与指标体系，分析多元化经营与盈利能力和相对风险的关系，如图 4-2和 4-3 所示。

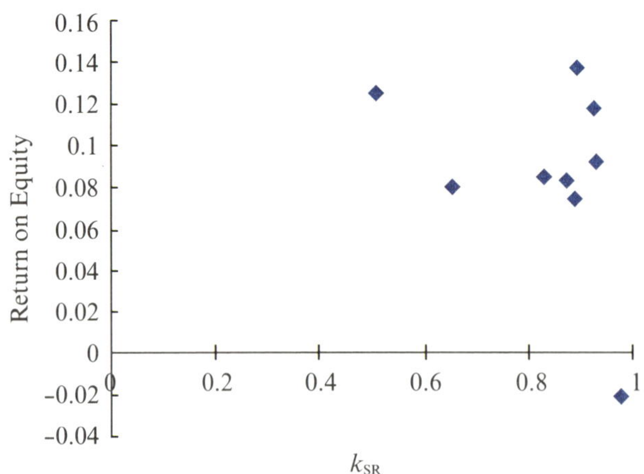

图 4-2　有限多元化程度与盈利能力的相关性分析

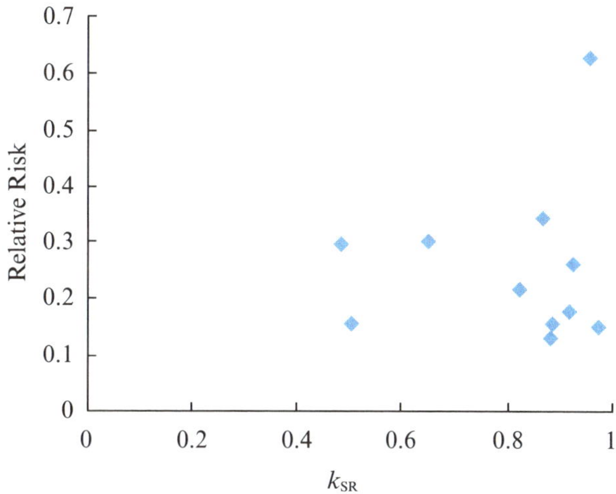

图 4-3　有限多元化程度与相对风险的相关性分析

从图 4-2 和 4-3 可以得出如下结论：

(1) 航运企业的有限多元化程度与盈利能力并未存在明显的相关性；

(2) 航运企业的有限多元化程度与相对风险并未存在明显的相关性。

第五章 航运企业基于供应链的创新途径

第一节 航运企业核心能力评估

一、核心能力评估基本架构

1. 航运企业传统评价模式

对于航运企业，传统意义上的评价模式一般从企业的成长性、盈利性、竞争性等几个角度进行考量，但与从供应链转型与创新的角度评价相比，前者存在如下问题。

(1) 传统评价模式仅从航运企业本身进行了考量，忽略了航运企业自身对其所处的全球供应链价值提升的影响，不能有效地反映航运企业在全球供应链中的地位和作用。

(2) 传统评价模式重点关注航运的规模和拥有资源的大小，对拥有资源的结构、品质等不能有效体现，对外部资源、客户、市场的掌控能力不能如实反映，具有一定的片面性。

(3) 传统评价模式使得航运企业热衷于在扩大规模、增加航线、新造船舶、新增设施等方面下功夫，难以从物流、商流、信息流、资金流一体化的角度整合内外部资源，无法适应航运企业从提供传统航运服务向提供全球供应链服务升级的需求。

2. 基于供应链的航运企业核心能力评估架构

为了更全面地反映航运企业的经营水平，更好地促进航运企业的供应链转型与创新，提升企业的核心竞争力，本章从供应链的视角，提出了全新的航运企业核心能力评价体系，包括拥有能力、控制能力、服务能力和适应能力评价体系，以有助于企业从拥有的数量向质量转变、从拥有向控制转变，为客户提供供应链一体化服务，进一步适应经济新常态。

(1) 拥有能力：主要是指航运企业对资源，包括生产资源、人力资源、金融资源、品牌资源等的拥有。一家航运企业的拥有并不是越大越好，拥有规模过大，将形成资产的大量闲置，造成资金周转缓慢，并且会给企业带来沉重的负担；但是，拥有规模过小，将难以满足航运企业生产经营的需要，某些生产经营活动难以正常进行。航运企业要在注重拥有的数量与规模的基础上，更加注重拥有的质量。

（2）控制能力：主要是指航运企业对内部及外部资源的控制与协调，包括资源控制、市场控制、客户控制、金融控制等，例如航运企业对港口、铁路、公路、航空的控制，对货源的控制等。航运企业如果既能纵向控制供应链上下游的货源，又能横向控制其他企业的资源，则能在不增加大规模投入的情况下，为客户提供更好的服务，实现企业的可持续发展。航运企业必须不断加强自身的控制能力，否则即使拥有大规模的资源，也会反被供应链上下游的其他企业控制。

（3）服务能力：主要是指航运企业为客户提供服务的水平，包括传统的航运主业服务、物流服务、贸易服务、金融服务、信息服务以及供应链一体化服务的水平。航运企业须改变传统航运主业的服务模式，以客户为中心，创新发展航运＋物流、航运＋金融、航运＋电商、航运＋贸易、航运＋产业（制造、码头、科技等）的服务模式，扩大高端增值服务，进一步提高服务客户的能力。

（4）适应能力：主要是指航运企业对经济、社会、法律、科技、环保等方面的融入、接受、把握、调整，包括战略适应、市场适应、竞争适应、环保生态适应、客户需求适应、制度政策适应、科技创新适应、风险控制等。航运企业若能提升适应能力，则不仅能令企业在不景气的环境中迅速地作出反应，还能够使之在环境变化时抓住机会。

航运企业应依托适度的拥有能力，获得最好的控制能力；依托拥有和控制能力，获得最优的服务能力、最强的适应能力。

航运企业应通过以上四大能力建设，实现企业持续创新发展。

二、核心能力评价指标体系

依据科学性、系统性、可行性、定量与定性相结合、体系完备与实用性相结合的原则，提出航运企业核心能力三级评价指标体系，其中一级指标包括拥有能力、控制能力、服务能力、适应能力。拥有能力评估涉及企业对各种资源的拥有情况；控制能力评估涉及企业对资源、市场、客户以及金融的控制能力；服务能力评估涉及物流、贸易、金融、信息、主业等服务，以及综合服务；适应能力评估涉及企业对战略、市场、竞争、环保、客户、政策、科技等方面的适应能力。

1. 拥有能力

拥有能力主要包括生产资源、人力资源、金融资源、品牌资源等 4 个二级指标，并对应一系列定量三级指标，如总资产规模、全球网络布点数量等，以及一系列定性三级指标，如船型结构水平、船舶自动化程度等，具体如表 5－1 所示。

表 5-1　拥有能力的分级指标

一级指标	二级指标	三级指标	
		定量	定性
拥有能力	生产资源	总资产规模	集运、散运、油运三大船队的船型结构水平
		集运、散运、油运三大船队的船舶与航线的数量，航线覆盖的国家/港口数量，运力规模、不同船型的比例、不同船型的平均船龄	
		堆场、仓库、码头的数量与总面积，物流车辆数量，物流设施与设备平均使用时间	
		相关产业(金融/信息/贸易/制造)的固定资产规模、比例	
		上下游客户数量，线上客户占总客户的百分比	船舶、物流设备与设施、信息系统的智能化、自动化程度
		全球网络布点数量，海外仓/边境仓数量，覆盖的国家数量、总面积	
		科技奖项的数量与等级、科研机构数量、企业自有专利权数量、软件著作权数量、技术标准数量、辅助决策系统数量	
	人力资源	高级船员、经营管理层人员、研发人员、营销人员的数量、年龄结构(不同年龄段的比例)、职称结构(不同职称的比例)、学历结构(不同学历的比例)、专业结构(不同专业的比例)	人力资源的结构水平
		贸易、电商、金融、航运、供应链综合服务等复合型人才数量及占比，海外本地化人才数量，具有跨国经营经验的人才数量	
	金融资源	总投资、总营业收入，公司除银行贷款以外的其他融资渠道，公司的年均融资额度、银行授信额度	金融资源拥有的质量
		自有现金流，开展的金融业务的种类与规模，公司具有金融牌照的数量及业务开展规模	
	品牌资源	公司不同航运主业的国内外行业排名，公司在国内所有企业中的排名，以及全球排名	品牌价值、业界认同度

2. 控制能力

控制能力主要包括资源控制、市场控制、客户控制、金融控制等 4 个二级指标，并对应一系列定量三级指标，如船队租赁的比例与数量，与铁路、公路、航空等领域建立联营公司的数量等，以及一系列定性三级指标，如获取信息的质量、集团对内部成员公司运力等资源的调配能力等，具体如表 5－2 所示。

表 5－2　控制能力的分级指标

<table>
<tr><th rowspan="2">一级指标</th><th rowspan="2">二级指标</th><th colspan="2">三级指标</th></tr>
<tr><th>定量</th><th>定性</th></tr>
<tr><td rowspan="13">控制能力</td><td rowspan="5">资源控制</td><td>公司的整体营运成本、船舶运营的平均效率、船舶运行的平均油耗、陆岸物流的门到门的平均时间、信息控制（自动获取上下游企业、相关口岸单位信息的渠道）</td><td rowspan="2">获取信息的质量</td></tr>
<tr><td>使用其他船公司航线的比例</td></tr>
<tr><td>支线对干线的支撑（干线货源来自于支线的比例）</td><td rowspan="3">集团对内部成员公司运力等资源的调配能力</td></tr>
<tr><td>船队租赁的比例与数量，与铁路、公路、航空等领域建立联营公司的数量以及每年对这些交通方式的使用量及其占比，物流资源控制的能力（使用其他企业堆场、仓库、码头、车辆的数量及其占比）</td></tr>
<tr><td>航运业标准、供应链标准的话语权（参与国际、国内标准制定的次数）</td></tr>
<tr><td rowspan="4">市场控制</td><td>多元化经营的种类、规模，海外陆岸物流市场的经营规模，第三国航运与物流市场的经营规模</td><td rowspan="2">运价控制能力</td></tr>
<tr><td>与船舶等生产资源制造商及燃油等供应商的关系</td></tr>
<tr><td>货源结构（不同货种的比例），贸易渠道数量，以贸易为纽带产生的货源规模，垄断的货源规模</td><td rowspan="2">与其他电商平台的对接程度</td></tr>
<tr><td>对接其他电商平台的数量</td></tr>
<tr><td rowspan="2">客户控制</td><td>上下游客户的参股公司数、平均持股比例、持股规模、带来的货源规模及占比</td><td rowspan="2">客户资源的分布，重要客户的分布及忠诚度</td></tr>
<tr><td>通过战略合作参与的纵向联盟的数量、带来的货源规模及占比</td></tr>
<tr><td rowspan="2">金融控制</td><td>长期合作银行的数量、参股银行的数量</td><td rowspan="2">利用金融政策的水平</td></tr>
<tr><td>集团公司对资金的归集效率</td></tr>
</table>

3. 服务能力

服务能力主要包括航运服务、物流服务、贸易服务、金融服务、信息服务、综合服务等6个二级指标，并对应一系列定量三级指标，如运输货物的安全率、准点率等，以及一系列定性三级指标，如集运、散运、油运、客运的客户满意度等，具体如表5-3所示。

表5-3　服务能力的分级指标

<table>
<tr><th rowspan="2">一级指标</th><th rowspan="2">二级指标</th><th colspan="2">三级指标</th></tr>
<tr><th>定量</th><th>定性</th></tr>
<tr><td rowspan="14">服务能力</td><td>航运服务</td><td>集运、散运、油运运输货物的安全率、准点率、错单率、货损率、丢失率</td><td rowspan="2">集运、散运、油运、客运的客户满意度</td></tr>
<tr><td rowspan="3">物流服务</td><td>门到门服务的规模及占比，物流产品的数量，为客户提供全程物流解决方案的能力(种类、规模)，全程物流的服务价格，陆岸物流的安全率、准点率、错单率、货损率、丢失率</td></tr>
<tr><td>提供除航运服务外，报关、报检、堆场、陆运等物流服务的业务规模，海外物流服务的规模</td><td rowspan="2">全程物流的服务质量，客户满意度</td></tr>
<tr><td>海外物流服务的产品数量与规模，为客户提供口岸通关服务的规模</td></tr>
<tr><td rowspan="2">贸易服务</td><td>全球采购与销售的规模，代采购与销售的规模，参与贸易的种类，与贸易商的合作方式</td><td rowspan="2">贸易商信用评价服务</td></tr>
<tr><td>基于贸易的物流服务链的延伸长度(物流服务链的服务功能)，提供在线交易功能</td></tr>
<tr><td rowspan="2">金融服务</td><td>对客户融资服务金额数，在线保险服务，在线融资、第三方资金保障服务，在线结汇退税服务的功能</td><td rowspan="2">供应链金融服务水平</td></tr>
<tr><td>应收账款的天数，对客户的结算速度</td></tr>
<tr><td rowspan="4">信息服务</td><td>业务中采用线上业务的比例</td><td rowspan="2">智慧物流服务的水平(信息的智能分析、决策、推送)</td></tr>
<tr><td>信息服务产生的收入，大数据服务的功能</td></tr>
<tr><td>对货物的跟踪与查询的准确率、实时性</td><td>客户对信息服务的满意度</td></tr>
<tr><td>电商平台的服务功能</td><td>电商平台的用户体验</td></tr>
<tr><td rowspan="2">综合服务</td><td>吸引大中小客户所开展的其他服务项目</td><td rowspan="2">供应链一体化服务的客户满意度</td></tr>
<tr><td>多种服务的组合与选择(服务组合的数量)</td></tr>
</table>

4. 适应能力

适应能力包括战略适应、市场适应、客户适应、竞争适应、风险控制、环保生态适应、科技创新适应、制度政策适应等 8 个二级指标，并对应一系列定量三级指标，如专项规划的种类与数量，以及一系列定性三级指标，如战略规划对商业机会的把握程度、对行业形势判断的准确度等，具体如表 5 - 4 所示。

表 5 - 4　适应能力的分级指标

一级指标	二级指标	三级指标	
		定量	定性
适应能力	战略适应	专项规划的种类与数量	战略规划对商业机会的把握程度、对行业形势判断的准确度、对宏观环境的适应性，战略规划的可持续性、多样性、国际化程度、可操作性，专项规划与总体战略的一致性
	市场适应	多元化产业与航运主业的比例关系，投资多元化程度	新兴国家的市场拓展（对印度、巴西、南非、印尼等当地市场的了解程度）
		细分市场的专注能力（细分市场业务的数量、规模）	
	客户适应	客户需求的响应速度与准确度	客户个性化需求的满意程度
	竞争适应	公司 45 岁以下高级管理人员占比	对未来市场形势的跨界判断（是否有对主业以外的市场形势的年度报告）
		参与同行业的横向联盟的数量	应对航运长期低迷的能力，横向联盟的紧密程度
		公司船舶船龄低于 2 年的占比、公司船舶平均油耗在行业内的排名	
	风险控制	公司风控专职部门和从业人员的数量	风险防控能力、风控制度健全程度（体系结构、规章制度的完备性），低发生概率、高危害性风险的预见与防控

表 5-4(续)

一级指标	二级指标	三级指标	
		定量	定性
适应能力	环保生态适应	每年船舶的碳排放量,节能型船舶的数量与比例	环保、绿色、节能的适应,船舶在环保、安全、节能方面的领先程度
	科技创新适应	每年对科技研发与跟踪的投入及占营业收入的比例,研发工具与方法的数量,科研人员的规模、结构	科技的判断与跟踪能力(是否每年都有对科研的分析报告),研发工具与方法的成熟度,新技术的研发、推广与运用
	制度政策适应	对行业情报的收集与分析的投入	对贸易、法制、政策等外部环境的洞察与分析、应对与利用能力,对海外市场经营环境的了解程度

第二节　航运企业创新战略整体规划

一、航运企业转型与创新的标杆和模式

在全球经济一体化背景下,供应链整合作为增强自身竞争优势的重要手段,越来越受到跨国公司的重视。目前,全球供应链整合的主体是跨国公司,供应链整合也成为跨国公司未来重要的发展方向。航运企业也应在全球范围内对供应链上的资源进行整合,要通过组织和协调,把集团内部彼此相关但又彼此分离的职能,把外部既能参与共同使命又拥有独立经济利益的合作伙伴整合成一个为最终客户服务的系统,实现其全球资源的优化配置和利用,从而增强其竞争优势。

航运企业需要适应这一趋势,积极按照供应链整合模式的要求,确立各自的"核心优势",突出主业,推动集团向供应链服务运营商转型,向供应链高端延伸,形成和建立适应供应链整合的运作机制,将全球供应链整合模式提升到战略层面并加以推进。同时,也需要航运企业将马士基集团、新加坡吉宝集团等大型跨国企业作为标杆。

二、航运企业转型与创新的原则和思路

党的十八大报告指出，“要毫不动摇巩固和发展公有制经济，推行公有制多种实现形式，深化国有企业改革，完善各类国有资产管理体制，推动国有资本更多投向关系国家安全和国民经济命脉的重要行业和关键领域，不断增强国有经济活力、控制力、影响力”。国企改革已进入深水区，改革的内在动力不足，外部环境越来越复杂，难度也越来越大。对于大型国有航运企业来讲，适应新常态、推进国有企业市场化改革的关键是加快推进经济结构优化调整。

目前，国有企业的发展方式还比较粗放，布局结构还不尽合理。国有企业大多分布在传统型产业，处于产业链、价值链的中低端环节。一些企业的发展还主要依靠扩大规模、增加投入，一些国有经济比较集中的行业的产业集中度有待提高。与国际先进企业相比，国有企业技术创新能力还有待提升。航运企业需要抓住国有企业市场化改革的契机，认清企业问题，明确集团转型创新的思路，加快发展新技术、新产品、新业态，做大做强战略性新兴产业，大力实施创新驱动发展战略，全面推进科技、管理、市场、商业模式创新，提高资本回报率。

（一）商业模式

1. 基于成本控制与竞争力提升的服务精细化

随着国际化进程的加快，企业与世界的联系越来越紧密，精细化服务则成为航运企业发展的重要经营模式。航运企业在不断扩展规模的同时，通过航线合作、舱位互享、码头共用等方式，进一步强化企业之间的联合，以充分发挥规模经营效益；通过多种战略联盟形式，增强市场话语权；以成本控制和现金流保障为着眼点，全方位运作以应对金融危机；以信息系统、组织再造、服务营销等为手段，不断提高服务品质。

精细化管理对企业最大的贡献在于成本控制，一般可以实现管理精细化的企业都能够把成本控制到最优，因为管理的精细化能够优化流程、提高品质、降低不必要的损耗，把可以省的钱都省下来。航运企业要正确地分析市场经济的形势，通过纵向比较、横向比较，科学、精确地给自己定位，对集团内部的生产经营状况要了如指掌，研究出切实可行的解决方案，循序渐进、稳扎稳打、步步为营，全面提高竞争力。

2. 基于全球供应链理念的业务转型与创新

航运企业需要将全球供应链作为业务转型与创新的基本理念，与供应链上下游企业联合起来，实行分工合作，更好地满足客户，这样不仅可以降低各自的经营成本和风险，实现规模效益，从中获得并分享更多的利润，更有助于提高企业的竞

争力，最大限度地发挥航运企业的特点，扬长避短。同时，可以利用伙伴企业的优势资源完善自身的服务体系、增加物流产品的服务品种、扩大物流网络的覆盖面积和市场面积。

在具备整合生产、设计、物流与营销能力的基础上，设立境内外渠道，逐步将航运企业打造成为全球供应链综合服务商，在供应链上提供增值服务、创造价值增值，积极推进信息化、标准化、大数据等建设，创新商业模式，提供增值服务。以全球网络渠道深耕为切入点，实现货源的稳定持续增长，推进海外网络铺设，建立海外仓和境外仓，实现海外业务延伸，利用现有国际网络优势，通过各种合作形式，做强海外业务，促进航运企业全球供应链发展。

3. 基于战略思维的多元化经营

航运企业的多元化经营战略可以看作是集团整合资源优势以支持核心竞争力的过程。集团通过实施正确的多元化经营战略也会提升其核心竞争力。基于战略思维的多元化经营首先是寻找航运企业的核心竞争力，并通过组织学习、战略创新、内向聚焦、对外整合、扩展延伸的方式发展航运企业核心竞争力。

航运企业要以合作联盟建设为切入点，实现多元化经营的有序推进，加入航运联盟，增强竞争、服务和适应能力，实现差异化发展，通过合资、租赁、换股、控股、收购、兼并等方式，实现产业转移与转型；以船岸产业结构优化为切入点，实现产业链的合理延伸，实现多元化经营，拓展金融、电商、地产等业务，提升跨界盈利、资源整合、客户控制等能力，设立小贷公司、第三方支付公司、供应链金融公司、融资租赁公司、信托公司等。通过多元化经营，分散航运企业的经营风险，提高经营安全性，使集团向前景好的新兴行业转移，促进集团主营业务的发展。

航运企业需要在全球供应链视角下，分析集团自身情况，探索发展模式，但对于大型跨国集团，无论采取何种模式，集团在进行业务转型与创新时，需要充分考虑并理顺下列关系：主营压力与转型发展的关系；组织体制与流程再造的关系；业务创新与风险管控的关系；任务要求与资源能力的关系；创新思维与企业文化的关系。

（二）战略体系

航运企业供应链创新的战略体系包括一大愿景、两大目标、五大战略，具体如下所述。

一大愿景：基于航运业的全球供应链综合服务商。

两大目标：世界级全程物流服务运营商；全球供应链综合服务商。

五大战略：航运主业发展战略；全程物流服务战略；码头综合运营战略；产融服务战略；平台运营战略。

1. 战略愿景

在需求疲软与供给过剩、大范围巨额亏损、供求失衡短期内难以解决等外部大环境引致的行业危机背景下，航运企业需要在海运、码头、物流、仓储等传统航运业务的基础上进行转型与创新，以打造供应链服务集成平台为依托，以资本运作、信息整合和组织创新为手段，以供应链资源整合与创新作为支撑与保障，实现供应链服务相关资源的系统整合。在综合发展拥有能力、控制能力、服务能力、适应能力等四大能力的基础上发展全程物流服务及全球供应链服务。依托海陆空一体化的门到门运输网络，为全球目标客户提供快速、便捷、高质量、低成本、可订制的全程物流服务，实现货物的空间位移，发展全程物流服务。依托开放型、网络化的服务集成体系，创新全球供应链服务模式，为客户提供基于全球供应链的，融货物流、商流、信息流和资金流于一体的综合服务，发展全球供应链服务。

2. 战略目标

航运企业应打造成为值得信赖的世界级全程物流服务运营商和全球供应链综合服务商。

3. 核心业务

三大核心业务：综合海运、全程物流、供应链综合服务。“1＋5”产业：航运主业；航运＋物流；航运＋金融；航运＋电商；航运＋贸易；航运＋产业(制造、码头、科技等)。航运业是航运企业的基础产业，但在未来发展中，不一定是主业。未来其他板块可能是收入或利润最高的板块，但都必须依托航运。

4. 实施途径

以拥有、控制、服务和适应能力建设为抓手，以供应链服务资源整合与创新为依托，实现企业业务转型与创新。打造“产业链”竞争新优势，提高成本竞争力，发展重点从突出船队规模转向掌控供应链关键环节、从侧重国内市场转向侧重全球经营、从新设新建转向资源控制。

5. 全球供应链视角下的航运企业业务架构

目前，航运企业以航运业为主，航运业务占主导地位。未来，在继续保持航运主业经营特色和竞争优势的基础上，迎合全球供应链服务需求新潮流，以提升服务品质与价值为引领，围绕“综合海运、全程物流、供应链综合服务”三大业务，提供一流的全球供应链综合服务，发展成为值得信赖的世界级全程物流服务运营商和全球供应链综合服务商。具体业务架构如图 5－1 所示。

(1) 航运业务板块依托海陆空一体化的门到门运输网络，为全球目标客户提供快速、便捷、高质量、低成本、可订制的全程物流服务，实现货物的空间位移。

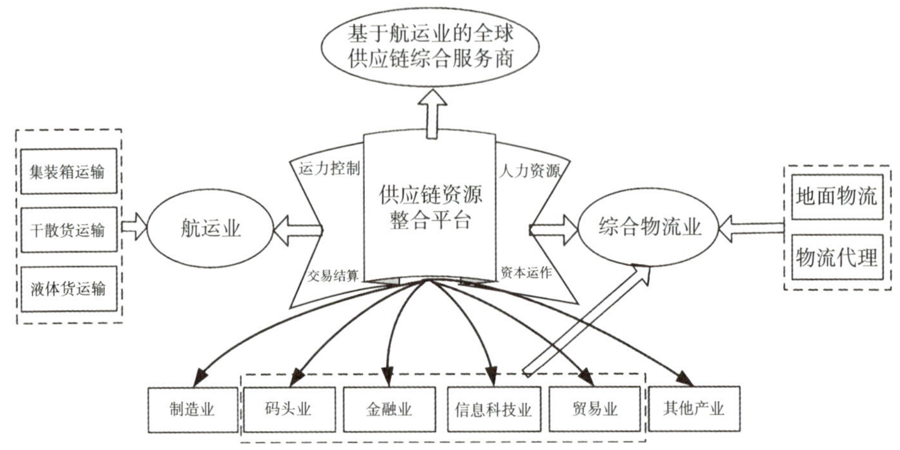

图 5-1　全球供应链视角下的航运企业集团业务架构

其中：集装箱运输业务板块在不断提升作为全球知名集装箱承运人的自身竞争力的同时，与综合物流业务板块相互协调、分工合作，为全程物流服务乃至全球供应链服务提供重要支撑；干散货运输业务板块在持续发展以项目物流为主、兼顾市场经营的航运业务的同时，与金融业务板块密切合作，目标成为融航运业务与船舶资产经营于一体的大型干散货运输经营人与投资人；液体货运输业务板块以国家战略物资运输为依托，持续提升经营规模和拓展市场覆盖区域，发展成为在全球液体货运输市场发挥重要作用的大型液体货物承运人。

(2) 综合物流业务板块依托地面物流、码头、金融、信息科技等业务板块，以打造供应链服务集成平台为依托，以资本运作、信息整合和组织创新为手段，实现供应链服务相关资源的系统整合，重点为航运业务板块的业务转型与创新提供支撑，同时结合自身业务特点，形成航运企业新的业务增长点。

(3) 码头、金融、信息科技、制造等业务板块在为航运业务板块的运作提供支撑或融入综合物流业务板块的同时，持续稳步扩大经营规模和提升竞争力，以打造全球供应链一体化服务体系为导向，形成航运企业新的业务增长点。

其中：制造业务板块紧跟世界船舶建造技术发展的步伐，为航运企业的船舶建造与运行保障提供一流的技术支持与服务保障；码头业务板块依托全球投资的码头网点，为航运企业的航运业务乃至全球目标客户提供高质量的港口综合服务；金融业务板块在为航运企业成为全球供应链综合服务商提供金融支持的同时，努力将其打造成为世界一流的基于航运业的供应链金融综合服务商；信息科技业务板块以航运电商为基础，优先发展电商服务商，积极发展跨境电商，有条件地建设电商平台，为航运企业成为全球供应链综合服务商提供平台支持，目标是发展成为世界一流的基于航运业的综合电商服务商。

（三）战略规划

1. 航运主业发展战略

目标：世界一流的综合海运经营人。

（1）集装箱业务目标：为全程物流服务乃至全球供应链服务提供重要支撑的，在全球集装箱市场占有重要份额的全球集装箱承运人。

（2）干散货业务目标：融航运业务与船舶资产经营于一体的，以项目物流为主、兼顾市场经营的大型干散货运输经营人与投资人。

（3）液体货业务目标：以国家战略物资运输为基石的，在全球液体货运输市场发挥重要作用的大型液体货物承运人。

路径与突破：

（1）基于成本控制和服务精细化的竞争力提升。

（2）基于资产运作的船队运力优化与发展。

（3）基于全球供应链的服务延伸与创新。

2. 全程物流服务战略

目标：业内公认的全程物流服务商。

依托海陆空一体化的门到门运输网络，为全球目标客户提供快速、便捷、高质量、低成本、可订制的全程物流服务，实现货物的空间位移。

路径与突破：

（1）充分依托业已形成的航运主业优势，实现运输服务的延伸，打造满足客户个性化需求的全程物流服务链。

（2）以信息平台为支持，以服务销售网络为依托，持续拓展全程物流市场，实现全程物流服务的规模化经营。

（3）“拥有”与“控制”并举，不断构建并完善国内乃至全球的物流营销与服务网络基础设施。

3. 码头综合运营战略

目标：世界一流的码头综合运营商。

依托全球投资的码头网点，为全球目标客户提供高质量的港口综合服务。

路径与突破：

（1）高度关注产业转移和全球产业分工对码头资源的影响，在全球范围寻找优质、具备增长潜力的码头项目。

（2）主动调整结构，优化布局，着力提高资产质量和回报率水平，尽早形成自我造血能力。

(3) 注重码头业务的经营,培养码头经营管理人才,实现从码头投资者向码头综合运营商转变。

4. 产融服务战略

目标:世界一流的基于航运业的产融一体化服务平台。

以航运主业为依托,通过成立供应链金融公司,线上业务与线下业务相结合,建立航运企业的产融结合业务平台。

路径与突破:

(1) 围绕航运业,借助电商平台,建立全新的线上与线下相结合的供应链金融平台,充分实现产融结合。

(2) 构建系统的产融结合风险控制体系,重视相应制度建设和岗前培训工作。

(3) 利用自贸区政策,开展境外融资。

(4) 申请第三方支付、信托、银行等金融全牌照,全力打造航运企业的金融王国。

5. 平台运营战略

平台运营战略包括两个支撑部分,分别是电商和行业供应链。

1) 电商板块的定位与路径

目标:世界一流的基于航运业的综合电商服务商。

(1) 提供舱位和运价保障的优质航运电商。

(2) 提供物流、代理、保险、结汇、退税、金融、信息等服务的综合贸易服务商。

(3) 全球跨境电商供应链综合服务商,开展海外仓、海外物流、海外商品采购等业务。

路径与突破:

(1) 航运业务流程再造,航运数据的深度利用,与贸易平台对接引流。(航运电商)

(2) 对接贸易电商平台,开展海外仓、海外物流、海外商品采购等业务,同时在进口方向寻找合适的货源发展跨境贸易,在出口方向打造外贸综合服务平台。(跨境电商)

(3) 以集中采购平台为基础,培育供应商和用户群体,建设大宗商品电商平台。(大宗商品电商)

2) 行业供应链的定位与路径

目标:世界一流的基于航运业的行业供应链综合服务商。

延伸行业供应链上下游,由资本过度集中在航运业及其高度关联产业,向资本多元化转变,逐步实现经营效益由大起大落向可持续发展转变,最终成为世界一流的基于航运业的行业供应链综合服务商。

路径与突破：

(1) 延伸与整合行业供应链上下游，实现一体化客户服务，提高货源控制能力。

(2) 深耕全球网络，实现海外业务多元化经营，延伸物流服务链，加快新兴市场的开发，实现全球化客户服务与增值化客户服务，提高海外适应能力。

(3) 利用检验检疫政策与平台，介入第三方检验市场，打造差异化客户服务优势，提高服务能力。

第三节 航运企业创新战略实施方案

一、总体实施框架

为了确保航运企业供应链转型与创新的愿景与目标顺利实现，需要提出具体的实施战略与保障措施。本节提出五大实施战略，具体如下。

1. 航运主业发展战略

以成本控制和现金流保障为着眼点，全方位运作以应对市场经营危机；以信息系统、组织再造、服务营销等为手段，不断提高服务品质；强化市场营销，建立适应客户需求的市场营销体系，以应对市场低迷；加强企业内部基础管理、降低成本、提高效率，以增强航运企业竞争力。

2. 全程物流服务战略

本着"物流基础服务的本质是降低成本和提高效率，延伸或衍生的增值服务创造利润"的指导思想，以物流地产为支撑，以信息平台为手段，以服务销售网络为依托，提供海陆空运输于一体的门到门整体物流服务。

3. 码头综合运营战略

注重码头业务的营运，培养码头经营管理人才，实现从码头投资者向码头综合运营商转变。

4. 产融服务战略

成立供应链金融公司，申请第三方支付资格，依托电商平台开展供应链金融业务，利用供应链金融公司支持航运业发展，充分实现产融结合、产融一体化。

5. 平台运营战略

依托航运传统优势，延伸行业供应链上下游，优化全球网络铺设，延伸服务链，构建面向行业的供应链综合服务平台；构建电商服务平台，优先发展电商服务商，积极发展跨境电商，有条件地发展大宗商品电商，最终成为世界一流的基于航运业的平台运营商。

二、航运主业发展战略实施方案

航运企业应迎合全球供应链服务需求新潮流，以提升服务品质与价值为引领，围绕“综合海运、全程物流、供应链综合服务”三大业务，提供一流的全球供应链综合服务，发展成为世界级全程物流服务运营商和全球供应链综合服务商。

在综合海运业务领域，作为全球知名的综合海运经营人与投资人，将定位于：为全程物流服务乃至全球供应链服务提供重要支撑的，在全球集装箱市场占有重要份额的全球集装箱承运人；融航运业务与船舶资产经营于一体的，以项目物流为主、兼顾市场经营的大型干散货运输经营人与投资人；以国家战略物资运输为基石的，在全球液体货运输市场发挥重要作用的大型液体货物承运人。

在全程物流业务领域，作为业内公认的全程物流服务商，将依托海陆空一体化的门到门运输网络，为全球目标客户提供快速、便捷、高质量、低成本、可订制的全程物流服务，实现货物的空间位移。

1. 集装箱业务转型与创新实施方案

1）定位

为全程物流服务乃至全球供应链服务提供重要支撑的，在全球集装箱市场占有重要份额的全球集装箱承运人。

2）基本思路

以“全球供应链综合服务”模式和成为具有影响力和话语权的全球集装箱承运人的目标为引领，依托组织创新和船队规模增长完善全球运输网络，借助综合物流模式提升货源规模与品质，通过运力结构调整和精细化管理降低运输成本，从而实现企业的可持续发展。

3）基本策略

（1）依托组织创新和船队规模增长完善全球运输网络：通过“以船舶大型化为标志的船队投资”和“依托航运联盟的运力控制”持续发展船队规模，在重点打造基于中国和东南亚区域、连结欧美的航线网络的基础上，与运力、产品开发和服务网络协同发展，最终形成具有相当强竞争力的全球集装箱运输网络。

（2）借助综合物流模式提升货源规模与品质：依托集团综合物流业务的开展和全球服务网络的完善，通过开发个性化、多元化的产品，提升货源规模与品质。

（3）通过运力结构调整和精细化管理降低运输成本：不断淘汰高油耗船型，实施“低速航行”策略，积极推行节能新技术，降低运输成本。

2. 干散货业务转型与创新实施方案

1）定位

融航运业务与船舶资产经营于一体的，以项目物流为主、兼顾市场经营的大型干散货运输经营人与投资人。

2）基本思路

定位于航运投资人与经营人，充分把握航运市场低谷的机遇，多途径、全方位调整船队运力，支持以能源物流等为标志的项目物流，实现干散货运输的特色化和规模化以及基于干散货运力的资本运作。

3）基本策略

（1）基于资本运作的船队运力优化：以“降低成本、增强竞争力”为目的，运用资本运作等多种手段，对现有船队结构进行调整，降低成本。

（2）基于战略联盟的货源控制：与大型货主如钢铁、发电、石化等企业形成稳定的战略合作关系，提高 COA 的合同量，稳定基础货源。

3. 液体货业务转型与创新实施方案

1）定位

以国家战略物资运输为基石的，在全球液体货运输市场发挥重要作用的大型液体货物承运人。

2）基本思路

以成为国家战略物资运输核心力量和在全球液体货运输市场发挥重要作用为指引，依托政府支持和企业联盟，进一步巩固国家战略物资运输体系，通过资本运作和模式创新，优化船队规模和结构，降低运营成本；树立风险意识，提升经营管理水平，进而实现企业的跨越式发展。

3）基本策略

（1）持续调整运力结构：淘汰高油耗、低效能的老旧船舶，进一步打造 VLCC 船队。

（2）拓展全球市场布局：主动应对全球液体货贸易的布局变化，依托新加坡作为全球重要的液体货贸易、加工与运输中心的优势，积极开拓第三国业务。

三、全程物流服务战略实施方案

1. 定位

业内公认的、世界一流的全程物流服务和全球供应链服务的提供商与组织者。

2. 基本思路

本着“物流基础服务的本质是降低成本和提高效率，延伸或衍生的增值服务创造利润”的指导思想，以物流地产为支撑，以信息平台为手段，以服务销售网络为依托，提供海陆空运输于一体的门到门整体物流服务；同时，根据客户个性化要求有效整合集团各项金融、信息、工业、地产、贸易业务，以提供融资金流、信息流、货物流和商流于一体的全球供应链服务。

3. 基本策略

(1) 依托营销服务网络和地面仓储网点，有效支持综合海运业务的开展。

(2) 立足内陆细分市场，将目标市场进一步锁定在经济高速发展和物流需求大幅增长的中西部地区，在竞争对手的薄弱点和空白点寻求物流业务新的增长点。

(3) 依托集团资源和信息平台，着重打造以能源、汽车、钢铁等项目物流为标志的整包物流业务。

(4) 积极促进金融物流与传统货运(集装箱物流、仓储分拨、多式联运、散杂货业务)的紧密结合，积极探索“金融＋集装箱”业务模式，促进金融物流向“金融＋供应链管理”的转型升级，进一步夯实金融物流的基础业务地位。

四、码头综合运营战略实施方案

1. 定位

世界一流的码头投资人与运营商，实现从投资者向码头综合运营商转变。

2. 基本思路

调整和完善码头投资及规划布局，拓展码头投资领域和调整产业结构，加快集团内部码头产业的整合，探索集团由码头投资人向码头运营商转变的模式，为集团“航运、工业制造、码头物流金融”三大产业板块的发展，以及全程物流服务、全球供应链服务的开展，发挥码头产业作用。

3. 基本策略

(1) 从重投资、轻管理转向投资、管理并重，突出合资项目的经营管理，加快码头产业结构调整和资源整合。

(2) 从单一的集装箱码头投资经营向多元化码头投资经营发展，建立健全具有发展后劲、市场竞争能力的航运企业码头产业。

(3) 调整、完善投资项目的布局，提高投资项目的收益回报，努力成为世界一流的码头投资运营商。

4. 实施途径

(1) 整合集团码头产业，实行统一投资、经营和管理，从根本上解决码头产业管理多头、投资分散、发展资金不足的问题。

(2) 要凭借航运企业航运主业、全球网络及码头产业的优势，在发展投资集装箱码头的基础上，在全球与国内资源型较强的港口，寻找优质、具备增长潜力的非集装箱码头，如矿石、原油、煤炭、粮食等类型的码头，并以资本为纽带，首先进行参股，在时机成熟时，可适当地对经营效益、竞争能力较好的非集装箱码头进行控股，完善航运企业码头产业项目的投资结构。

(3) 强化对合作码头的管控力度，以"精细化管理"为抓手，加强合资码头的生产协调、经营管理，提高合资码头的生产管理水平、为航运企业服务的水平；努力提高合资码头经营管理、市场营销、防御风险的能力和水平，提高码头投资项目的回报率。

(4) 引进、培育一批码头经营、生产管理人才，并在控股码头，注重码头业务的经营，将集团的码头产业由财务管控向战略管控和生产管控转变，实现从码头投资者向码头综合运营商转变。

五、产融服务战略实施方案

近几年，由于全球航运市场运力严重过剩和国际航运大联盟趋势的不断加强，国内航运企业面临着非常大的竞争压力。因此，各大航运企业纷纷寻求转型之路，其中与金融业结合，大力发展供应链金融业务，不失为一个良好的发展路径。

1. 定位

战略定位：世界一流的基于航运业的产融一体化服务平台。航运企业发展供应链金融业务的基本目标包括两个层次，其中：第一个层次属于短期目标，航运企业供应链金融业务的短期目标定位为国内一流的基于航运业的产融一体化服务平台；第二个层次属于长期目标，航运企业供应链金融业务的长期目标定位为世界一流的基于航运业的产融一体化服务平台。

2. 基本思路

航运企业发展供应链金融业务的基本思路：建立供应链金融公司，依托电商平台开展供应链金融业务，通过各种渠道增加供应链金融业务资金来源，利用供应链金融公司支持航运业发展，促进产融结合，为产融一体化提供资金支持。

3. 突破点

航运企业发展供应链金融业务的突破点：建立全新的线上与线下相结合的供应链金融平台；在自贸区内成立供应链金融公司；构建系统的产融一体化风险控制

体系;为了便于供应链金融业务的开展,提供全新的管理和业务构架。

4. 业务模式

1) 仓单金融

物流仓单金融主要是充分发挥航运企业仓储资源条件和管理优势,以此作为质押担保品进行信贷,从而架起银企间资金融通的桥梁。在航运企业物流现有的"滚动式监管质押""保兑仓"和"融通仓"等产品的基础上,创新和研发"保税产品监管质押"和"期货仓单监管质押"模式。

2) 贸易金融

物流贸易金融是基于公司在为生产企业服务的过程中对供应链上下游企业的增值服务,帮助供应链上的企业进行"采购执行"和"分销执行",从而提升产业链上企业对物流企业的依存度,进一步强化物流企业的核心竞争力。航运企业国贸已经在此方面有了积极的尝试。

3) 结算金融

物流结算金融是指企业利用各种结算方式为自己及其客户融资的金融活动,初期建议主要包括代收货款、垫付货款、承兑汇票等业务形式。

4) 授信金融

物流授信金融是指商业银行等金融机构根据供应链金融公司的服务规模、经营业绩、管理能力和资产负债比例以及信用程度,授予供应链金融公司一定的信贷额度,供应链金融公司直接利用这些信贷额度向相关企业提供灵活的质押贷款业务和贸易金融服务。

5. 实施途径

1) 产融结合

航运企业的供应链金融业务与商业银行开展的供应链金融业务有着本质的区别:商业银行把业务盈利作为唯一的目标;而航运企业把供应链金融作为促进航运业发展的一种有效的金融手段,通过金融纽带促进航运业发展,通过资金的桥梁作用,增加对客户的黏度,达到控制货源、充分实现产融结合的目的。当然,供应链金融业务也必须要盈利,但盈利不是其唯一的目标。

2) 平台建设

当前,供应链金融的发展趋势是线上与线下相结合,因此,航运企业要发展供应链金融业务必须要依托一个平台进行,当然这个平台既可以是航运企业自己的平台,又可以是借助的外部平台。但是,从长期发展看,航运企业应该选择航运企业自己的平台。目前,航运企业已经拥有了两个电商平台——一海通和四海通。这两个平台都可以应用,但两者的侧重点应该有所不同,绝对不能内部无序竞争。

3）业务重组

航运企业开展供应链金融业务，必须由一个专业的业务团队来进行，当前在航运企业的内部，航运企业物流和航运企业国贸等都开展了一定规模的供应链金融业务，但规模都不大，在业界几乎没有影响力，为了有效地形成内部合力，需要对航运企业内部的供应链金融业务进行整合。按照四流合一的基本思路，以航运企业物流、航运企业国贸、航运企业船务、航运企业财务、航运企业科技等为基础，整合其他成员单位的相关供应链金融业务，建立供应链金融公司，全力打造全球领先的基于航运业的供应链金融综合服务商。

4）队伍建设

供应链金融业务专业性很强，是一种近几年在我国兴起的新兴业务，因此这方面的人才非常匮乏，必须做好供应链金融相关人才的培养、引进和储备工作。上海海事大学在供应链金融人才培养方面已经具有了一定的经验，因此建议可以委托上海海事大学进行供应链金融人才培养工作。

5）风险控制

发展供应链金融业务可以实现“多赢”的效果，但随着供应链金融业务规模的扩大，其风险问题也越来越突出，有效地分析和控制这些风险，是供应链金融业务成功的关键。因此，供应链金融业务的风控问题处于核心地位。

6）融资途径创新

物流企业开展供应链金融业务，需要有强大的资金实力，虽然当前航运企业的资金并不紧张，有上千亿的银行授信，但融资成本也不低，利用自贸区政策扩大海外融资是一个获得低成本融资的有效途径；同时还需要申请其他金融资质，如信托、保险、第三方支付等，全力打造全牌照的航运企业金融王国。

6. 能力建设

以提供供应链金融服务为己任，以解决资金来源与供应链金融平台为手段，不断提升航运企业四大核心能力。

1）拥有能力建设

全力提高整个公司的现金流收入水平，提高对成员单位的资金归集效率，尤其是海外资源的资金归集效率；利用自贸区金融政策，重点是境外人民币融资、双向资金池等。

2）控制能力建设

通过金融手段提高对上下游客户资源的掌控水平，控制更多仓储资源，利用融资租赁手段，加大运力控制，降低资产负债率。

3）服务能力建设

通过融资手段，提升服务水平，提高客户黏度和满意度；制定服务能力考核细则，加大对服务能力的考核力度；通过优质服务，与商业银行建立紧密合作关系，或者收购一家商业银行，提高业务能力。

4）适应能力建设

从航运、物流、贸易、船货代的角度，建立完善的供应链金融风控体系，包括制度、指标体系等，全面加强风控能力。利用 FFA 技术，加大对运价风险的对冲力度。

7. 建议措施

航运企业在以上 6 个方面都具有一定的基础，具备成为全球有影响力的供应链金融服务商的基本条件，但还需要进一步努力，具体要求有以下几个方面。

1）进一步深入发展全球网点

航运企业的海外网点，服务能力不强，没有真正发挥海外网点应该具备的能力，为此航运企业需要采取创新、激励等措施，加强国内外网点的服务能力。

2）扩大激励机制的改革

由于供应链金融属于新兴业务，需要既懂金融又懂物流的复合型人才，这样的高端人才的薪资水平一般较高，航运企业当前的薪资模式恐难以达到，但可以考虑采取股权激励的手段引进人才，从长远考虑应该加大人才的培养力度。另外，也可以考虑引进商业银行退居二线的行长加入航运企业，这样做不仅成本较低，而且见效较快。

3）加大对信息技术的投入力度

供应链金融业务的开展对信息技术的依赖性很强，其核心之一就是要对信息流进行整合，这不仅可以发挥大数据的优势，而且是风险管理不可或缺的基础工具。当前航运企业内部的信息系统相对落后，在资金、人才方面的投入明显不足。

4）利用好当前已有的金融业务资质，并申请新的金融业务资质

目前，航运企业已经具有了财务公司、小额贷款公司、融资租赁公司等资质，但对这些资质的使用率还不是很高，需要积极地利用这些资质为公司解决资金问题。同时，为了供应链金融业务的深入开展，还需要申请第三方支付公司，也可以考虑收购或兼并一家商业银行，为供应链金融业务的资金来源提供保障。从长远来看，航运企业最终应该组建供应链金融公司。

5）加大对线上业务的投入力度

供应链金融业务未来的发展趋势必然是线上与线下相结合，因此航运企业应该尽快完善线上业务，并作为供应链金融业务的操作平台。

六、平台运营战略实施方案

(一) 平台运营战略(电子商务实施方案)

电子商务供应链是指借助互联网服务平台，实现供应链交易过程的全程电子化，彻底变革传统的上下游商业协同模式。

电子商务供应链的作用：实现供应链业务协同、转变经营方式。

实施电子商务供应链的意义：基于互联网，将整个世界连接成为巨大的价值链，涵盖产品研发、产品营销、供应链管理、运输及配送、销售及结算支付在内的供应链整体解决方案。以航运电商为基础，优先发展电商服务商，积极发展跨境电商，有条件地发展大宗商品电商，为航运企业成为全球供应链综合服务商提供平台。

1. 定位

(1) 提供舱位和运价保障的优质航运电商。

(2) 提供物流、代理、保险、结汇、退税、金融、信息等服务的综合贸易服务商。

(3) 全球跨境电商供应链综合服务商，开展海外仓、海外物流、海外商品采购等业务。

2. 突破点

(1) 航运业务流程再造，航运数据的深度利用，与贸易平台对接引流。(航运电商)

(2) 对接贸易电商平台，开展海外仓、海外物流、海外商品采购等业务，同时在进口方向寻找合适的货源发展跨境贸易，在出口方向打造外贸综合服务平台。(跨境电商)

(3) 以集中采购平台为基础，培育供应商和用户群体，建设大宗商品电商平台。(大宗商品电商)

3. 实施路径

(1) 打造航运电商：提供舱位和运价保障的优质航运电商；提供物流、代理、保险、结汇、退税、金融、信息等服务的综合贸易服务平台。

(2) 建设海外仓：面向跨境电商海外物流需求，构建全球重点区域的综合物流服务能力，深入与物产企业的合作，加快发展海外仓、拖车服务等。

(3) 发展进口贸易：寻找合适的进口电商细分市场和货种，掌握海外供应商和渠道资源，开展海外商品采购业务。

(4) 海外机构转型：由以货代、船代业务为主转向兼顾全球综合物流服务网络建设与运营管理，以及进口贸易供应商和渠道管理。

(5) 寻找大宗商品电商的机遇，带动航运业务发展。

4. 能力建设

通过发展航运电商，增强服务能力；通过发展跨境电商，增强海外拥有能力与服务能力；通过发展大宗商品电商，增强控制能力，最终获得最好的适应能力。

(1) 拥有能力建设。分析中国对外贸易的地区、货种，综合考虑各国的电商发展水平、物流绩效、土地成本、人力成本、政治环境等要素，给出航运企业全球海外仓布局的参考意见，提高航运企业的海外仓已拥有数量与质量。

(2) 控制能力建设。利用自贸区政策，整合现有的大宗商品货主、客户，在承担传统运输与物流业务的基础上，通过线上平台，提供原材料采购、成品销售、保险、金融等相关服务，增强航运企业的货源控制能力，控制国外优质货源，发展贸易。

(3) 服务能力建设。通过发展三类电商，为客户提供信用、支付、融资、信息、运输、物流配送、仓储、质检、通关等服务，培养航运企业的服务能力。

(4) 适应能力建设。通过商业模式创新、流程操作规范、权威信息发布，增强航运企业的适应能力，尽早建设全球供应链利益攸关方风险防控长效联动机制。

5. 建议措施

1) 航运企业航运电商发展建议

业务链前后延伸，为顾客提供一站式服务。目前，航运企业搭建电商平台的功能旨在延伸自有业务、服务现有客户、为老客户提供更多的便利。航运业不同于一般行业，一项订单从开始生成到最终完成往往要经过 20 多个不同的业务程序，涉及货代、船代、经纪人等中间人员。航运电商服务平台可以让这些业务通过网络来互相连接，更加高效地联系各个环节，为顾客提供一站式服务。

现有业务流程再造(BPR)，实现航运业务线上线下(O2O)结合。O2O 电商模式的核心是吸引顾客线上下单以及预支付，然后进行线下体验。业务流程再造强调以业务流程为改造对象和中心，以关心客户的需求和满意度为目标，对现有的业务流程进行根本的再思考和彻底的再设计。由于 O2O 模式的特殊性，它对商家的线下服务质量提出了更高的要求。作为业务流程较为复杂的航运业，如何对现有业务流程进行再造是决策者必须重点思考的。

运用大数据思维，实现智慧航运。航运业决策对于市场的反应是比较滞后的，通过航运电商平台提供的大数据能够使得航运决策变得更加灵敏，并且更容易作出正确的决策，真正实现基于大数据思维下的智慧航运，即依托电商平台，通过互联、交易、合作和分享，集聚和积累大量信息和数据，运用大数据思维实现智慧航运。

积极与贸易型电商企业对接，提高平台流量。对于网站或者平台来说，流量就是其生命。跨境电商企业是与航运企业有着非常密切联系的群体，这些企业的客户往往也会对航运业务有所关注。因此，做好与跨境电商企业的对接，可以有效地引导客户进入航运电商平台，提高平台流量。

整合企业资源，打造重点项目。面向数量众多的中小微企业，完成集货拼箱等各种琐碎工作的电商平台，将是集团资源整合的重要平台，通过集团自身提供的服务和采购的外部服务，打造成为全球海运物流供应链的“携程”。运营模式标准化建设，集成现有理念，积极制定服务标准、计费体系，按照服务流程和标准，整合全球物流资源。

2）航运企业跨境电商发展建议

出口策略：

（1）对接“一达通”。航运企业立足现在、着眼未来，率先与“一达通”合作，构建先发优势。航运企业在自身建设方面也要进一步优化现有运力和航线资源，打造海运物流核心竞争力，整合内部资源，加强信息化建设，普及电商互联网思维。

（2）建设海运综合服务平台。复制与“一达通”的合作模式，对接“义乌通”等其他的外贸服务平台。重点建设海外仓，同时加强海外最后一公里的建设，通过海外仓、最后一公里的重点建设，打通外贸出口的全流程，提供差异化的贸易、金融等增值服务。

（3）打造外贸综合服务平台。在外贸出口发达且尚未出现类似“一达通”的地区（如福建、山东临沂等）建设外贸综合服务平台，提供跨境出口电商融资、通关、退税以及物流、保险等供应链全程一体化服务，实现物流、金融、贸易三位一体发展。

进口策略：

（1）对接政府进口平台。对接“跨境通”“保税通”等政府进口平台。

（2）建设跨境电商综合服务平台，整合保税仓、内陆仓以及海外物流资源，同时积极接触海外供应商，扩展渠道资源，开展海外商品采购业务。

（3）打造进口垂直电商平台。依托航运优势，结合空箱回程的实际现状，发展进口贸易。首先，以国外二、三线品牌为目标，寻找细分市场，利用“天猫国际”等平台发展进口业务，同时利用遍布全球的营销网点搜集世界各地的特色产品，熟悉商品流通渠道；其次，等到品牌、流量、渠道控制等条件成熟之后，便可自建航运企业进口垂直电商平台，将从全球搜集回来的商品在自己的平台上售卖，循序渐进，逐步扩展成综合型电商平台。

重点建设项目——海外仓：

在跨境电商迅速崛起的今天，航运企业应当与跨境电商企业合作，积极拓展海外仓业务，扩大海外仓数量，为更多的卖家提供不同地区、不同种类的海外仓储服务。同时,尽快建立起海外库存管理与监测体系,完善全程物流管理信息系统,提高竞争优势,在跨境电商领域中占据有利地位。

3) 航运企业大宗商品电商发展建议

(1) 建立集中采购平台。根据集团自身的需要,将钢材、仪器仪表、燃料油等的采购转移至线上,并提高信息化水平,沉淀优质供应商。

(2) 吸引流量,推广平台。通过将平台免费提供给其他企业使用,并提供一些优质服务,培育平台的供应商和用户群体,在做大流量的同时,为平台上的其他用户提供海运、仓储等服务,逐步将现有的大宗商品运输客户转移至线上。

(3) 打造大宗商品交易平台。通过不断完善平台功能,积累客户资源,逐步发展成为大宗商品交易平台,打造大宗商品全程产业链平台、物流综合服务平台、供应链金融服务平台。

重点建设项目——集团集中采购平台:

主要功能和任务:通过电子商务核心功能,实现各级采购业务及管理人员、供应商、专家、监督人员的网上协同;建立内部采购门户(支撑各类采购信息、通知公告等的内部共享)和外部供应商门户(支撑外部供应商的业务协同);从采购计划到采购合同的全业务流程覆盖和从项目部到集团总部的多层级采购平台覆盖;统一标准管理、统一组织机构管理、统一用户管理、统一决策支撑;提供采购方案决策支持。

(二) 平台运营战略(行业供应链)实施方案

航运企业应依托集团目前适当的拥有能力,从行业供应链延伸、全球供应链网络铺设和自贸区政策与平台利用的角度,加强与资源、能源、农产品等大宗商品行业以及消费品等中小行业的联盟与合作,上游控制资源、下游控制渠道;依托自贸区检验检疫与海关的便利化政策,吸引稳定的货源,进而获得航运企业最好的控制能力、最优的服务能力与最强的适应能力,实现企业持续创新发展,支撑航运企业成为世界一流的基于航运业的行业供应链综合服务商。

1. 定位

战略定位:世界一流的基于航运业的行业供应链综合服务商。航运企业应依托航运传统优势,延伸行业供应链上下游,由资本过度集中在航运业及其高度关联产业,向资本多元化转变,逐步实现经营效益由大起大落向可持续发展转变,最终成为世界一流的基于航运业的行业供应链综合服务商。

2. 基本思路

推进产业结构调整,不断延伸行业供应链,实现产业多元化发展,积极深入拓展全球网络,进一步增强集团国际经营能力,提高集团创新力和整体竞争实力,实现传统航运业、物流业向供应链与产业链一体化方向发展。

依托航运传统优势，实现行业供应链拓展，优化全球网络铺设，充分利用检验检疫政策和平台，延伸服务链，在增强拥有、控制、服务、适应等四大能力的同时，增强风险防控能力。

3. 业务模式

多元化：由“传统业务”向“综合服务”转变，实现行业拓展。

全球化：由“海外网点”向“全球服务”转变，实现区域拓展。

差异化：由“应对竞争”向“政策服务”转变，实现政策拓展。

4. 突破点

以航运企业船务为主体，开展采购、仓储、陆运、海运、通关、销售等业务，率先实施煤炭供应链战略。以煤炭运输集团为例，直接予以船务贸易资质，支持船务与拥有贸易资质的大型流通企业成立合资公司，实施煤炭采购、装运前检验、煤炭物流运输、无纸化通关、进境免签、预检核销及煤炭销售业务。

(1) 上游抓采购：采用多元化采购方式，在从国内煤炭企业购买原煤的同时，从国外煤炭生产商购买煤炭。

(2) 中游抓服务：在市场分析的基础上，加强仓储、陆运、海运、通关、配送、资金、信息等服务。

(3) 下游抓销售：采用多种销售手段进行煤炭销售，同时发挥金融、保理服务在销售中的作用。

5. 实施途径

(1) 行业供应链延伸。针对原材料行业、生产性行业、贸易业，以参股、换股等方式加强投入，强化产业链合作能力，实施行业融入战略。通过产、贸、运一体化，实现行业供应链的多元化拥有与控制。

(2) 全球供应链网络铺设。依托现有海外网点，在不发达地区投入资源、在发达地区利用资源，强化供应链服务能力，实施区域深入战略。通过海外服务增值化，实现行业供应链的全球化控制与服务。

(3) 检验检疫政策与平台利用。重点推进航运企业与检验检疫部门合作，充分利用便利化政策和平台，介入第三方检验市场，强化价值链竞争能力，实施政策介入战略。通过政策措施便利化，实现行业供应链的差异化服务。

6. 能力建设

区分传统与新兴市场，适当加大海外的拥有；延伸行业供应链，提高拥有的质量，增强供应链上下游的控制能力；延伸服务链，利用自贸区的便利化政策，增强服务能力；通过对不同产业政策与环境的研究，增强适应能力。

(1) 拥有能力建设。区分欧美传统市场与新兴市场,分别采取不同的投资策略,在自有仓库、码头、终端配送等设施方面开展拥有能力建设;介入行业供应链的上下游,提高航运产业以外拥有的数量与质量。

(2) 控制能力建设。通过并购、参股等形式,谋求集团在相应行业领域上下游的延伸发展,增强集团对货源、码头、航线、终端配送等资源的控制能力。

(3) 服务能力建设。通过集团与客户的深入合作,了解上下游企业的准确需求,利用自贸区的便利化政策与平台,延伸除航运、船货代以外的供应链服务,增强航运企业服务客户的能力。

(4) 适应能力建设。通过对不同行业的现状分析及对国内外相关行业政策的研究,提高企业适应市场变化的能力,以应对不同环境下的市场需求,为企业的转型发展提供有力保障。

7. 建议措施

1) 行业供应链延伸

以资本控制货源:依托资本纽带,与资源型、生产型、贸易型企业合作,介入上游资源和下游市场,实现资源和市场的控制。

以贸易控制货源:从煤炭、农产品、石化等行业切入,开展大宗商品供应链贸易,实现货源控制。

以合作吸引货源:与行业供应链中的大型企业(如天津物产、浙江物产)和相关地区(如临沂地区),进行互补性合作或合资,依托全球网点、航线优势,在相关企业和地区的海外业务拓展、国际市场培育、全球采购与销售业务开展、跨境电子商务建设等方面,航运企业承担其相应的供应链与物流业务,吸引货源。

以服务吸引货源:与具有平台性质或特殊运作能力的供应链企业合作或合资,控制外部物流资源。

2) 全球供应链网络铺设

新兴市场拓展:在东南亚、西亚、非洲等新兴市场,加大自有物流设施建设,加强资源的拥有能力。

传统市场拓展:在欧美等发达地区的传统市场,以参股、并购等方式控制当地优质物流资源,增强对码头、航线、终端配送等资源的控制能力。

采购业务拓展:积极与海外煤炭、石油化工、粮食、矿产、零售等行业的关键客户进行战略合作或合资,开展采购、销售等业务,打造全球采购中心,增强海外资源的控制能力。

物流业务拓展:延伸传统运输和代理以外的供应链综合服务,开展第三国物流业务,实现以运营为中心向以客户为中心的转变,加强资源控制。

3）检验检疫政策与平台利用

利用“采信第三方检测结果”政策，以航运企业船务为主体，与中检集团(CCIC)合作成立第三方检验机构，介入第三方检验市场，拓展利润源。

利用“装运前检验”政策，降低贸易风险、缩短报关时间、提高物流效率、降低成本，吸引客户。

利用“通报通放、快检快放、即查即放”的便利化监管模式，争取无纸化通关、进境免签、预检核销等创新制度的试点，吸引客户。

对接检验检疫的信息化平台，如信城通平台，提升客户体验、缩短供应链流程、提升供应链服务能级，控制客户。

对接跨境通平台，率先形成完善的物流解决方案和成熟的产业链，以先发优势控制客户。

管理篇

第六章　国内外班轮管理研究现状

第一节　热点问题与主要方法

学术界有关班轮的文献分为三大层面，即战略层（strategic level）、战术层（tactical level）和操作层（operational level），如图 6－1 所示，其中：战略层的主要任务是为班轮公司作出长期决定，如船队规模和组合、联盟战略、网络设计；战术层每 3 到 6 个月作出策略调整，以适应集装箱运输需求的变动，主要任务是对班轮的发船频率、航线部署的船舶类型、船舶的航行速度、航次的计划时间表作出安排；操作层的主要任务是班轮公司决定是否接受货物、货物运输的路线，以及如何调整或重新安排船舶应对恶劣海况天气等突发事件或港口拥堵。在这 3 个不同的规划层次上，决策之间有一定的相互作用。例如，船队的规模和结构的混合是必要的投入，船队的部署和货物的运输路径依赖于提供的航运服务。

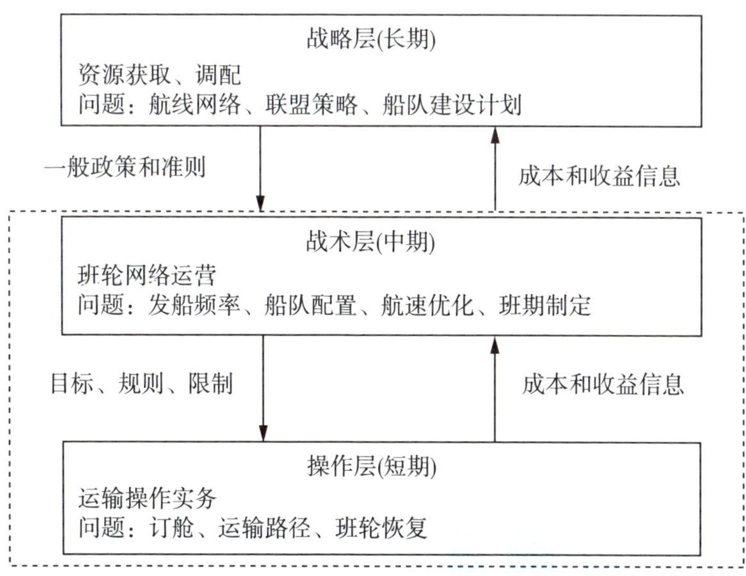

图 6－1　班轮优化研究体系

主要的班轮研究方法如表 6-1 所示。

表 6-1 主要的班轮研究方法

序号	研究方法
1	branch and bound(B&B),分支限界算法
2	branch and cut(B&C),分支定界算法
3	genetic algorithm(GA),遗传算法
4	integer programming(IP),整数规划
5	linear programming(LP),线性规划
6	mixed-integer linear programming(MILP),混合整数线性规划
7	mixed-integer nonlinear programming(MINLP),混合整数非线性规划
8	sample average approximation(SAA),抽样平均近似
9	second-order cone programming(SOCP),二阶锥规划

第二节　班轮网络设计

班轮网络设计着重于研究船队挂靠港口的选择、挂靠顺序以及船队配置方案等。船队的规模与组合方式往往作为其已知的约束条件。班轮网络设计是一个很难的 NP 问题,无法在多项式时间内进行求解。班轮的网络优化问题往往与运输需求密切相关。

不同的班轮网络类型,其研究方法亦有所不同,主要有以下几种。

多港挂靠(multi - port calling)是传统的班轮运输方式,按照既定的顺序依次访问航线上的各港口,主要的目的是设计若干条航线而不进行中转。SHINTANI 等假设挂靠的港口的运输需求都能得到满足,设计了港口的访问顺序和集装箱流转方案,建立双层规划模型,上层是背包问题,决策要挂靠的港口,下层决策挂靠的顺序,采用了遗传算法进行求解。CHUANG 等假设运输需求是一个模糊集,因此网络也是一个模糊结果,采用了模糊遗传算法进行了求解。施欣在 MPC 网络模式下考虑了两类情况,一是同时满足重箱运输和空箱需要,二是满足重箱运输,允许部分空箱需求不满足,通过对不同点的存储成本、租箱成本、点与点之间的运输成本参数的不同设定,考察租箱量、调箱量及空箱存量的变化,并揭示租箱策略及调箱策略的运用规律,考察不同的装卸能力对租箱和调箱策略的影响。

轴辐射(Hub & Spoke,H&S)网络源于航空和通信系统。宋向群等研究了区域性港口 H&S 运输网络系统的最小费用流问题,设计了蚁群优化算法进行求解。IMAI 等对 H&S 和 MPC 网络作了对比,将 H&S 网络看成一个选址问题,将 MPC 网络看作一个旅行商问题,以成本最少为目标,对不同船型的两种典型的航线网络方案进行了探讨,针对亚欧和亚洲—北美航线进行了数字仿真实验,认为大部分地区用 MPC 网络更有经济性,而在欧洲航运成本较高的地区用 H&S 网络更合适。GELAREH 等研究了在市场竞争环境下,一家新成立的船公司,其 H&S 班轮网络该如何设计的问题。林天倚等以传统轴辐式航运网络为基础,以运输总成本最小为目标,综合考虑现有枢纽港间货物运输的规模经济效应以及由此产生的流量负担及拥堵成本,建立基于拥堵控制的轴辐式海运网络枢纽港选择模型,并使用拉格朗日松弛算法进行求解,帮助船公司合理地选择枢纽港和喂给港。HSU 等为了决定最佳的班轮航线、船舶类型和发船频率,以最小化运输成本和库存成本为目标,建立双目标规划模型。

混合运输网络规模往往较大,港口和航线数量更多,允许在特定港口或者任意港口开展中转业务。SONG 等采用混合班轮网络,将问题分成物理运输网络和贸易需求,以班轮公司利润最大化为目标,决策集装箱弃箱方案、运输路径、班轮服务利用率、中转港等。AGARWAL 等的研究侧重于算法,在已知运输需求和港口集的前提下,设计船舶运输路径,使船公司的收益最大化,对该 NP 问题设计了启发式贪婪算法、列生成法、Benders 分解法,在 20 个港口、100 艘船舶的班轮网络中进行了演算并对算法作了比较。ÁLVAREZ 在班轮网络设计中考虑了船舶设计和船速设定。汪传旭等在多个始发港、多个中转港和多个目的港所组成的混合集装箱班轮运输网络中,将空箱分成两类,以空箱物流成本(空箱库存成本和运输成本)最小化为目标建立了混合整数线性规划模型。孟强等研究了 MPC 和 H&S 混合模式下的带有空箱运输的班轮网络设计问题,将航线网络和配船以及集装箱运输路径进行了集成优化。黄有方等在此基础上进行了船队配置研究,同时分析了运输需求量的变化对船队和班轮网络的影响。

第三节　班轮船队运营管理

从近、中期层面来讲,船队运营管理要解决的是将何种船舶配置到合适的航线上使得其收益最大或者成本最小,成本包括燃油消耗、日常运作费用、港口驶入费、运河费等。航线的配置与发船频率、航速设定和班轮时刻制定互相关联,更高的发船频率需要配置更多的船舶或者提高航速来缩短航行周期。航速的确定可以进一

步制定船舶到达港口和驶离港口的时间，并制定班轮时刻表，同时，运输需求量与运输时间之间还存在一定关系，因此，需要建立统一的规划模型。混合整数非线性规划模型成为了主流模型，分支定界、列生成法、禁忌搜索、连续逼近、遗传算法等启发式算法都有应用。

发船频率是连续两个航次之间的间隔时间。更高的发船频率意味着更短的等待时间、更好的服务体验。然而，班轮公司则需要更多的船舶并降低了大船带来的规模经济。孟强等提出了一种最优经营策略问题，目的是确定服务频率、制定集装箱船队的部署计划和航行速度；建立了混合整数非线性规划模型，设计了一种基于分支定界的优化算法。

谢新连、杨秋平、苏晨对船队规划部署问题作了大量的研究，在考虑了货流预测、企业投资能力、船舶租赁、船舶航速、需求不确定性的影响之后，以船队营运现金流折现值最大、船队营运利润最大、船队航次成本最小为目标，建立了多个船队规划模型，并通过拉格朗日松弛启发式混合算法、单纯形法、混合粒子群优化算法、鲁棒优化法等算法进行求解，帮助船公司解决船队投资、航线配船和船舶航速等短期调配使用和长期发展规划等实际问题，包括针对若干年规划期内的配船问题，克服线性规划模型在实际应用中的不足之处，有机地将线性规划与动态规划相结合，以及用来求解船队最佳规划方案和最优航线配船问题。以研究期内船队运营现金流折现值最大为目标函数，构建船队规划混合整数非线性规划模型，并设计了拉格朗日松弛启发式混合算法，不仅考虑了航线的运量、船舶装载率，还考虑了租船等多种可规划的因素。

船队配置要解决的是将何种船舶配置到合适的航线上使得其收益最大或者成本最小。PERAKIS 和 JARAMILLO 作为该领域的先驱，考虑了燃油消耗、日常运作成本、港口驶入费、运河费等，但船舶数被作为是一个连续数进行处理，POWELL 等对此作了改进。之后，PERAKIS 为符合实际情况，针对集装箱班轮公司的不同的船队规模，对班轮航线规划的策略进行优化，将模型扩展，变成混合整数规划模型。GELAREH，ZACHARIOUDAKIS 等在班轮调度的同时对航速进行了设定。孟强等针对运输需求的不确定性，建立了机会约束规划模型。PAPADAKIS 等通过构建非线性模型，研究了多起讫点的班轮航线的配船问题，逐步将班轮航线配船的思路引向更为复杂的网络化配船。MOURÃO 和王帅安等在 H&S 可中转网络中研究了船队调度问题。孟强等在不确定运输需求的情况下，建立了双层随机规划模型，利用拉格朗日松弛等方法进行了求解。在此基础上，WANG 等将航行过程中的风险作为随机成本作了进一步的研究。WANG 等针对不确定集装箱运输需求，使用样本均值和混合整数规划，通过制定一个联合的机会

约束规划模型，使得服务水平的成本最小化。孟强等在已知每一个时期的集装箱运输需求下，研究了多期班轮船队规划和部署问题。寿涌毅等以最小变动成本、最小航线运载量缺口和最小航次总绝对偏差为目标函数研究了班轮船舶调度问题，构造了基于港口时间段和航次的动态时间和空间网络，建立了 0－1 整数规划数学模型，并利用智能算法求解，在满足运量要求的前提下，能够使班轮运行更加均衡。焦新龙等针对国际远洋班轮航线配船问题，分析了运量、运费、航线、船型和船舶数量对配船的影响，并以最小经营成本作为目的，把运力与运量作为约束条件，在传统配船模型的基础上，建立新的模型，另外利用邻域搜索技术，采用蚁群算法求解模型，优化后，使得经营成本较遗传算法和模拟退火算法的结果更优。李智等通过引入智能算法中的神经网络算法对班轮航线配船模型的求解作了优化，为班轮航线配船模型的求解开辟了新思路。李佳等运用运筹学方法，构建了多目标模型，分别以航线利润最大化、运力浪费最小化为目标函数，使用遗传算法在解空间内的遍历和搜索，快速准确地获得可行解，并用算例验证了模型的适用性和算法的有效性。金雁等通过比较班轮航线配船问题与旅行商问题的异同，试探性地将蚁群智能算法用于求解班轮航线配船模型，这为求解大规模非线性整数规划问题提供了一条新的途径。

航速优化和船期制定在船队调度的基础上，进一步制定船舶到达港口和驶离港口的时间，并确定航行速度，因此，班轮时刻制定往往与航速优化结合在一起。NOTTEBOOM 和 KARLAFTIS 等认为运输需求量与运输时间之间存在一定关系，从而进行班轮时刻设计。王帅安等假设每一个运输需求都有一个标准运输时间，过早或者过晚都会影响最后的收益，建立了基于收益的班轮时刻模型，并利用全球班轮公司的历史经营数据校准了燃油消耗量与船速的关系，结果表明三次方的关系可以被广泛运用，然后提出了在班轮运输网络中关于集装箱船航速优化的混合整数非线性规划模型。PSARAFTIS 等在构建航速优化模型的同时，探讨了其他影响燃油消耗量的因素，如燃油价格、市场状态、运价、货物的库存成本和船舶的有效载荷，研究结果表明，符合最佳环境性能的解决方案不一定符合最佳的经济性能。TING 等研究了班轮调度问题，在分析了船期表和班轮航行费用的前提下，采用动态规划法建立调度模型，为班轮公司制定了更好的调度策略。叶春梅基于不同航速对船舶配置的影响不同，将航速进行分挡，研究在不同挡位下如何进行班轮航线配船，提出了以船舶数量和船舶航速两个变量为决策变量的班轮航线配船模型，并得出可行的配船方案。高超锋等建立以每周船队运营总成本最小为目标的混合整数规划模型，通过航行速度建立油耗与班轮航线配船之间的关系，实现在减少船舶油耗的同时降低班轮航线配船运营成本的目标。

第七章　班轮管理优化模型

第一节　网络优化设计

班轮运输网络由港口和航线组成，每条航线使用固定的船舶，船舶按预设的挂港顺序和固定的船期航行。

港口作为船舶停靠的基础设施，是海运和海陆联运中关键的物流链节点，所以，港口选择是班轮航线设计及优化中最重要的环节之一，需要综合考虑港口的地理位置、航道限制条件、集装箱吞吐能力、港口费率、作业效率、集疏运能力和服务质量等因素。此外，港口挂靠顺序决定着船舶航行的路径。由于班轮运输"四固定"的特点，港口的挂靠顺序一旦确定就不会轻易变化。不合理的挂靠顺序会导致绕航，延长航行时间，增加燃油成本。

目前，流行的班轮网络为多港口挂靠与轴辐射混合运输网络，即保留多港口挂靠航线，并允许航线在枢纽港进行中转。

记 P 为网络中的港口集合，p 为某一具体港口，$p\in P$，港口分为两类，即枢纽港和喂给港，记 P_{H} 为枢纽港集合，P_{F} 为喂给港集合，$P=P_{\mathrm{H}}\cup P_{\mathrm{F}}$，$P_{\mathrm{H}}\cap P_{\mathrm{F}}=\varnothing$。

假设，1 个喂给港只能服务某一个枢纽港，记 $\theta(p)\in P_{\mathrm{H}}$，1 个枢纽港拥有若干个喂给港，重箱只能在枢纽港进行中转，且中转必须更换航线。

记 R 为网络中的航线集合，$r\in R$ 为某一航线，航线可以表示为一个特定的港口序列，如 $p_{r_1}\rightarrow p_{r_2}\rightarrow\cdots\rightarrow p_{r_i}\rightarrow\cdots\rightarrow p_{r_n}\rightarrow p_{r_1}$，$p_{r_i}\in r$，$i=1,2,\cdots,n$，一条完整的班轮航线首尾为同一个港口。记 R_{d_r} 为航线 r 的总长度(单位：n mile)。

定义 1：航段，同一条航线上，相邻两个港口之间的航行路段，记为 l。在上文提到的航线 r 中，$l_{r_1}=<p_{r_1},p_{r_2}>,\cdots,l_{r_n}=<p_{r_n},p_{r_1}>$，$p_{r_i}\in r$，$l_{r_1}$ 为航线 r 中的第一个航段，l_{r_n} 为最后一个航段。记 $D_{l_{r_i}}$ 为航线 r 上第 i 个航段的长度，记 L 为所有航段的集合。

定义 2：航程，同一条航线上，任意两个港口之间的航行路程。

如图 7-1 所示，在该班轮网络中存在 4 条航线。

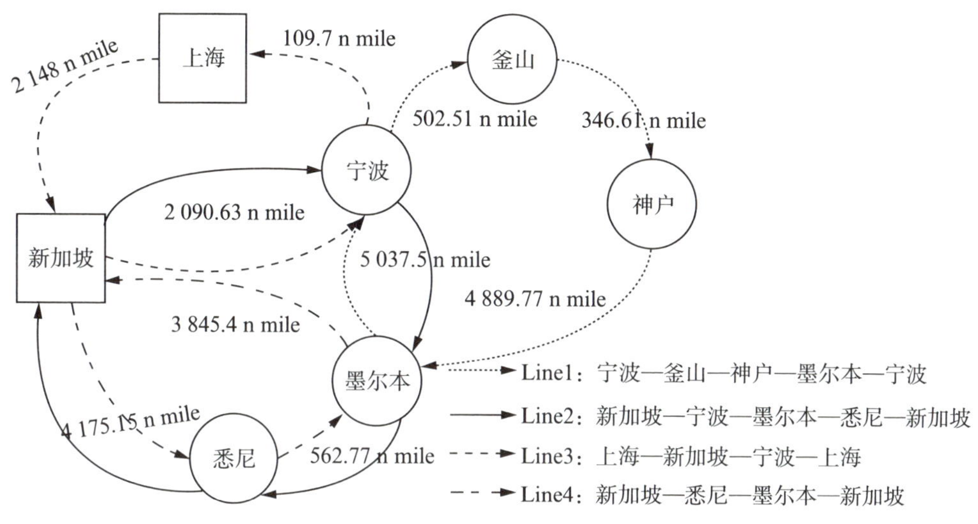

图 7－1　班轮网络示例

第二节　货运需求与运输路径

一、货运需求

货运需求是运力供给的决定因素，而船舶的配置则决定着运力供给。如果航线上的货运需求越大，船公司就需要配备载质量较大的船舶以满足货运需求。但是，由于全球经济的不稳定，各地的货运需求存在着一定的波动性。如果货运需求预测过大，出现供大于求的情况，则会导致资源的浪费，产生大量的闲置成本和库存成本；而如果货运需求预测过小，现有的船队配置不能满足货运需求，出现供不应求的情况，则会导致甩货现象，影响船公司的收益和服务质量。因此，合理预测货运需求可以提高集装箱船的有效载荷率和资源利用率，减少不必要的成本，保证服务质量。

假设每周都有稳定的运输需求从港口 p_o 到 p_d，n_{od} 表示运输的需求量（单位为 TEU），记 $n_{od_1}=(p_o, p_d, n_{od})$ 表示一个运输需求，记 O 为所有的运输需求的集合。由贸易不平衡导致的空箱不平衡，用 $n_{i,ec}$ 表示港口 p_i 的空箱量，且

$$n_{i,ec}=\sum_{p_j\in P} n_{ji}-\sum_{p_j\in P} n_{ij}, \forall p_i\in P \tag{7-1}$$

假如 $n_{i,ec}>0$，表示在港口 p_i 进口箱大于出口箱，有多余的空箱；假如 $n_{i,ec}<0$，表示在港口 p_i 出口箱大于进口箱，缺少空箱。

二、运输路径

集装箱运输方案包括重箱运输和空箱调运方案。重箱运输方案由孟强等提出，要点如下：重箱运输方案由航程描述，根据启运港和目的港的类型，分为 7 种类型，如表 7-1 所示。

表 7-1 重箱运输方案

方案	类型	航程
$\theta(p)$—$\theta(q)$	枢纽—其他枢纽	$<\theta(p),\theta(q)>$
p—$\theta(p)$	喂给—所属枢纽	$<p,\theta(p)>$
$\theta(p)$—p	所属枢纽—喂给	$<\theta(p),p>$
p—$\theta(q)$	喂给—其他枢纽	$<p,\theta(q)>$； $<p,\theta(p)>+<\theta(p),\theta(q)>$
$\theta(q)$—p	其他枢纽—喂给	$<\theta(q),p>$； $<\theta(q),\theta(p)>+<\theta(p),p>$
p—q $\theta(p)\neq\theta(q)$	喂给—喂给 （不同枢纽）	$<p,q>$； $<p,\theta(p)>+<\theta(p),q>$； $<p,\theta(q)>+<\theta(q),q>$； $<p,\theta(p)>+<\theta(p),\theta(q)>+<\theta(q),q>$
p—q $\theta(p)=\theta(q)$	喂给—喂给 （相同枢纽）	$<p,q>$； $<p,\theta(p)>+<\theta(p),q>$

一个运输需求可以有多种运输方案来满足，如图 7-1 所示的班轮网络中的 4 条航线，其中上海和新加坡为枢纽港，每个航段上的数字表示这两个港口之间的航行距离，单位为 n mile。且

$$p_{上海}=\theta(p_{宁波})=\theta(p_{釜山})=\theta(p_{神户}),p_{新加坡}=\theta(p_{悉尼})=\theta(p_{墨尔本})$$

假设一个运输需求为从宁波到墨尔本，则共有 5 个运输方案，如下所示。

(1) $<p_{宁波},p_{墨尔本},r_2>$，航行距离：5 037.5 n mile。

(2) $<p_{宁波},p_{墨尔本},r_1>$，航行距离：5 738.89 n mile。

(3) $<p_{宁波},p_{新加坡},r_3>+<p_{新加坡},p_{墨尔本},r_4>$，航行距离：6 995.62 n mile。

(4) $<p_{宁波},p_{新加坡},r_2>+<p_{新加坡},p_{墨尔本},r_4>$,航行距离：14 513.34 n mile。

(5) $<p_{宁波},p_{新加坡},r_3>+<p_{新加坡},p_{墨尔本},r_2>$,航行距离：9 385.83 n mile。

记 e_{od_k} 为运输需求第 k 个运输方案,d_{od_k} 为运输需求第 k 个运输方案的航行总距离。$k=1,2,\cdots,m$,运输需求共有 m 个运输方案。

由此可见,运输方案 1 为最优,但是为了均衡运输,充分利用船舶负载,班轮公司可能将一部分的箱量通过运输方案 2,3 或者其他运输。然而,更长的距离意味着需要更多的时间,过多的时间会降低班轮公司的服务质量,本文使用 η 来衡量运输效率,描述货物送达的及时性,在一定程度上表示班轮公司的服务水平,$\eta>1$。假设 e_{od_j} 是运输需求的最佳方案,若 $d_{od_i}<\eta d_{od_j}$,则 e_{od_i} 为一个可行的方案。在上述例子中,最优方案 1 的航行距离为 5 037.5 n mile,若取 $\eta=1.5$,则允许可行运输方案的最大航行距离为 7 556.25 n mile,因此方案 1,2,3 为可行方案,方案 4,5 不可行。所有可行方案构成集合 E,其中包含航程 s 的方案集合记为 E_s。

重箱运输计划由航程来描述,第一个运输计划由 $s_1=<p_{宁波},p_{墨尔本},r_2>$ 描述,表示通过航线 r_2,从宁波直接到达墨尔本,且记为 $s_1\in r_2$。

在航线 r_2 上,还存在着其他的航程,如第 4 个运输计划中的 $<p_{宁波},p_{新加坡},r_2>$ 和第 5 个运输计划中的 $<p_{新加坡},p_{墨尔本},r_2>$,在航线 r 上的所有航程的集合记为 S_r,所有航线上所有航程的集合记为 S。

航程 s 由航段 l 构成,它们之间的关系式为

$$\delta_{s,rl}=\begin{cases}1,S_r\supseteq l_r,s\in r,l\in r,r\in R\\0,其他\end{cases}\tag{7-2}$$

第三节　船舶配置与船速设定

由于航线距离的固定,船速直接影响了船舶的航次时间。同时,又由于燃油消耗量与船速的指数次方成正比,因此船速又直接影响了燃油成本。船速过快虽然可以缩短航次时间、加速船舶周转,但是却大大增加了燃油成本和废气排放量;反之过慢虽然节约了燃油成本,但是却延长了航次时间,影响船公司的服务质量。虽然造船时的设计船速考虑了船舶的营运经济性,但是航运业的市场环境在不断地变化,如燃油价格的上涨、航线的更改、港口作业能力的提高、货运需求的变化等,此时应根据船舶性能和环境条件合理调整船速,在保证服务质量的基础上将运输成本控制到最低。

根据文献的描述,燃油的消耗量 Q(t/天)与船速 v(kn)存在着以下关系

$$Q = af^{b} \tag{7-3}$$

式中：a 与 b 为系数。由于存在着指数，通过对数变化后，得

$$\ln Q = \ln a + b\ln f \tag{7-4}$$

可以通过线性回归和历史监测数据计算 $\ln a$ 和 b 的值。

船舶的历史数据集如表 7－2 所示。

表 7－2　船型、船速、燃油表

船型	平均船速/kn	燃油消量/(t/天)	船型	平均船速/kn	燃油消量/(t/天)
3 000 TEU 集装箱船（新加坡—雅加达）	15.0	37	3 000 TEU 集装箱船（新加坡—雅加达）	16.5	45
	15.4	38		16.6	45
	15.5	38		16.9	47
	15.7	39		17.0	47
	15.8	39		17.1	50
	15.9	40		17.3	53
	16.0	42		17.5	55
	16.2	43		17.6	56
	16.3	43		17.7	58
	16.4	44		18.0	60
5 000 TEU 集装箱船（香港—新加坡）	16.1	45	5 000 TEU 集装箱船（香港—新加坡）	17.6	59
	16.4	46		17.9	64
	16.5	46		18.2	67
	16.8	48		18.4	69
	16.9	49		18.5	70
	17.0	51		18.6	71
	17.1	52		18.9	74
	17.1	53		19.0	75
	17.4	56		19.8	80

表 7-2(续)

船型	平均船速/kn	燃油消量/(t/天)	船型	平均船速/kn	燃油消量/(t/天)
8 000 TEU 集装箱船(盐田—洛杉矶)	17.0	81	8 000 TEU 集装箱船(盐田—洛杉矶)	19.5	118
	17.9	89		19.6	121
	18.4	98		19.7	123
	18.5	100		19.8	124
	18.7	103		20.2	132
	18.8	105		20.4	135
	18.9	106		21.0	147
	19.0	109		21.4	155
	19.3	115		22.0	178
	19.4	117		23.0	200

将表 7-2 中的数据,按照式(7-4)处理后,拟合函数如图 7-2~7-4 所示。

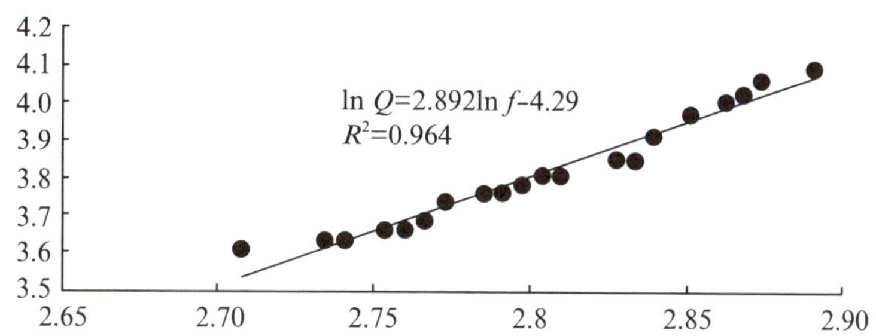

图 7-2　3 000 TEU 集装箱船新加坡—雅加达航线船速与油耗的拟合函数

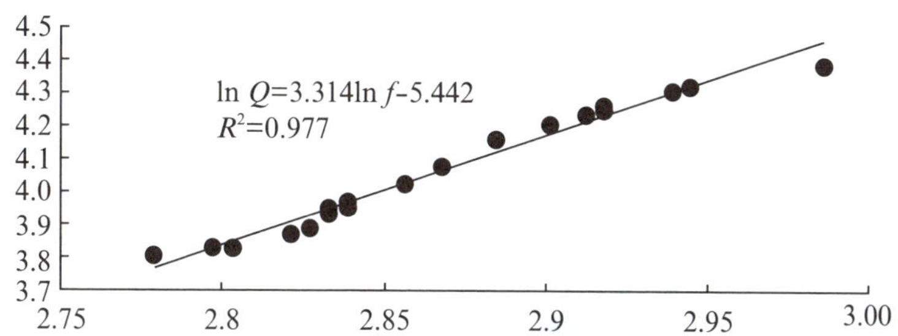

图 7-3　5 000 TEU 集装箱船香港—新加坡航线船速与油耗的拟合函数

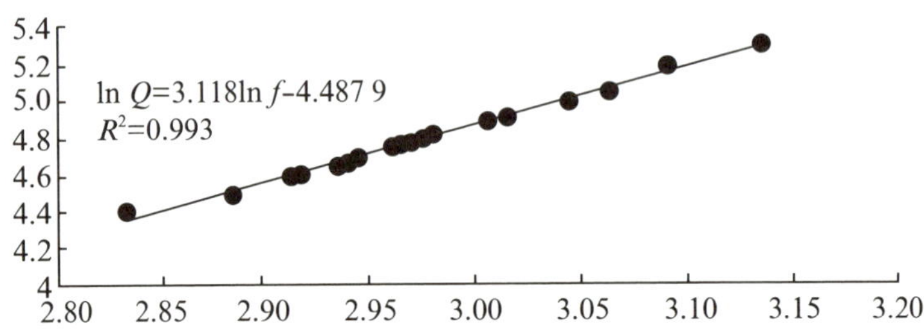

图 7-4　8 000 TEU 集装箱船盐田—洛杉矶航线船速与油耗的拟合函数

参数估计值见表 7-3，不同船型的船速与油耗的关系如图 7-5 所示。

表 7-3　拟合函数线性回归

参数	3 000 TEU 集装箱船（新加坡—雅加达）	5 000 TEU 集装箱船（香港—新加坡）	8 000 TEU 集装箱船（盐田—洛杉矶）
a	0.014	0.010	0.004
b	2.892	3.314	3.118
R^2	0.964	0.977	0.993

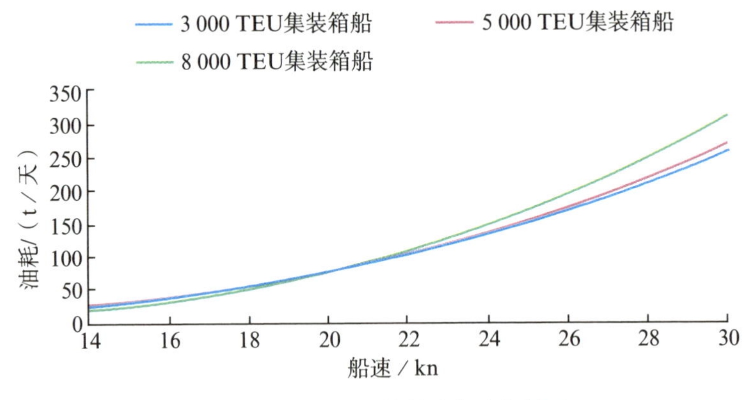

图 7-5　不同船型的航速与油耗关系

船队配置包括船型的选择、组合以及船舶的数量，决定着船公司在航线上的运力大小，影响着船公司营运的收益和成本。船队配置过剩会导致资源浪费，产生大量的闲置成本和库存成本，可能会导致船公司争抢货源、低价运输等恶性竞争现象的发生，造成市场的混乱；船队配置不足则不能满足货运需求，降低船公司的服务质量，影响收益。船队配置需要综合考虑船舶自身的性能因素、港口因素和货运需求进行决策，以保证安全运输、航行通畅、顺利靠泊以及按时交货。

班轮公司的船队中有不同类型的船舶，每种集装箱船有不同的容量、速度区间以及在该相应速度下的燃油消耗，记 V 为所有船舶的集合，记 v 为某一特定类型的船舶。

F_v 表示 v 类船舶的可行速度集，$v \in V$，f_v 为 v 类船舶的某一可行速度（单位为 kn），C_{f_v} 表示 v 类船舶在 f_v 速度下的燃油消耗量（单位为 t/天）。若 v 类船舶部署在航线 r 上，并且以 f_v 的平均速度航行，则其运行 1 周的燃油消耗量为 $C_{f_v}\frac{R_{d_r}}{f_v}$。$C_{ap_v}$ 表示 v 类船舶的容量（单位为 TEU）。

降速航行与整体的班轮运作存在着以下关系：更少的燃油消耗量，更长的航行时间，每个港口的到达时间更加可控，航线上配备的船舶会更多，产生更高的库存费用等。

第四节　航次与发船频率

通常发船间隔是以周为单位的，如一周一班、一周两班等，它在一定程度上反映着班轮公司的运输服务能力和保障能力。例如，全球最大的集装箱航运公司马士基，曾在 2011 年推出“天天马士基”服务，在其运营航线上准班率达到 98%，虽在当时引起轰动，但是如今却因为高额成本、低额收入而面临失败的危险。稳定合理的发船间隔不仅可以保障服务质量，帮助船公司提高市场占有率，同时也可以帮助客户制定货物运输计划。

航线的发船频率与船舶的配置数量存在关联关系，如图 7－6 所示。

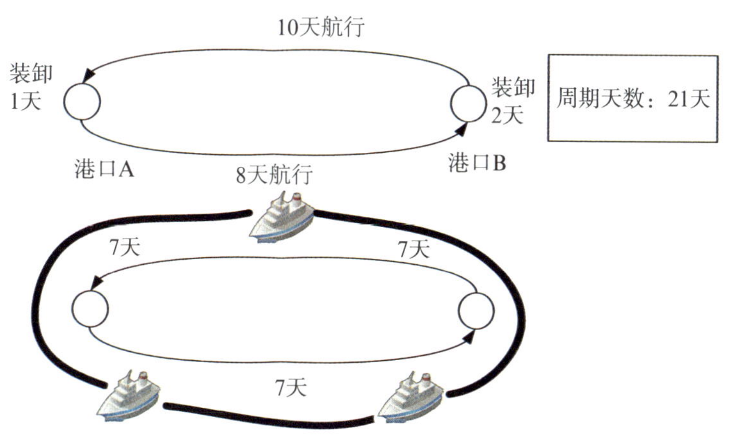

图 7－6　发船频率、航班周期、船舶数量之间的关系

在发船频率为 1 周的情况下：航班的周期数（周数）＝船舶配置数。

第八章　班轮运营管理优化实例

第一节　班轮运营管理整体优化

一、中海集运[①]班轮网络

中海集运班轮航线发展到目前已拥有内外贸干支线 80 余条，航线服务范围覆盖整个亚洲、欧洲、美洲、非洲等全球各主要贸易区域，如图 8-1 所示。

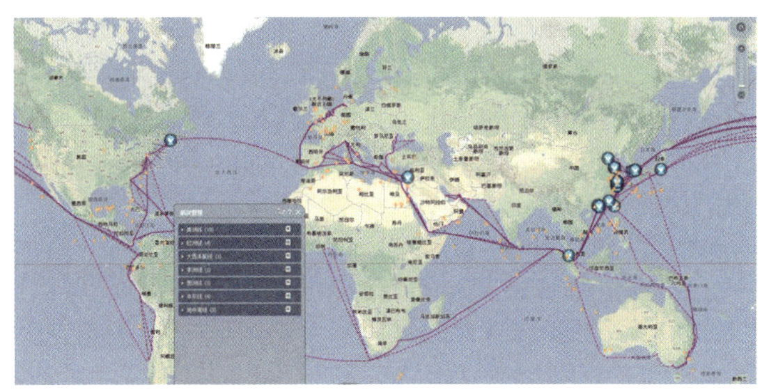

图 8-1　中海集运班轮航线网络

由于班轮航线的周期性变更，本章选择了 2015 年中海集运官方网站发布的数据作为计算对象，共有 28 条航线，利用港口测量工具 BLM，汇总每条航线每个航段的距离，如表 8-1 所示。

表 8-1　中海集运班轮航线

航线名称	区域	挂港顺序	航段距离/n mile
美西一线(AAS)	美洲	高雄—厦门—香港—深圳—洛杉矶—奥克兰—高雄	168—280—29—6 405—357—5 823

① 中海集运即现在的中远海运发展有限公司。

表 8-1(续)

航线名称	区域	挂港顺序	航段距离/n mile
美西二线(AAC)	美洲	青岛—连云港—上海—宁波—釜山—洛杉矶—奥克兰—青岛	91—268—109—502—5 252—357—5 387
美西四线(ANW1)	美洲	南沙—香港—深圳—上海—宁波—釜山—西雅图—温哥华—南沙	61—29—839—109—502—4 610—117—5 805
美东一线(AAE1)	美洲	上海—厦门—深圳—香港—拉萨罗卡德纳斯—纽约—诺福克—萨凡纳—迈阿密—拉萨罗卡德纳斯—上海	554—325—29—7 668—3 560—288—454—392—2 804—6 986
美东二线(AAE2)	美洲	宁波—上海—青岛—天津—釜山—曼萨尼约—金斯敦—萨凡纳—纽约—金斯敦—卡塔吉那—宁波	109—320—414—669—6 376—2 883—1 588—698—1 816—900—8 885
美东三线(AAE3)	美洲	哈利法克斯—纽约—萨凡纳—金斯敦—巴拿马—深圳—香港—宁波—上海—釜山—巴拿马—金斯敦—萨凡纳—哈利法克斯	568—698—1 588—1 194—9 256—29—737—109—451—8 096—1 194—1 588—1 142
美东四线(AAE4)	美洲	釜山—青岛—上海—宁波—查尔斯顿—纽约—釜山	469—320—109—10 170—627—10 088
南美一线(SEAS)	美洲	釜山—上海—宁波—深圳—巴生—里约热内卢—桑托斯—布宜诺斯艾利斯—里奥格兰德—伊塔亚伊—巴拉那瓜—桑托斯—里约热内卢—德班—巴生—香港—釜山	451—109—782—1 634—8 654—207—1 010—431—413—85—151—207—4 050—4 694—1 621—1 134
南美二线(ACSA)	美洲	香港—深圳—宁波—上海—釜山—曼萨尼约—圣何塞—阿卡加地—科林托—布韦那文图拉—卡亚俄—圣安东尼奥—圣文森特—卡亚俄—布韦那文图拉—圣何塞—曼萨尼约—香港	29—782—109—451—6 376—845—61—191—821—1 159—1 331—206—1 500—1 159—1 029—845—7 491
南美三线(ACSA2)	美洲	蛇口—宁波—上海—釜山—曼萨尼约—布韦那文图拉—瓜亚基尔—卡亚俄—伊基克—瓦尔帕莱索—圣维森特—曼萨尼约—釜山—蛇口	782—109—451—6 376—1 876—586—687—649—777—237—3 819—6 376—1 179

表 8-1(续)

航线名称	区域	挂港顺序	航段距离/n mile
欧洲一线(AEX1)	欧洲	上海—宁波—深圳—弗利克斯托—汉堡—鹿特丹—安特卫普—南沙—上海	109—782—9 644—360—297—99—9 724—858
欧洲三线(AEX3)	欧洲	宁波—上海—厦门—香港—深圳—巴生—南安普顿—汉堡—不来梅哈芬—鹿特丹—泽布吕赫—勒阿弗尔—巴生—宁波	109—554—280—29—1 634—7 897—504—114—220—81—171—7 927—2 297
欧洲七线(AEX7)	欧洲	宁波—上海—香港—深圳—巴生—吉达—鹿特丹—汉堡—泽布吕赫—勒阿弗尔—吉达—巴生—上海—宁波	109—794—29—1 634—4 116—4 022—297—374—171—3 835—4 116—2 354—109
欧洲十二线(AEX12)	欧洲	厦门—高雄—深圳—新加坡—鹿特丹—汉堡—费利克斯托—安特卫普—塞得—新加坡—香港—厦门	168—398—1 427—8 297—297—360—122—3 279—5 002—1 415—280
大西洋一线(MAX航线)	大西洋	海法—里窝那—热那亚—塔拉戈纳—哈利法克斯—纽约—萨凡纳—金斯敦—萨维那—纽约—哈利法克斯—塔拉戈纳—海法	1 451—79—400—3 456—568—698—1 588—1 588—698—568—3 156—1 743
WAX 航线	非洲	上海—宁波—厦门—蛇口—新加坡—巴生—德班—特马—洛美—科托努—廷卡—德班—巴生—新加坡—上海	109—471—325—1 427—202—4 694—3 516—87—68—61—3 495—4 694—202—2 148
澳洲一线(AUS1)	澳洲	上海—蛇口—香港—悉尼—墨尔本—布里斯班—高雄—香港—上海	839—29—4 410—562—1 040—3 744—343—794
澳洲二线(AUS2)	澳洲	横滨—大阪—釜山—上海—宁波—香港—高雄—墨尔本—悉尼—布里斯班—大阪—横滨	342—354—451—109—737—343—4 713—562—479—3 928—342
澳洲三线(AUS3)	澳洲	巴生—新加坡—悉尼—墨尔本—阿德莱德—巴生	202—4 175—562—515—3 736
AMK 航线	中东	光阳—釜山—宁波—基隆—深圳—香港—新加坡—巴生—杰贝阿里—阿巴斯—卡拉奇—新加坡—香港—光阳	81—502—329—515—29—1 415—202—3 291—148—635—2 905—1 415—1 089

表 8-1(续)

航线名称	区域	挂港顺序	航段距离/n mile
AMA 航线	中东	天津—大连—釜山—上海—宁波—蛇口—巴生—杰贝勒阿里—达曼—豪尔法坎—巴生—南沙—天津	198—520—451—109—782—1 634—3 291—284—418—3 107—1 648—1 458
红海一线(RES1 航线)	中东	上海—宁波—高雄—蛇口—新加坡—吉达—索科纳—亚喀巴—新加坡—上海	109—511—398—1 427—4 300—834—483—4 859—2 148
波斯湾线(AMS 航线)	中东	上海—宁波—香港—蛇口—新加坡—杰贝阿里—达曼—巴生—新加坡—香港—上海	109—737—29—1 427—3 475—284—3 504—202—1 415—794
地中海一线(AMX1 航线)	地中海	青岛—上海—宁波—蛇口—巴生—塞德—拉斯佩齐亚—热那亚—巴塞罗那—福斯—巴伦西亚—塞德—吉达—豪尔法坎—巴生—青岛	321—109—782—1 634—4 818—1 409—80—224—196—165—1 666—727—2 030—3 107—2 644
地中海二线(AMX2 航线)	地中海	釜山—上海—宁波—深圳—巴生—海法—阿什杜德—马达斯—诺维西斯克—康斯坦察—马达斯—海法—科伦坡—巴生—釜山	451—109—782—1 634—4 985—68—881—455—408—191—872—3 640—1 387—2 694
地中海五线(AMX5 航线)	地中海	上海—宁波—香港—蛇口—新加坡—苏伊士—比雷埃夫斯—那不勒斯—热那亚—巴塞罗那—巴伦西亚—比雷埃夫斯—苏伊士—新加坡—香港—上海	109—737—29—1 427—4 960—628—658—332—354—165—1 234—628—4 960—1 415—794
黑海线 ABX 航线	地中海	上海—宁波—蛇口—新加坡—巴生—达米埃塔—马达斯—康斯坦察—伊利乔夫斯克—达米埃塔—巴生—新加坡—蛇口—宁波—上海	109—782—1 427—202—4 844—783—191—160—1 113—4 844—202—1 427—782—109
黑海线 ABX2 航线	地中海	上海—宁波—厦门—蛇口—新加坡—巴生—苏伊士—塞得—亚历山大—苏伊士—巴生—新加坡—上海	109—471—325—1 427—202—4 766—39—149—188—4 776—202—2 148

班轮网络中共有 94 个港口，分布在亚洲、欧洲、北美洲、拉丁美洲、非洲和大洋洲，如表 8－2 所示。

表 8－2　中海集运班轮网络中经停的港口

所属区域	经停的港口
中国(12)	大连、高雄、基隆、连云港、南沙、宁波、青岛、厦门、上海、深圳、天津、香港
亚洲其他区域(16)	阿巴斯、阿什杜德、巴生、达曼、大阪、釜山、光阳、海法、豪尔法坎、横滨、吉达、杰贝阿里、卡拉奇、科伦坡、新加坡、亚喀巴
欧洲(21)	安特卫普、巴伦西亚、巴塞罗那、比雷埃夫斯、不来梅哈芬、费利克斯托、福斯、汉堡、康斯坦察、拉斯佩齐亚、勒阿弗尔、里窝那、鹿特丹、那不勒斯、南安普顿、诺维西斯克、热那亚、塔拉戈纳、伊利乔夫斯克、伊斯坦布尔、泽布吕赫
北美洲(10)	奥克兰、查尔斯顿、哈利法克斯、洛杉矶、迈阿密、纽约、诺福克、萨凡纳、温哥华、西雅图
拉丁美洲(21)	阿卡加地、巴拉那瓜、巴拿马、布韦那文图拉、布宜诺斯艾利斯、瓜亚基尔、金斯敦、卡塔吉那、卡亚俄、科林托、拉萨罗卡德纳斯、里奥格兰德、里约热内卢、曼萨尼约、桑托斯、圣安东尼奥、圣何塞、圣维森特、瓦尔帕莱索、伊基克、伊塔亚伊
非洲(10)	达米埃塔、德班、科托努、洛美、塞得、苏伊士、索科纳、特马、廷卡、亚历山大
大洋洲(4)	阿德莱德、布里斯班、墨尔本、悉尼

二、中海集运船队数据

截至 2014 年 5 月底，中海集运船队规模 148 艘，整体运载能力达 65.6 万 TEU，位居全球班轮行业第 7 位。其中，4 000 TEU 以上大型船舶 83 艘，运载能力合计 57.4 万 TEU，占总运力的 87.5%，平均运力 6 916 TEU，平均船龄 6.78 年。

为了问题的简化，假设船队中有 5 种类型的船舶，按照容量分为 3 000 TEU，5 000 TEU，8 000 TEU，10 000 TEU 和 18 000 TEU 集装箱船，各类型船舶每周的运行费用如表 8－3 所示。

表 8－3　各类型船舶每周运行费用

船型	3 000 TEU 集装箱船	5 000 TEU 集装箱船	8 000 TEU 集装箱船	10 000 TEU 集装箱船	18 000 TEU 集装箱船
每周运行费用/美元	96 930	155 500	195 000	252 900	325 000

不同类型的船舶在不同航速下所消耗的燃油有所不同，具体拟合函数如下所示，其中：x 为航速，kn；y 为油耗，t/h。

(1) 3 000 TEU 集装箱船：$y=0.014x^{2.892}$。

(2) 5 000 TEU 集装箱船：$y=0.01x^{3.002}$。

(3) 8 000 TEU 集装箱船：$y=0.004x^{3.314}$。

(4) 10 000 TEU 集装箱船：$y=0.002x^{3.512}$。

(5) 18 000 TEU 集装箱船：$y=0.001x^{3.924}$。

三、中海集运运输需求数据

由于运输需求数据涉及企业经营机密，本章采用中国对外的贸易数据进行随机模拟。

2015 年我国对亚洲、欧洲、拉丁美洲、非洲、北美洲、大洋洲出口和进口的贸易额如表 8－4 所示，进出口比例约为 1∶1.36。

表 8－4 2015 年我国对外经济贸易情况

地区	进口贸易额/万美元	进口占比/%	出口贸易额/万美元	出口占比/%
亚洲	952 824.36	57.0	1 147 296.05	50.3
欧洲	293 019.60	17.5	403 292.07	17.7
拉丁美洲	103 802.27	6.2	131 495.11	5.8
非洲	70 468.88	4.2	108 518.74	4.8
北美洲	176 907.30	10.6	445 041.20	19.6
大洋洲	73 871.39	4.5	40 378.58	1.8
合计	1 670 893.80	100.0	2 276 021.74	100.0

中海集运每周大约运输集装箱 10 万 TEU(包括进口和出口)，按照上述对外贸易的比例，随机生成运输需求。运输需求(出发地)如图 8－2 所示，圈圈的大小代表了运输需求箱量的多少。

由于贸易不平衡，造成了运输需求的不平衡，贸易顺差国所在的港口不同程度地都缺少空箱，如图 8－3 所示，红色表示该港口空箱缺少，绿色表示该港口空箱多余。

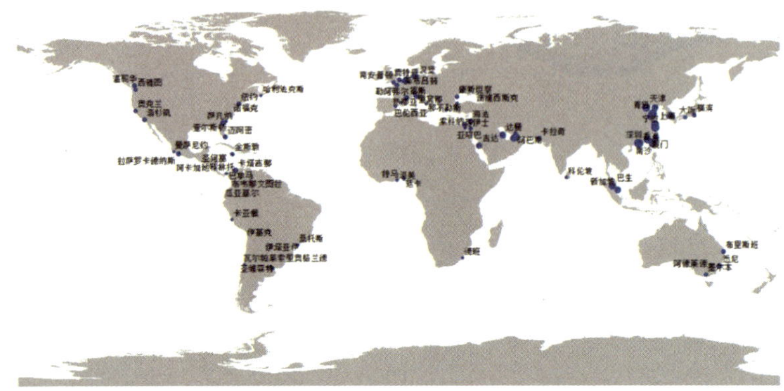

图 8-2　运输需求

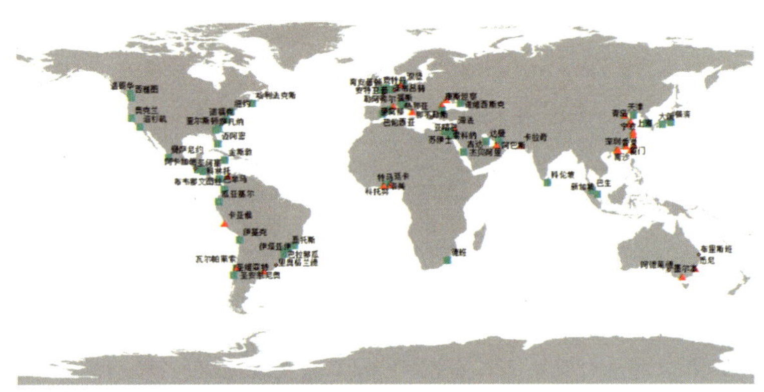

图 8-3　空箱分布状况

四、建模与求解

1. 系统流程框架

集装箱班轮网络设计与货运路径优化求解流程如图 8-4 所示。港口数据、运输需求、航线数据和船舶数据为已知数据集，航段集由航线数据计算可得，港口空箱数据由港口数据和运输需求计算可得，可行重箱运输计划由运输需求和航线数据计算可得，并由此获得航程集合；船队配置、航速设定、运输计划上分配的箱量等为决策变量，总成本由空箱装卸费、重箱装卸费和船舶航行费构成，由此建立统一的规划模型进行求解。

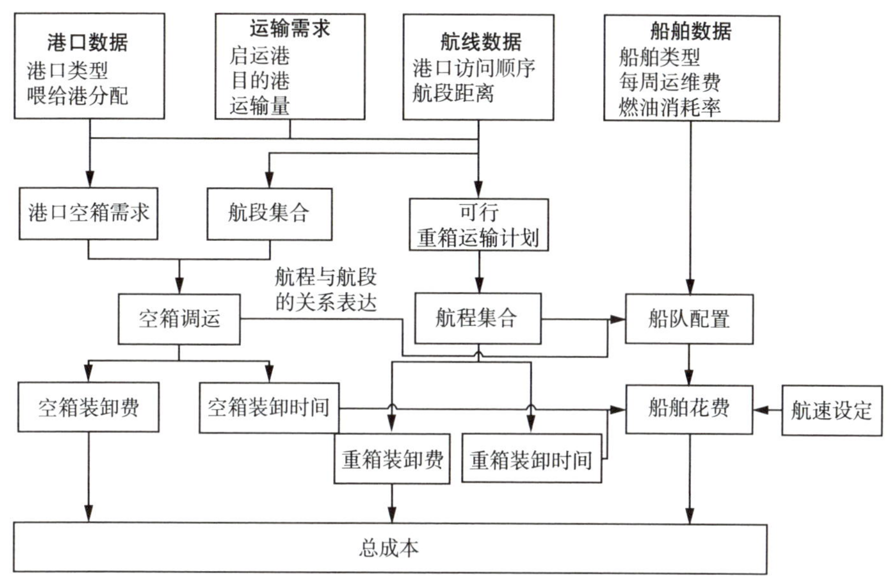

图 8-4 系统流程框架

2. 决策变量与参数设置

1) 决策变量

$x_{r,v}$：0-1 决策变量，当船舶 v 部署在航线 r 上时，其值为 1，若值为 0 则不是。

$\overline{x}_{rv,f}$：0-1 决策变量，当船舶 v 部署在航线 r 上，以速度 f 航行时，其值为 1，若值为 0 则不是。

y_s：通过航程 s 运输的重箱量。

$\overline{y}_{e_{od_k}}$：运输需求的第 k 个重箱运输方案上分配的重箱量。

$\overline{z}_{p_{r_i}}$：航线 r 上第 i 个港口上空箱的装载量(TEU/周)。

$\tilde{z}_{p_{r_i}}$：航线 r 上第 i 个港口上空箱的卸载量(TEU/周)。

$a_{l_{r_i}}$：航线 r 上第 i 个航段上运输的空箱量。

N_r：航线 r 上部署的船舶数。

2) 参数设置

α：油价(美元/t)。

$\overline{\beta}$：重箱装卸费。

$\tilde{\beta}$：空箱装卸费。

γ：港口装卸效率(TEU/h)。

3. 模型建立与求解

班轮公司的总成本(美元/周)为

$$\min F(u)=\sum_{r\in R}\sum_{v\in V}N_r x_{r,v}x_v+\sum_{r\in R}\sum_{v\in V}\sum_{f\in F_v}\alpha\cdot\bar{x}_{rv,f}\cdot C_{f_v}\cdot\frac{R_{d_r}}{f}+2\bar{\beta}\cdot\sum_{s\in S}y_s+\sum_{r\in R}\sum_{p_{r_i}\in r}(\bar{z}_{p_{r_i}}+\tilde{z}_{p_{r_i}})\cdot\tilde{\beta} \tag{8-1}$$

式(8－1)共由4个部分组成,第一部分为船舶运行费用,第二部分为燃油消耗费用,第三部分为重箱装卸费,第四部分为空箱装卸费。

模型中包含了非线性项 $N_r x_{r,v}$,采用大 M 法,令 $p_{r,v}=N_r x_{r,v}$,并添加两个约束条件 $N_r\leqslant p_{r,v}+M(1-x_{r,v})$, $\forall v\in V$ 和 $N_r=\sum_{v\in V}p_{r,v}$, $\forall r\in R$,其中 M 表示一个足够大的数,通过等价变换,将问题转化为一个混合整数规划模型为

$$\min F(u)=\sum_{r\in R}\sum_{v\in V}x_v p_{r,v}+\sum_{r\in R}\sum_{v\in V}\sum_{f\in F_v}\alpha\cdot C_{f_v}\cdot\frac{R_{d_r}}{f}\cdot\bar{x}_{rv,f}+2\bar{\beta}\cdot\sum_{s\in S}y_s+\sum_{r\in R}\sum_{p_{r_i}\in r}(\bar{z}_{p_{r_i}}+\tilde{z}_{p_{r_i}})\cdot\tilde{\beta} \tag{8-2}$$

约束条件为

$$N_r\leqslant p_{r,v}+M(1-x_{r,v}),\ \forall v\in V \tag{8-3}$$

$$N_r=\sum_{v\in V}p_{r,v},\ \forall r\in R \tag{8-4}$$

$$\sum_{v\in V}x_{r,v}\leqslant 1,\ \forall r\in R \tag{8-5}$$

$$\sum_{f\in F_v}\bar{x}_{rv,f}=x_{r,v},\ \forall r\in R,\ \forall v\in V \tag{8-6}$$

$$n_{od}=\sum_{k}\bar{y}_{e_{od_k}},\ \forall n_{od}\in O \tag{8-7}$$

$$y_s=\sum_{e\in E_s}\bar{y}_e,\ \forall s\in S \tag{8-8}$$

$$n_{p,ec}=\sum_{r\in R_p}(\bar{z}_p-\tilde{z}_p),\ \forall p\in P \tag{8-9}$$

$$\sum_{s\in S_r}2\gamma y_s+\sum_{p_{r_i}\in r}\gamma\cdot(\bar{z}_{p_{r_i}}+\tilde{z}_{p_{r_i}})+\sum_{v\in V}\sum_{f\in F_v}\frac{R_{d_r}}{f}\bar{x}_{rv,f}\leqslant 168\cdot N_r,\ \forall r\in R \tag{8-10}$$

$$a_{l_{r_i}} + \bar{z}_{p_{r_{i+1}}} - \tilde{z}_{p_{r_{i+1}}} = a_{l_{r_{i+1}}}, \forall r \in R, i = 1,2,\cdots,n-1 \quad (8-11)$$

$$a_{l_{r_n}} + \bar{z}_{p_{r_l}} - \tilde{z}_{p_{r_l}} = a_{l_{r_l}}, \forall r \in R \quad (8-12)$$

$$\sum_{s \in S_r} \delta_{s,rl_{r_i}} y_s + a_{l_{r_i}} \leqslant \sum_{v \in V} C_{ap_v} x_{r,v}, \forall r \in R, \forall l_{r_i} \in l_r, i = 1,2,\cdots,n \quad (8-13)$$

$$y_s \geqslant 0, \forall s \in S \quad (8-14)$$

$$\bar{y}_{e_{od_k}} \geqslant 0, \forall e \in E \quad (8-15)$$

$$l_{r_i} \geqslant 0, \forall l \in L \quad (8-16)$$

$$\bar{z}_{p_{r_i}} \geqslant 0, \forall r \in R, p_{r_i} \in r \quad (8-17)$$

$$\tilde{z}_{p_{r_i}} \geqslant 0, \forall r \in R, p_{r_i} \in r \quad (8-18)$$

$$N_r \in Z^+ U, \forall r \in R \quad (8-19)$$

其中：式(8－3)和(8－4)保证目标式的变换是等价的；式(8－5)保证每条航线配置一种船舶或者取消运营；式(8－6)保证每艘船舶按照某种平均速度航行；式(8－7)使得每个运输需求都得到满足；式(8－8)指出每个航程上通过的箱量等于所有包含该航程的运输方案上运输箱量的总和；式(8－9)确保每个港口的空箱需求得到满足；式(8－10)保证了每周的发船频率，左边第一部分是重箱装卸时间，第二部分是空箱装卸时间，第三部分是航行时间，右边是航行周期的最大时间；式(8－11)和(8－12)保证每个港口空箱进出量保持平衡；式(8－13)是船舶的容量限制，左边第一部分是重箱量，第二部分为空箱量；式(8－14)～(8－19)是非负以及整数的约束。

五、结果分析

1. 计算结果分析

中海集运每周大约运输集装箱 10 万 TEU，按照上述对外贸易的比例，随机生成运输需求，每个需求的运输量在 50～150 TEU 之间，油价为 300 美元/t，装卸一个空箱为 40 美元，装卸一个重箱为 60 美元，码头装卸每个集装箱所需时间为0. 01 h。优化结果见表 8－5，可得每条航线上配置的船舶类型、船数、航行速度、运行时间及时间分布。其中，航线 13，15，19，23 由于冗余度高，且在平均每周10 万 TEU的运输量的状况下，没有动用到 18 000 TEU 集装箱船的船队运营，可暂停运营。

图 8－5 为航线配置图，图中线的粗细表示该航线上配置的船舶的大小，其中非洲、拉丁美洲、大洋洲航线配置的船舶的容量较小。

表 8-5　优化结果

航线	船舶类型	里程/n mile	船数/艘	速度/kn	运行时间/h	重箱装卸时间/h	空箱装卸时间/h	航行时间/h
1	3 000 TEU 集装箱船	13 062	5	17.5	840	65	29	746
2	8 000 TEU 集装箱船	11 966	6	16.0	1 008	189	71	748
3	3 000 TEU 集装箱船	12 072	5	16.5	840	104	4	732
4	3 000 TEU 集装箱船	23 060	8	18.5	1 344	78	20	1 246
5	5 000 TEU 集装箱船	24 658	9	18.0	1 512	126	16	1 370
6	3 000 TEU 集装箱船	26 650	9	18.5	1 511	21	49	1 441
7	3 000 TEU 集装箱船	21 783	7	19.5	1 176	29	30	1 117
8	3 000 TEU 集装箱船	25 633	8	19.5	1 344	28	1	1 315
9	3 000 TEU 集装箱船	24 385	8	18.5	1 344	22	4	1 318
10	3 000 TEU 集装箱船	23 904	8	18.0	1 344	10	6	1 328
11	3 000 TEU 集装箱船	21 873	8	17.5	1 344	91	3	1 250
12	3 000 TEU 集装箱船	21 817	8	18.0	1 344	114	18	1 212
13								
14	3 000 TEU 集装箱船	21 045	7	19.5	1 176	97	0	1 079
15								
16	3 000 TEU 集装箱船	21 499	7	19.5	1 176	66	7	1 103
17	3 000 TEU 集装箱船	11 761	4	18.5	672	33	3	636

表 8-5(续)

航线	船舶类型	里程/n mile	船数	速度/kn	运行时间/h	重箱装卸时间/h	空箱装卸时间/h	航行时间/h
18	3 000 TEU 集装箱船	12 360	5	18.0	839	116	36	687
19								
20	5 000 TEU 集装箱船	12 556	5	19.0	840	150	29	661
21	10 000 TEU 集装箱船	13 900	6	19.5	1 008	270	25	713
22	3 000 TEU 集装箱船	15 069	6	17.0	1 008	95	27	886
23								
24	5 000 TEU 集装箱船	19 912	8	17.0	1 344	161	12	1 171
25	3 000 TEU 集装箱船	18 557	6	19.5	1 008	51	5	952
26	3 000 TEU 集装箱船	18 430	6	19.0	1 008	34	4	970
27	3 000 TEU 集装箱船	16 975	6	18.0	1 008	33	32	943
28	3 000 TEU 集装箱船	14 802	5	18.0	840	17	1	822

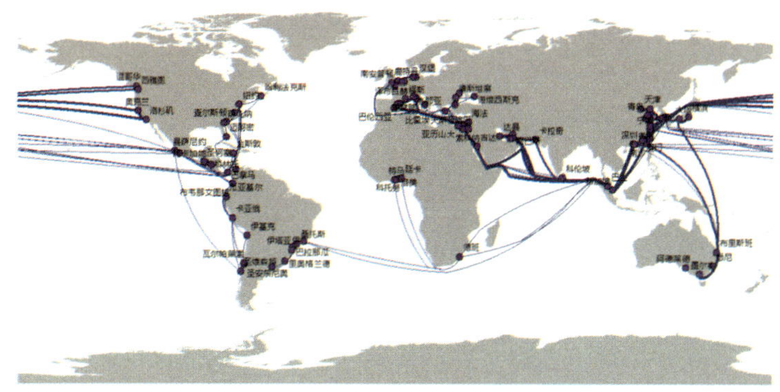

图 8-5　航线配置

同时，可以获得每条航线各个航段上运输的空箱量、重箱量，其中航线 2 挂港情况如图 8－6 所示。航线 2 上船舶平均舱位负载率为 85.9%，其中：空箱负载率为 23.5%；重箱负载率为 62.4%。

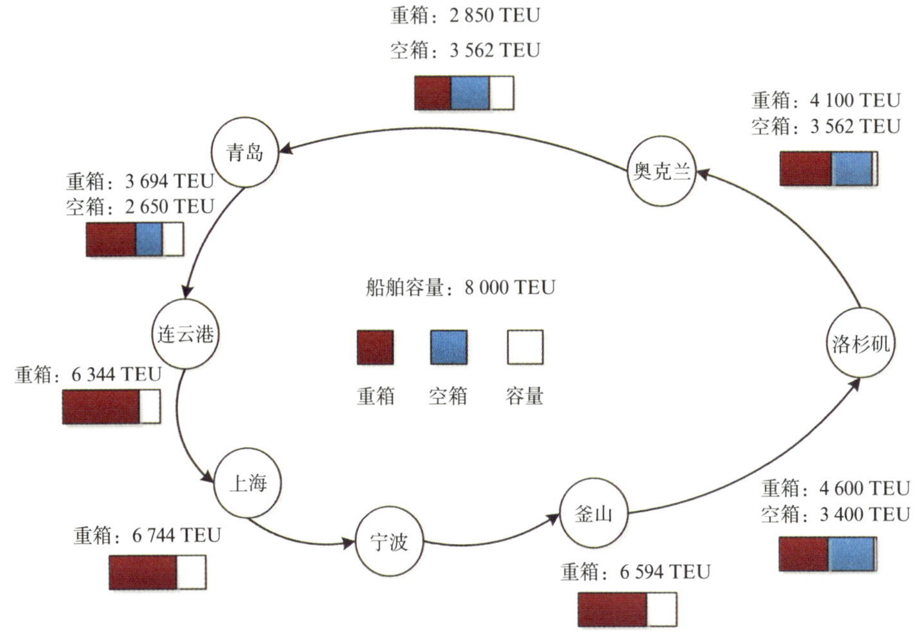

图 8－6　航线 2 挂港详细状况

中海集运每周重箱的总运输需求是 10 万 TEU，由于贸易不平衡，产生的港口空箱的绝对值为 43 800 TEU，空、重箱的运输量比值为 0.438。本章的模型将空箱和重箱混合运输，箱量经过航线流量分配后，所有航线各个航段上总运输的重箱量为530 363 TEU，空箱量为 175 950 TEU，空、重箱的比值为 0.332，有效地减少了空箱的运输量。

2. 运输量影响分析

针对每周集装箱运量从 10 万～20 万 TEU 进行分析，此时装卸效率为 100 TEU/h，油价为 300 美元/t，装卸一个空箱为 40 美元，装卸一个重箱为 60 美元，得出结果如表 8－6所示，关键数据分析如图 8－7 所示。由表 8－6 和图 8－7 可以看出：

(1) 随着运输量的增大，单箱成本不断降低。

(2) 随着运输量的增大，大型船舶配置数上升，目前中海集运的班轮网络完全能满足每周 20 万箱量的运输需求，航线 13 冗余度较高，可以取消运营。

(3) 随着运输量的增大,重箱装卸成本上升最快,燃油成本和船舶运行成本增长缓慢,空箱装卸成本增长最慢。

表 8-6　周运输量敏感性分析(优化结果)

主要要素	每周集装箱运量/万 TEU			
	10	12	15	20
总成本/美元	50 207 319	54 732 201	64 646 266	77 304 432
单位箱量成本/美元	502	456	430	386
船舶运行费/美元	22 861 320	24 108 830	28 318 320	31 943 610
船舶燃油费/美元	13 571 999	14 233 371	15 925 946	18 362 822
重箱装卸费/美元	12 006 000	14 406 000	18 006 000	24 006 000
空箱装卸费/美元	1 768 000	1 984 000	2 396 000	2 992 000
3 000 TEU 集装箱船/艘	174	171	124	97
5 000 TEU 集装箱船/艘	21	17	58	60
8 000 TEU 集装箱船/艘	14	16	24	32
10 000 TEU 集装箱船/艘	0	7	0	16
18 000 TEU 集装箱船/艘	0	0	8	9
冗余航线	13,15,19	13	13	13

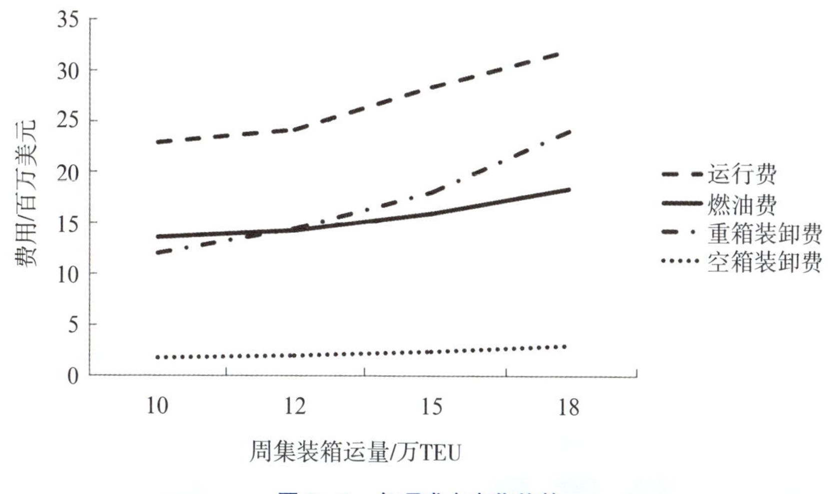

图 8-7　各项成本变化趋势

3. 码头装卸速度分析

针对码头装卸集装箱的效率为 100 TEU/h,200 TEU/h 和 300 TEU/h 的变化进行分析,此时,油价为 300 美元/t,装卸一个空箱为 40 美元,装卸一个重箱为 60 美元。得出结果如表 8-7 所示,关键数据分析如图 8-8 所示。由表 8-7和图 8-8可以看出:

(1) 码头装卸速度的提升,使得装卸时间在整个航行周期中占的比例有了明显的降低。

(2) 码头装卸速度的提升对集装箱运输路径基本没有影响,空箱、重箱的装卸费用基本没有变化。

(3) 装卸时间的减少,使得整个航行周期缩短,需要配置的船舶数量降低,使得班轮公司的总成本降低。

表 8-7 港口装卸效率敏感性分析(优化结果)

主要要素	港口装卸效率/(TEU/h)		
	100	200	300
总成本/美元	51 234 490	54 732 201	55 040 579
装卸时间占比/%	3	5.7	8.3
船舶运行费/美元	23 277 450	25 085 320	27 204 190
船舶燃油费/美元	14 257 040	14 337 038	14 136 389
重箱装卸费/美元	12 008 000	12 008 000	12 008 000
空箱装卸费/美元	1 692 000	1 692 000	1 692 000
3 000 TEU 集装箱船/艘	165	174	183
5 000 TEU 集装箱船/艘	18	19	22
8 000 TEU 集装箱船/艘	23	27	31
10 000 TEU 集装箱船/艘	0	0	0
18 000 TEU 集装箱船/艘	0	0	0

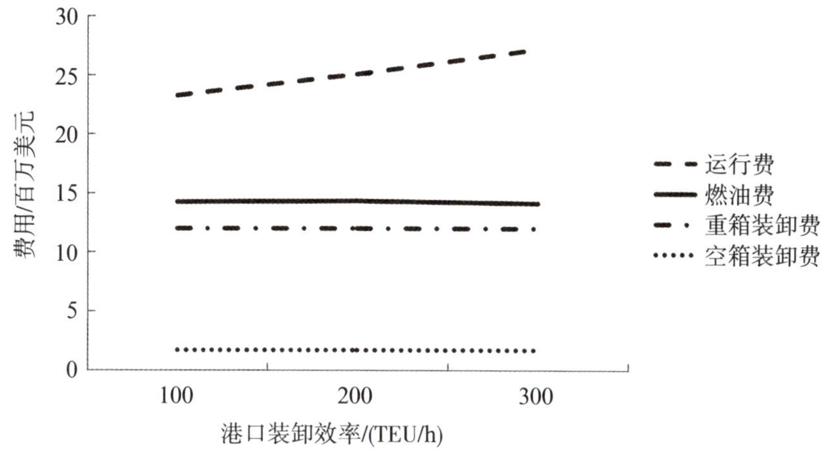

图 8－8　各项成本变化趋势

4. 燃油价格分析

针对燃油价格每吨为 300 美元、500 美元和 700 美元的变化进行分析，此时，装卸一个空箱为 40 美元，装卸一个重箱为 60 美元，码头装卸每个集装箱所需时间为0.01 h。得出结果如表 8－8 所示，关键数据分析如图 8－9 所示。由表 8－8 和图 8－9 可以看出：

(1) 油价的上升对集装箱运输路径基本没有影响，空箱、重箱的装卸费用基本没有变化。

(2) 油价的上升直接造成了船舶燃油费用的上升。

(3) 油价的上升迫使船舶选择低速航行以减少燃油费用，但是会延长整个航行周期，需要配置的船舶数量会增多，这意味着将一部分燃油费用转嫁至船舶运行费，从而达到整体最优。

表 8－8　燃油价格敏感性分析(优化结果)

主要要素	燃油价格/(美元/t)		
	300	500	700
总成本/美元	51 234 490	59 300 238	65 706 406
船舶运行费/美元	23 277 450	28 207 290	30 556 100
船舶燃油费/美元	14 257 040	17 392 948	21 450 306
重箱装卸费/美元	12 008 000	12 008 000	12 008 000
空箱装卸费/美元	1 692 000	1 692 000	1 692 000
3 000 TEU 集装箱船/艘	165	203	220

表 8-8(续)

主要要素	燃油价格/(美元/t)		
	300	500	700
5 000 TEU 集装箱船/艘	18	21	23
8 000 TEU 集装箱船/艘	23	27	29
10 000 TEU 集装箱船/艘	0	0	0
18 000 TEU 集装箱船/艘	0	0	0

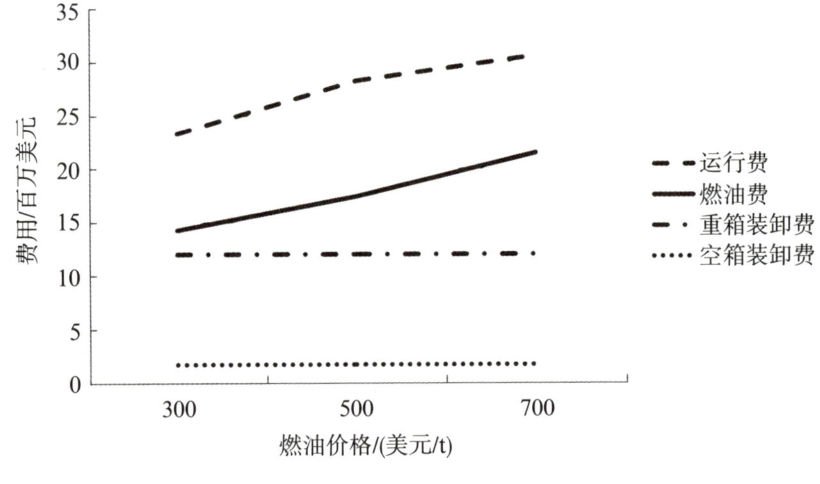

图 8-9　各项成本变化趋势

第二节　排放控制区限制下的班轮优化

在环境保护越来越受到重视的今天，航运过程中产生的碳排放量也越来越受到关注，碳排放量跟燃油的消耗量有关，而燃油消耗量又与船速息息相关，但是从燃油价格敏感度分析结果来看，尽管燃油价格从每吨 300 美元涨到每吨 600 美元，但是船舶的配置没有明显的增多，这意味着船速没有明显的下降，所以，纯市场调控对节能减排收效甚微。

一、排放控制区空间划分方法

排放区域的界定涉及空间位置的划分，而影响排放区域界定的空间因素有港口的位置及其影响范围、岛礁等海上标志物的影响范围以及海域的划分，将这些影响要素综合叠加后，再分析对航线上船舶航行的影响，如图 8－10 所示。

因此，本节用到的空间分析方法为缓冲区分析和叠置分析。

1. 缓冲区分析

缓冲区分析是 GIS 中使用非常频繁的一种空间分析方法，是对空间特征进行度量的一种重要方法。公共设施（如商场、邮局、影院、银行、医院、汽车站）的服务半径，大型水库建设所引起的搬迁，铁路、公路以及航行河道对其所穿越区域经济发展的重要性等，均是一个缓冲区问题。缓冲区是地理目标的一种影响范围或服务范围（临近度问题），是地图信息检索与综合处理和 GIS 空间分析的重要功能，缓冲区信息处理在现实生活中有广泛的应用，例如：在环境与生态保护中，废气对森林生态的危害随着林区远离公路而减弱，飞机场跑道区域的噪声污染引起对附近居民的赔偿，野生动物栖息区域距它们生存所需要的水源的范围；在规划和决策中，道路规划中所涉及的地形带，地下管线铺设时的施工地带，微波通信山头站之间的断面条形地带，公园和疗养地的选址等。

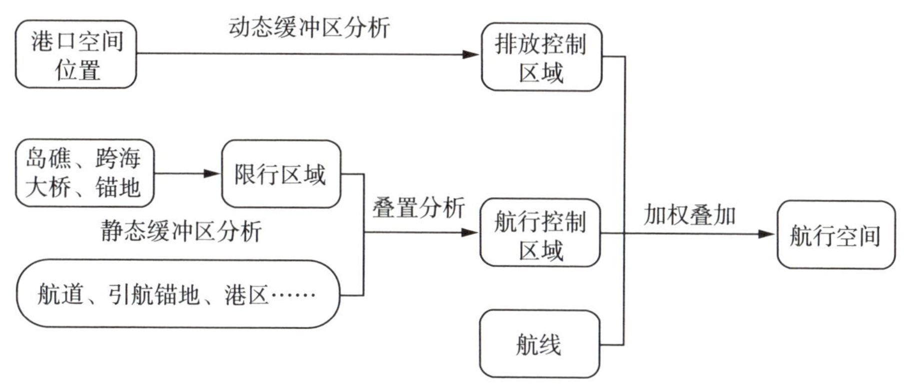

图 8－10　航行空间划分的空间分析流程

2. 叠置分析

空间叠置分析是将同一地区、同一比例尺的两组或更多的专题图层相叠加，按照空间逻辑的并、交、差进行运算，对叠置分析范围内的属性进行综合分析评定，从而满足用户需求和协同决策的一种方法。地图的叠加，按直观概念就是将两幅或多幅地图重叠在一起，产生新数据层和新数据层上的属性。新数据层或新数据层上的属性就是各叠加地图上相应位置处各属性的函数。多层数据的叠置分析，不仅产生新的空间关系，而且产生新的属性特征关系，能够发现多层数据间的相互差异、联系和变化等特征。

二、缓冲区生成模型及算法

缓冲区生成分为点、线和面 3 种空间实体，各实体的缓冲区生成总体上分为单个目标缓冲区的生成和多个目标缓冲区的重叠合并两个阶段。本章在角平分线算法和凸角圆弧算法的基础上，采用缓冲区半径旋转生成算法，通过缓冲区半径分别绕组成目标对象的各点旋转生成目标缓冲区边界，这简化了缓冲区边界的生成过程。另外，对缓冲区生成过程中出现的特殊情况进行处理，并应用递归方法管理和存储缓冲区边界的自相交多边形。

1. 缓冲区扩散模型

缓冲区扩散模型包括静态缓冲区模型和动态缓冲区模型。

静态缓冲区是指空间实体与邻近对象只呈单一的距离关系，缓冲区内各点地位相等，其所受影响并不随距离空间实体的远近而有所改变。例如，在工业区选址时，为减少水质污染必须远离某一湖泊 2 km，则为此湖泊建立一个宽度为 2 km 的缓冲区，在此缓冲区内的各点都不能作为工业区地址。

动态缓冲区是指空间实体对邻近对象的影响度随距离变化而呈不同强度的扩散或衰减。例如，要分析某一湖泊周围农田的灌溉便捷度，就需要对此湖泊建立动态缓冲区，缓冲区内与空间物体距离不同的地方，灌溉便捷度不同，离湖泊越远，便捷度越差。动态缓冲区生成是针对流域问题和污染问题两类特殊情况提出的：在流域问题中，从流域上游的某一点出发沿流域下溯，河流的影响半径或流域辐射范围逐渐扩大；在污染问题中，污染源对邻近对象的影响程度随距离增大而逐渐减小。

针对动态缓冲区问题，根据源点对邻近对象的影响度 F_i 随距离 d_i 的增大而衰减的性质，分别有线性衰减模型、二次衰减模型和指数衰减模型 3 种动态缓冲区分析模型，如图 8－11 所示。

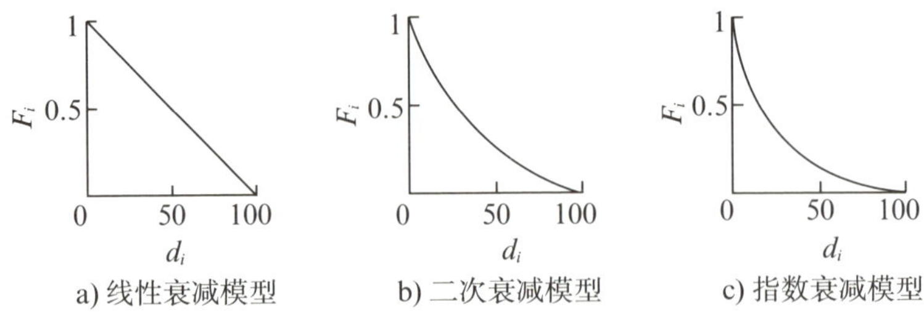

图 8－11　动态缓冲区分析模型

在以下各模型的表达式中：f_0 为参与缓冲区分析的空间实体的综合规模指数，一般经最大标准化后参与运算；d_0 表示空间实体的最大影响距离；d_i 表示在空间实体最大影响距离内的某点距该空间实体的实际距离。

1）线性衰减模型

当用于源点对邻近对象的影响度 F_i 随距离 d_i 的增大而呈线性形式衰减时，如图 8－11a)所示，其表达式为

$$\begin{cases}F_i = f_0(1-r_i)\\ r_i = d_i/d_0\\ 0 \leqslant r_i \leqslant 1, d_0 \neq 0\end{cases} \tag{8-20}$$

2）二次衰减模型

当用于源点对邻近对象的影响度 F_i 随距离 d_i 的增大而呈二次形式衰减时，如图 8－11b)所示，其表达式为

$$\begin{cases}F_i = f_0\ (1-r_i)^2\\ r_i = d_i/d_0\\ 0 \leqslant r_i \leqslant 1, d_0 \neq 0\end{cases} \tag{8-21}$$

3）指数衰减模型

当用于源点对邻近对象的影响度 F_i 随距离 d_i 的增大而呈指数形式衰减时，如图 8－11c)所示，其表达式为

$$\begin{cases}F_i = f_0^{1-r_i}\\ r_i = d_i/d_0\\ 0 \leqslant r_i \leqslant 1, d_0 \neq 0\end{cases} \tag{8-22}$$

2. 缓冲区空间构建算法

在空间信息系统中，空间目标分为点目标、线目标、面目标，以及点、线、面目标任意组合而成的复杂目标。空间目标的缓冲区包括点目标缓冲区、线目标缓冲区、面目标缓冲区和复杂目标缓冲区，其中：点目标缓冲区是指围绕该目标的半径为缓冲距圆周所包围的区域；线目标缓冲区是指沿线目标的两侧距离不超过缓冲距的点组成的区域；面目标缓冲区是指沿该目标边界线内侧或外侧距离不超过缓冲距的点组成的区域；复杂目标缓冲区是指经过复杂的计算和判断生成的一个复杂多边形或多边形集合。

1）点目标缓冲区的生成

点目标缓冲区是以点状目标为圆心，以缓冲距为半径所绘制的区域，不同点状目标的缓冲半径可以不一样。当 2 个或 2 个以上点状目标相距较近，或者缓冲距较大时，其缓冲区可能部分重叠。

以缓冲距为半径绕点目标旋转，求得用于近似表示点目标缓冲区边界的内接

正 N 边形(文中为正十边形)的各顶点坐标,再连接各顶点得到的多边形,如图 8－12 所示。

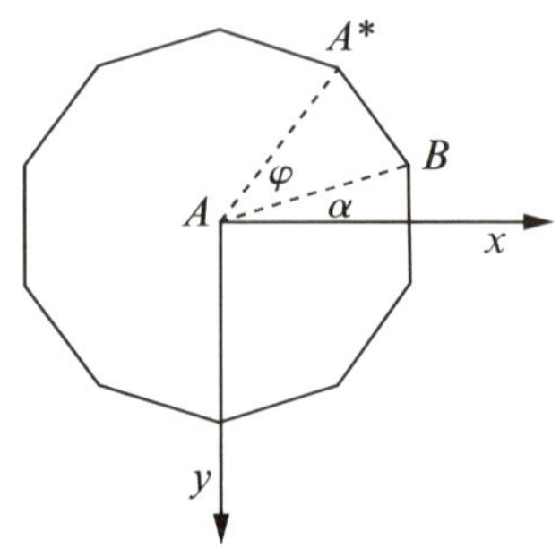

图 8－12　点目标缓冲区生成原理

在图 8－12 中,采用半径旋转生成算法,作点目标 A 的缓冲区边界多边形,在 A 所在平面上任取一点 B,连接 A,B 两点构成向量$\overrightarrow{AB}$且模$|\overrightarrow{AB}|$等于缓冲半径 r,设向量$\overrightarrow{AB}$绕 A 点沿顺时针方向旋转到 x 轴正半轴所扫过的角度为 α,于是,已知圆心 $A(x_A,y_A)$(待生成缓冲区中心点),由向量$\overrightarrow{AB}$绕 A 点逆时针旋转角度 φ,根据式(8－23)可求得圆上任意点 $A^*(x_A^*,y_A^*)$。显然,等分的圆心角越小,步长越小,误差越小;等分的圆心角越大,步长越大,误差越大。因此,点目标缓冲区实际上就是一个圆,是由具有一定拟合精度的正 N 边形生成的,其中正 N 边形的边长取决于缓冲半径 r 和正 N 边形对圆的拟合精度 δ。

$$\begin{cases} x_A^* = x_A + r\cos(\alpha+\varphi) \\ y_A^* = y_A + r\sin(\alpha+\varphi) \end{cases} \tag{8-23}$$

在图 8－12 中,设已知圆弧上的一点 $E(x_e,y_e)$,以 A 点为圆心、r 为半径顺时针旋转 180°得圆弧 EC,拟合正 N 边形角点计算公式如下:

$$\Delta\alpha = 2\arccos(1-\delta/r), N = \left[\frac{360^\circ}{\Delta\alpha}\right] \tag{8-24}$$

如果分别取旋转角 $\varphi=0,\gamma,2\gamma,\cdots,(N-1)\gamma$,这里 γ 为步长,由正 N 边形的边数决定,即 $\gamma=2\pi/N$,那么就可依次得到用于近似表示点目标缓冲区边界(圆)的内接正 N 边形的各顶点坐标。

2) 线目标缓冲区的生成

线目标缓冲区的生成分为单个线状目标缓冲区的独立生成和所有线状目标缓冲区的重叠合并两个阶段,如图 8－13 所示。

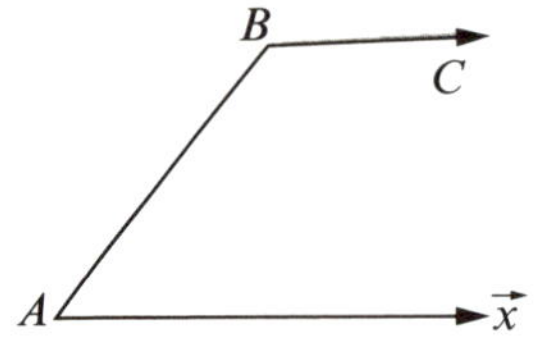

a) 输入线要素

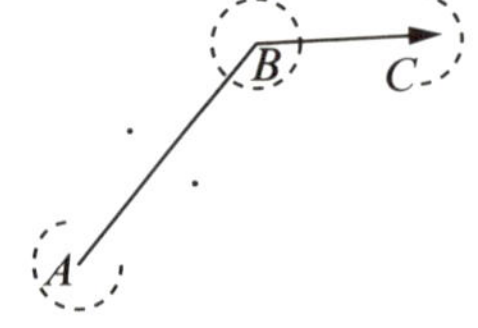

b) 在线要素周围创建的偏移

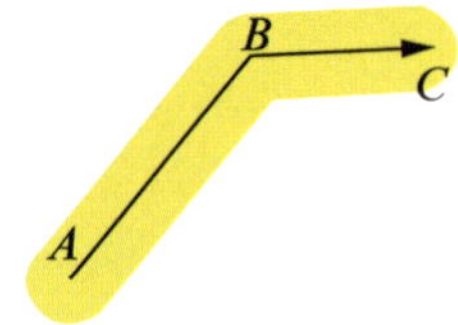

c) 通过偏移获得的缓冲区

图 8－13　线目标缓冲区的生成

线目标的缓冲区是以线状目标为参考轴线，离开轴线向两侧沿法线方向平移一定距离，并在线端点处以光滑曲线(如半圆弧)连接所得到的点组成的封闭区域。算法的基本思想是：在轴线的两端用以半径为缓冲距的圆弧拟合；在轴线的各转折点，首先判断该点的凹凸性，在凸侧用以半径为缓冲距的圆弧拟合，在凹侧，首先判断与凹点相关联的线的长度，如果线长小于缓冲半径，则去掉此线，直接求后面的缓冲区，否则用与该点关联的前后两相邻线段的偏移量为缓冲距的两平行线的交点作为对应顶点，最后进行自相交处理以区别缓冲区的外边界和岛边界。具体实现过程如下。

轴线上端点的缓冲区生成：连接轴线上的首端点(第 0 点)与下一结点(第 1 点)构成向量$\overrightarrow{AB}$，按上述点目标的缓冲区半径旋转生成算法思想，旋转角 φ 从 $<\overrightarrow{AB},\vec{x}>+\frac{\pi}{2}$ 开始，按步长 $\gamma=2\pi/N$ 逆时针递增取点，直到 $\varphi=<\overrightarrow{AB},\vec{x}>+\frac{3\pi}{2}$，生成了线目标的缓冲区边界多边形上 $N/2$ 个缓冲点。

轴线上拐点的缓冲区生成：首先，判断拐点 B 的凹凸性。连接 A,B 和 B,C 分别构成向量$\overrightarrow{AB}$和$\overrightarrow{BC}$。设两向量的叉积为 L，由矢量代数可知：当 $L>0$ 时，A,B 和 C 三点为逆时针方向，拐点 B 为凸点；当 $L<0$ 时，A,B 和 C 三点为顺时针方向，拐点 B 为凹点；当 $L=0$ 时，A,B 和 C 三点共线。设向量$\overrightarrow{BC}$绕 B 点顺时针方向旋转到 x 轴正半轴所扫过的角为 α，向量$\overrightarrow{AB}$与$\overrightarrow{BC}$的夹角为 σ。如果拐点为凸点，则该点对应的缓冲区边界用缓冲半径等于 r 的圆弧连接(用正 N 边形的边近似表示)，方法类似轴线的首端点的缓冲区生成，由向量$\overrightarrow{BC}$绕 B 点逆时针旋转而求得对应该点在线目标缓冲区边界线上的所有缓冲结点。旋转角 φ 从 $\theta=\alpha+3\pi/2-\sigma$ 开始，按步长 $\gamma=2\pi/N$ 逆时针递增取点($\theta,\theta+\gamma,\theta+2\gamma,\cdots$)，直到向量$\overrightarrow{BC}$绕 B 点旋转 $3\pi/2$。如果拐点为凹点，则该拐点对应的缓冲点为分别平行向量$\overrightarrow{AB}$和$\overrightarrow{BC}$的两平行线的交点 $B^*(x_B^*,y_B^*)$，交点 B^* 可由向量$\overrightarrow{BC}$绕 B 点逆时针旋转角度 $\alpha-(\pi-\alpha)/2$ 求得。如果 A,B 和 C 三点共线，则不作任何处理。

轴线上末端点的缓冲区生成：轴线上末端点的右侧缓冲区生成方法与作首端点的右侧缓冲区相同。连接末端点和轴线上倒数第二点，构成向量$\overrightarrow{BC}$，旋转角 φ 从 $<\overrightarrow{BC},\vec{x}>-\frac{\pi}{2}$ 开始，按步长 $\gamma=2\pi/N$ 逆时针递增取点，直到 φ 等于 $<\overrightarrow{BC},\vec{x}>+\frac{\pi}{2}$，生成了线目标的缓冲区边界多边形上 $N/2$ 个缓冲点。

以轴线为基准按照半径 r 向两边扩展，并与端点的缓冲区合并构成线条的完整缓冲区。

3) 面目标缓冲区的生成

对于面目标，可以生成面扩张(外侧)缓冲区和面收缩(内侧)缓冲区，如果把面状物体的边界看成是一条闭合的线，那么面目标缓冲区就可以看作是这个闭合线的线双侧缓冲区边界与面的边界所围成的区域。落在面外的部分，即为面扩张缓冲区；包含在面里的部分，即为面收缩缓冲区。因此，关于面目标缓冲区的生成算法，可以按线目标的左侧或右侧缓冲区生成算法思想进行处理，且不用单独考虑首末端点处的缓冲边界，只需按照求 3 个连续顶点的中间拐点处缓冲区边界的方法处理即可。然后将面目标边界作为内环或外环，与经过自相交处理后的线目标缓冲区边界，一起参与最终的面目标缓冲区（复杂多边形）的重构。

三、叠置分析模型与算法

叠置分析就是一个将多个数据层叠加的过程，其中每个数据层中都包含可能感兴趣的一些空间要素的对象，最终会整合成一个综合性要素的数据图层。该图层包括用于合并的原多个图层的所有数据信息。同时，该图层的属性数据是通过用于叠置的各个数据层的原始属性数据利用简单的逻辑合并的方法或者复杂的函数运算方式组合而成的结果。

1. 叠置分析模型

简单地说，叠置分析就是将层（对象）与层（对象）叠加合并，再结合各种逻辑运算方式分析出各个层（对象）之间存在的关联规则和内容。

在图 8－14 中，将道路（线）和植被类型（多边形）相叠加以创建新的线要素类，并且同时将两个原始图层的属性指定给每个线要素。这些线已在与多边形相交处被分割，并通过与每条线相关联的植被类型进行了符号化处理。

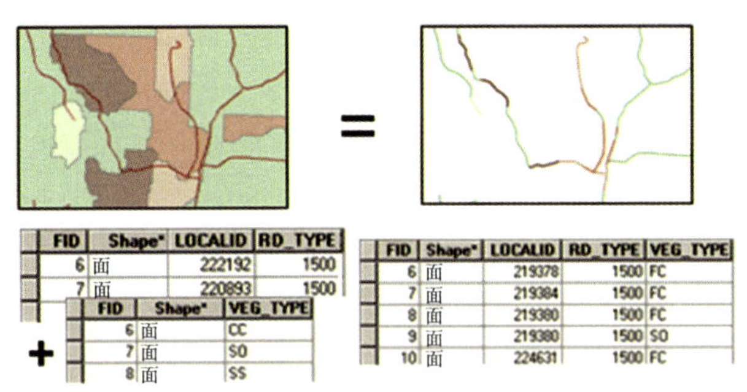

FID	Shape*	LOCALID	RD_TYPE
6	面	222192	1500
7	面	220893	1500

+

FID	Shape*	VEG_TYPE
6	面	CC
7	面	SO
8	面	SS

=

FID	Shape*	LOCALID	RD_TYPE	VEG_TYPE
6	面	219378	1500	FC
7	面	219384	1500	FC
8	面	219380	1500	FC
9	面	219380	1500	SO
10	面	224631	1500	FC

图 8－14　道路和植被的叠置分析

使用叠置分析可将多个数据集的特征合并为一个特征。然后，可查找具有某一特定组属性值的特定位置或区域。经常使用此方法查找适用于特定用途的位置或容易遭受影响的位置。

通常，有两种方法可用于执行叠置分析：要素叠加（叠加点、线或面）和栅格叠加。某些类型的叠置分析本身就需要这两种方法之一。通常，最好使用栅格叠加来完成满足某种条件的查找位置的叠置分析(尽管使用要素数据也可达到此目的)。当然,这还取决于数据已被存储为要素还是栅格。为执行叠置分析而将数据从一种格式转换为另一种格式的做法可能是值得的。

1）要素叠加

要素叠加中的关键元素是输入图层、叠加图层和输出图层。叠加功能在输入图层中的要素被叠加图层中的要素叠置处,对该输入图层中的要素进行分割。在面相交处创建新的区域。如果输入图层包含线,则将在面与线的交叉处分割线。这些新要素存储在输出图层中,也就是说并未修改原始输入图层。叠加图层中的要素属性和来自输入图层的原始属性一起被指定给输出图层中相应的新要素。

图 8－15 是线与面的叠加示例。线在面的边界被分割,每个生成的线要素都具有原始线要素的属性加上它落入的面的属性。

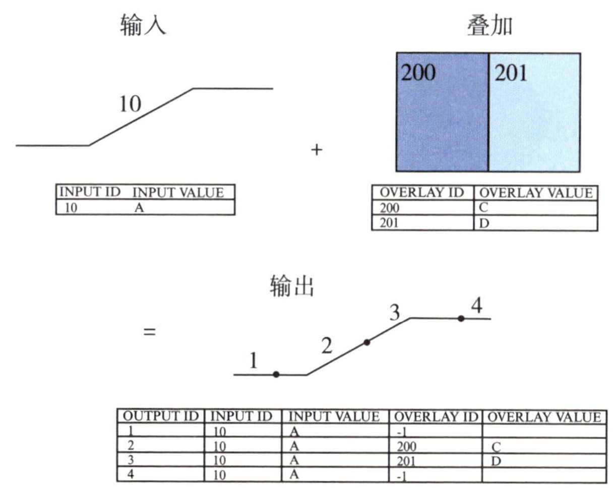

INPUT ID	INPUT VALUE
10	A

OVERLAY ID	OVERLAY VALUE
200	C
201	D

OUTPUT ID	INPUT ID	INPUT VALUE	OVERLAY ID	OVERLAY VALUE
1	10	A	-1	
2	10	A	200	C
3	10	A	201	D
4	10	A	-1	

图 8－15　线与面的叠加示例

2）栅格叠加

在栅格叠加中,每个图层的每个像元都引用相同的地理位置。这使其非常适用于将许多图层的特征合并到单一图层中的操作。通常,通过将数值指定给每个特征,便可以用数学方式合并图层并将新值指定给输出图层中的每个像元。

图 8－16 是通过相加创建栅格叠加的示例。将两个输入栅格相加以创建一个具有各像元值之和的输出栅格。

此方法通常用于按适宜性或影响为属性值排列等级,然后将这些属性值相加以便为每个像元生成一个总等级;也可为各个图层指定相对重要性以创建权重等级(在与其他图层相加之前,每个图层中的等级乘以该图层的权重值)。

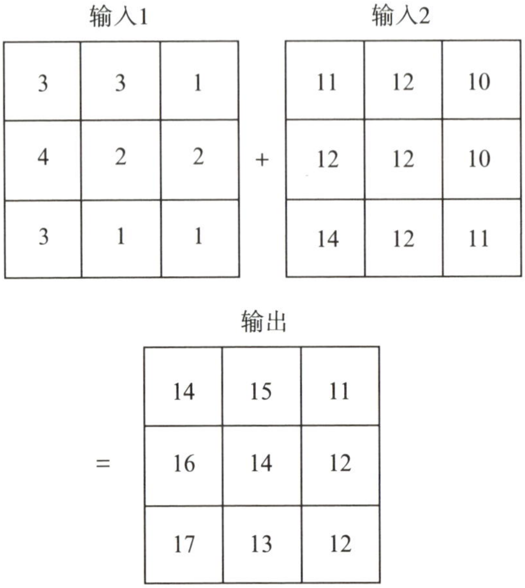

输入1

3	3	1
4	2	2
3	1	1

+

输入2

11	12	10
12	12	10
14	12	11

=

输出

14	15	11
16	14	12
17	13	12

图 8－16　相加创建栅格叠加

图 8－17 是针对适宜性建模的使用加法的栅格叠加示例。3 个栅格图层(陡坡、土壤和植被)为开发适宜性排列等级，等级范围是 1 至 7。这些图层相加后(底部图示)，每个像元的等级排列范围是 3 至 21。也可基于来自多个输入图层的值的唯一组合，为输出图层中的每个像元指定一个值。

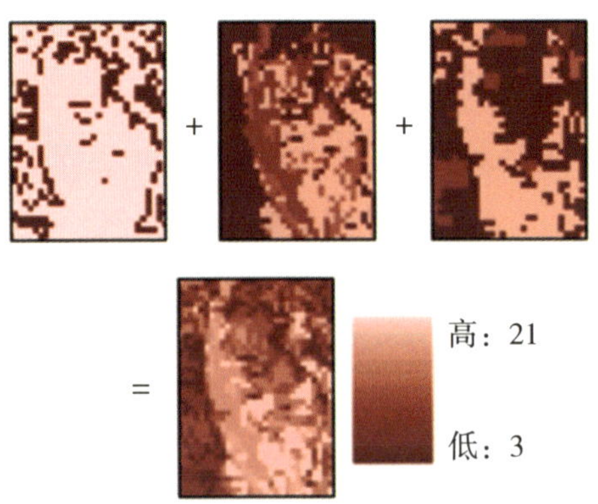

图 8－17　栅格叠加

2. 叠置分析方法

矢量叠加主要有 5 种类型，它们的区别在于允许叠加的要素类型、是否可以一次叠加多个图层以及在输出图层中保留哪个输入要素和叠加要素，如表 8－9 所示。

表 8－9　叠置分析类型

输入要素	叠加要素	操作要点	结果
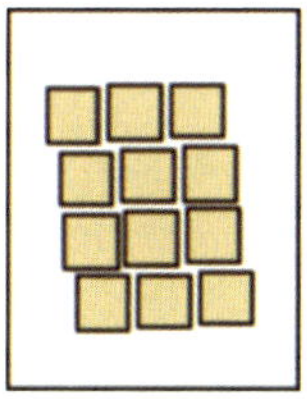	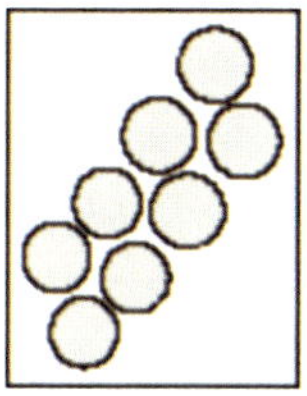	标识 输入要素，通过叠加要素分割	
	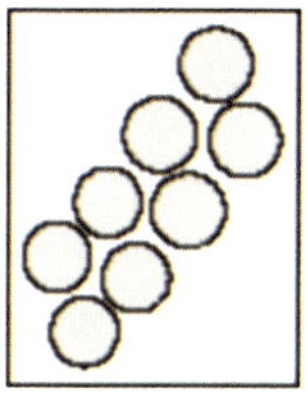	相交 仅包含所有输入图层共有的要素	
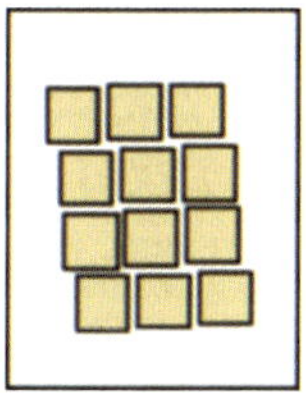	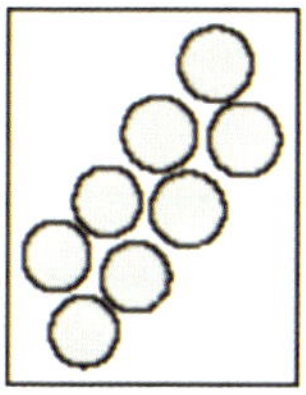	交集取反 输入图层共有的要素或叠加图层共有的要素，但不是两者	
	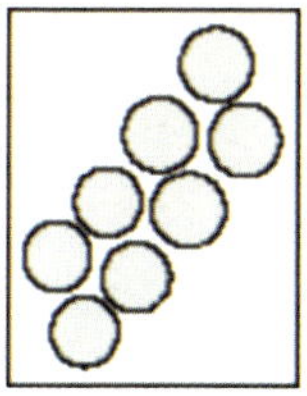	联合 所有输入要素	
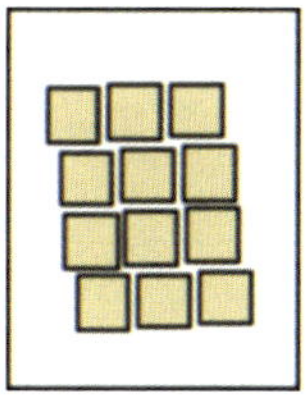	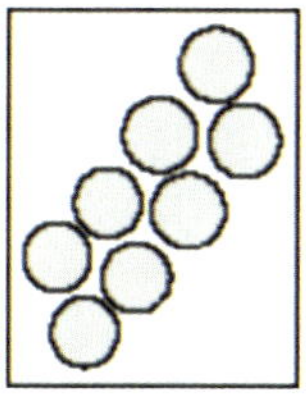	更新 由更新图层替换的输入要素	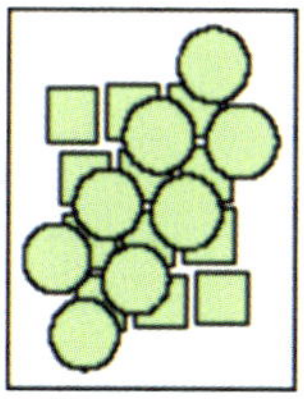

1）线与多边形叠加

线与多边形的叠加，是比较线上坐标与多边形坐标的关系，判断线是否落在多边形内。计算过程通常是计算线与多边形的交点，只要相交，就产生一个结点，将原线打断成一条条弧段，并将原线和多边形的属性信息一起赋给新弧段。叠加的结果产生了一个新的数据层面，每条穿过多边形的线被打断成新弧段图层，同时产生一个相应的属性数据表记录原线和多边形的属性信息。根据叠加的结果可以确定每条弧段落在哪个多边形内，可以查询指定多边形内指定线穿过的长度。如果线状图层为河流，叠加的结果是多边形将穿过它的所有河流打断成弧段，可以查询任意多边形内的河流长度，进而计算河流密度等；如果线状图层为道路网，叠加的结果可以得到每个多边形内的道路网密度、内部的交通流量、进入或离开各个多边形的交通量、相邻多边形之间的相互交通量等。

2）多边形与多边形叠加

多边形与多边形叠加是将两个或多个多边形图层进行叠加产生一个新多边形图层的操作，其结果是将原来多边形要素分割成新要素，新要素综合了原来两层或多层的属性。可以把多边形叠加归结为多边形（面图元）与多边形（面图元）的交、并和差的问题。平面多边形可以看成是平面上线段的集合，判定两个多边形是否相交的问题可以转换为判断两个线段集合中的线段是否相交的问题。当通过某种方法计算出两个多边形的全部交点后，截取其中一个多边形位于另一个多边形之内的部分。

如图 8－18 所示，输入要素多边形 A（实线表示）和叠加要素多边形 B（虚线表示）进行叠加，A 与 B 的交点可以分为 2 种：一种是输入要素多边形 A 的边界沿其走向经此交点进入叠加要素多边形 B，把此类交点称为入点；另一种是 A 的边界经此点离开 B 内部，称此类交点为出点。作为叠加图元边界的一部分，A 的边界上位于 B 内部的部分弧段，都是始于入点、止于出点的，并且这些入点和出点都是交替成对出现的。每一对交点之间的部分就是叠加图元位于被叠加图元之内的应予以截取的部分。据此就得到计算多边形叠加的一般方法：

（1）按一定方向记录多边形顶点坐标串（内、外环方向相反）。

（2）计算出全部交点，并识别入点和出点。

（3）从叠加多边形边界中提取始于入点而止于出点的边界。

（4）从被叠加多边形边界中提取始于出点而止于入点的边界。

（5）根据交点之间的连接关系，形成闭合多边形，即为叠加多边形。

对于没有相交点的包含或被包含情况，处理方法比较简单，可通过两图元的最小包围矩形（minimum bounding rectangle, MBR）之间的包含与被包含关系，以及顶点是否在多边形内部进行判断。

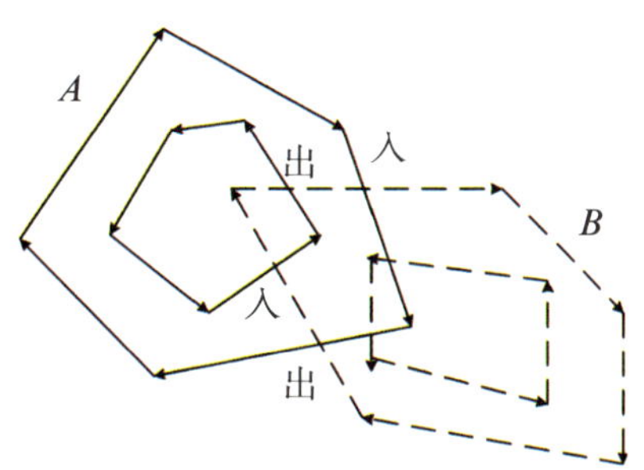

图 8-18　多边形与多边形叠加

四、基于海上地物和港口限制的排放控制区划分

1. 海上地物对排放控制区的影响

以长三角区域为示例研究排放区域的空间划分，选取了与排放区域关系较大的锚地、跨海大桥、航道、港区、禁航区、岛礁、引航区域、海域、陆地这 9 个图层开展研究，数据来源于电子海图，部分图层如图 8-19 所示。

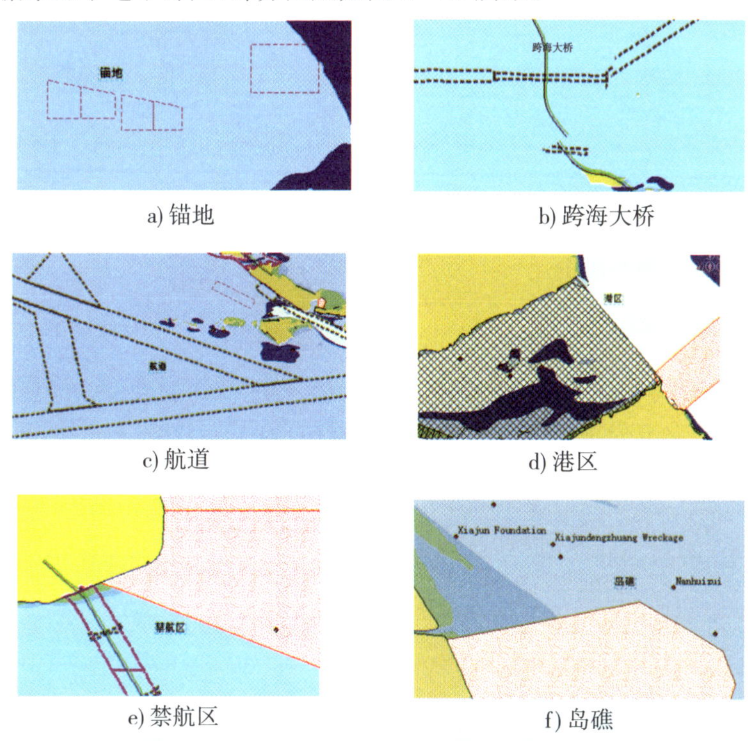

a) 锚地　b) 跨海大桥　c) 航道　d) 港区　e) 禁航区　f) 岛礁

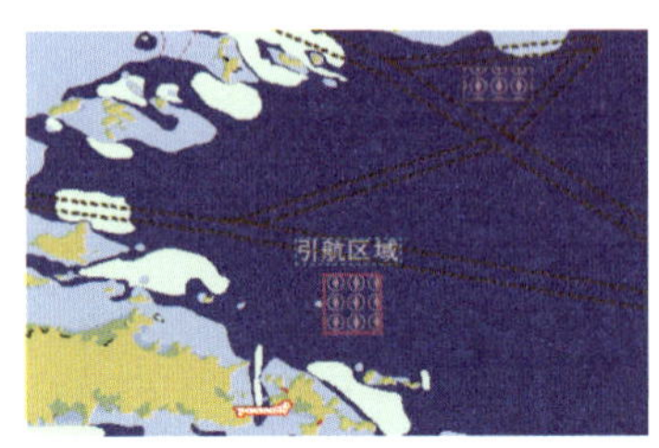

g) 引航区域

图 8 – 19　海图图层标注

整个长三角区域的重点图层如图 8 – 20 所示。

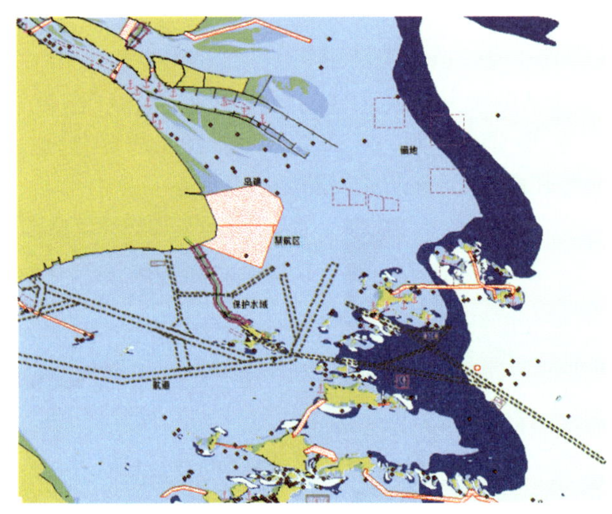

图 8 – 20　长三角区域电子海图

各个图层的类型如表 8 – 10 所示。总体思路为：对点状和线状图层先进行静态缓冲区计算，然后对面状缓冲区进行属性赋值，对于面状图层而言，直接进行属性赋值、栅格化后，进行空间叠置分析。

表 8 – 10　参与计算的图层类型

图层	类型
锚地	点
跨海大桥	线
航道	面

表 8-10(续)

图层	类型
港区	面
禁航区	面
岛礁	点
引航区域	面
海域	面
陆地	面

步骤 1：缓冲区分析

锚地缓冲区以半径 3 km 为影响范围进行计算，结果如图 8-21 所示。

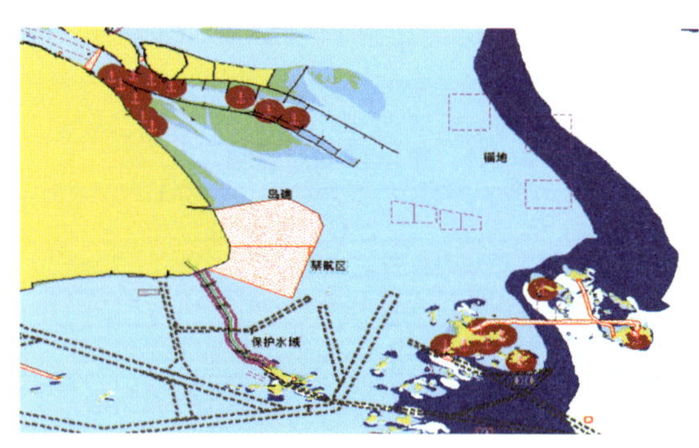

图 8-21　锚地缓冲区分析

岛礁缓冲区以半径 1.5 km 为影响范围进行计算，结果如图 8-22 所示。

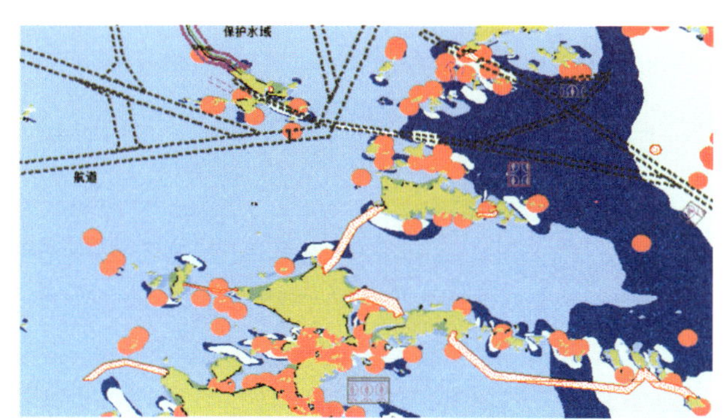

图 8-22　岛礁缓冲区分析

跨海大桥以半径 1 km 为影响范围进行计算，结果如图 8－23 所示。

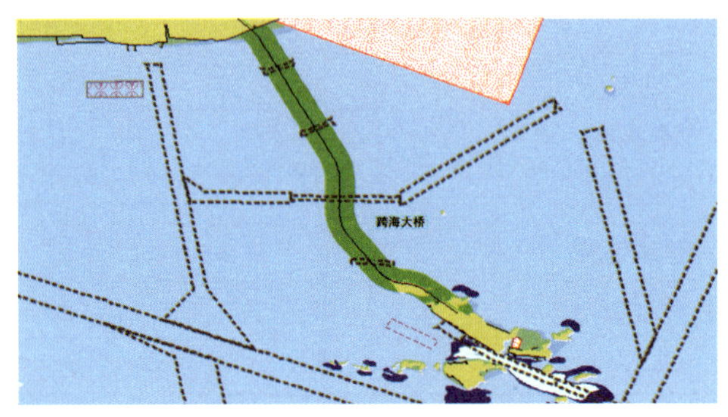

图 8－23　跨海大桥的缓冲区分析

步骤 2：区域限制属性赋值

对各经过处理的面状图层进行排放限制属性赋值，如表 8－11 所示，值越高表示限制得越严格。

表 8－11　排放限制属性值

图层名称	排放限制属性值
陆地	999
海域	0　（水深≥30 m） 10　（30 m>水深≥20 m） 20　（水深<20 m）
锚地	10
跨海大桥	20
航道	－5
港区	30
禁航区	100
岛礁	10
引航区域	20

步骤 3：矢量图层栅格化

以边长 1 km 为半径将上述面状图层进行栅格化，并以排放限制属性值为栅格值，计算结果如图 8－24 所示。

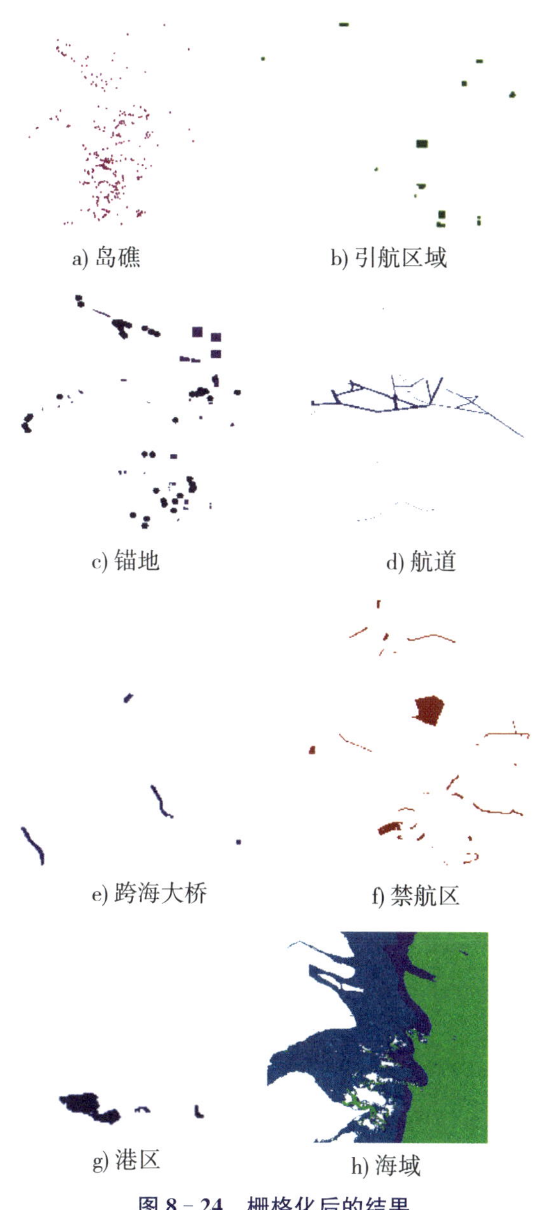

a) 岛礁　b) 引航区域

c) 锚地　d) 航道

e) 跨海大桥　f) 禁航区

g) 港区　h) 海域

图 8-24　栅格化后的结果

步骤 4：栅格图层叠置计算

将以上 8 个栅格图层加上陆地图层进行叠置计算，将各排放限制属性值进行求和计算，结果如表 8-12 所示。

表 8－12　栅格叠置计算结果

排放限制属性值	格网数/个	排放限制属性值	格网数/个
0	41 529	110	36
10	4 590	115	2
15	614	120	532
20	16 362	130	52
25	15	140	15
30	1 622	150	80
35	5	160	2
40	329	170	2
45	3	999	14 288
50	162	1 009	304
60	38	1 019	20
70	3	1 099	1
100	56		

对每个网格的排放限制属性值进行计数统计，如图 8－25 所示，主要分布在 3 个区域：陆地区域，限制航行；远洋区域，不受限制；近洋区域，有明显几类划分。

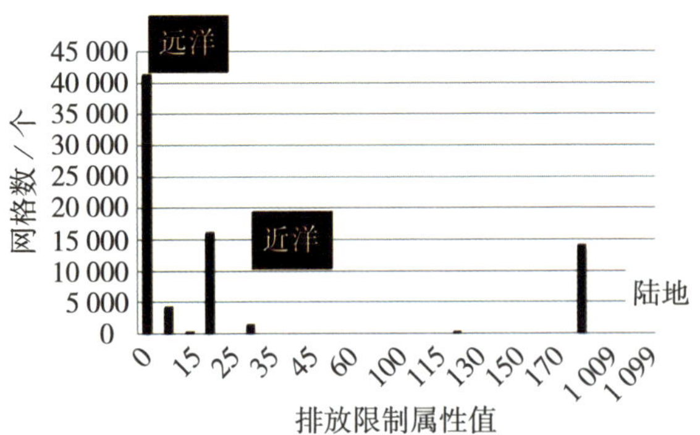

图 8－25　栅格叠置网格计数统计

根据网格计数，将叠置后的栅格图层划分为 5 个等级：排放不控制区域(－6～0]，三级控制区域(0～15]，二级控制区域(15～25]，一级控制区域(25～60]，陆地禁航区(60～1 098]，如图 8－26 所示。

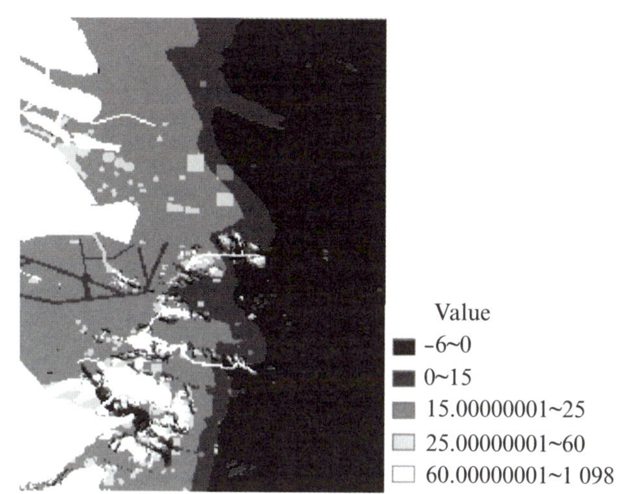

图 8-26　栅格叠置计算结果

步骤 5：栅格重分类后与该区域内的航线叠置

将排放限制属性值根据 5 个等级的划分进行重分类，并与该区域内的航线进行叠置分析，如图 8-27 所示。

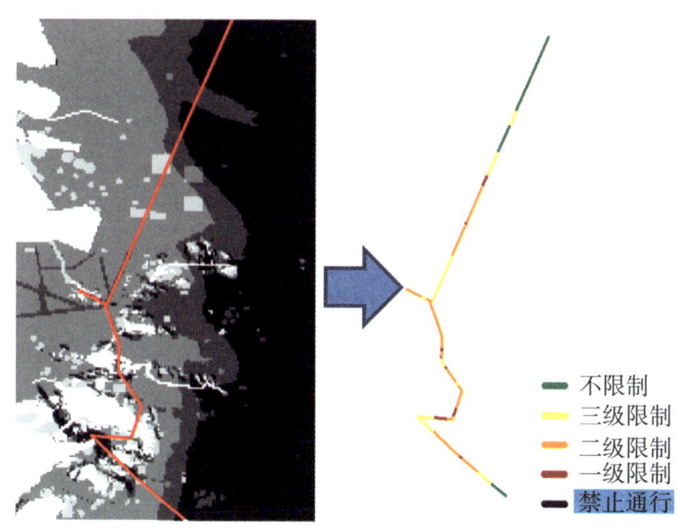

图 8-27　航线与区域叠置分析

2. 港口对排放控制区的影响

将港口按照线性衰减的模式进行缓冲区分析，公式为

$$\begin{cases} F_i = f_0(1 - r_i) \\ r_i = d_i / d_0 \\ 0 \leqslant r_i \leqslant 1, d_0 \neq 0 \end{cases} \tag{8-25}$$

设 $f_0 = 30$，$d_0 = 1\ 000$ km，计算结果如图 8-28 所示。

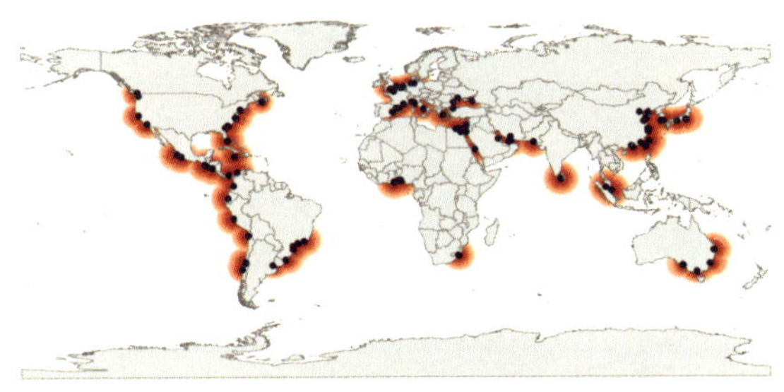

图 8-28　港口对排放控制区的缓冲区分析

3. 排放控制区对航线的影响

将港口对船舶的排放控制区图层与海上地物的航行约束图层栅格化后，进行叠置分析，结果如图 8-29 所示。

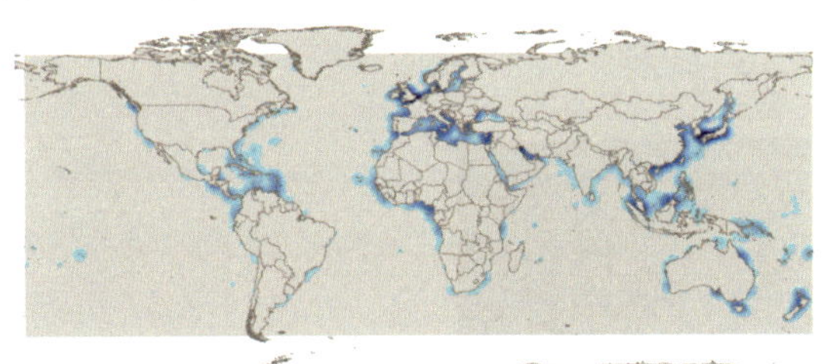

图 8-29　航行空间约束图层

最后，将班轮航线网络与航行空间的约束图层进行叠置计算，空间划分结果如图 8-30 所示，红色为航行限制区域，蓝色为航行不限制区域。

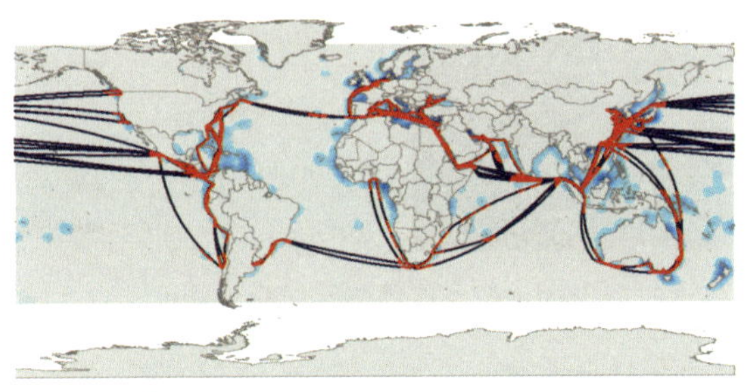

图 8-30　班轮的航行约束空间分布

五、数学描述与建模

基本假设：

(1) 船舶主机在排放控制区外使用重质燃料油(HFO)，在排放控制区内使用轻柴油(MGO)；船舶副机在整个航程内均使用 MGO。

(2) 航运网络内各港口的服务水平、收费标准相同，且各项费用、平均装卸效率已知。

(3) 各港口间的货运需求已知。

(4) 航线状况以及挂靠港口的顺序已确定，并且船舶在正常的航行状态下航行，在航行中不发生任何意外。

(5) 在同一航线中均采用同一船型，且营运船舶为周班运输。

(6) 船舶进出各港口的引航时间相同。

(7) 船舶的承载能力、港口间需求均以集装箱数计量，货物采用整箱运输。

1. 排放区域控制下的模型要素

设班轮公司拥有船队 V，v 为某一具体船型，C_{ap_v} 表示 v 类船型的装载量(单位为 TEU)；经营着某条距离为 D(单位为 n mile)、排放控制区距离为 D_{ECA}(单位为 n mile)的航线，航线上共有 N 个挂靠港口；用 $n_{od_{ij}}$(单位为 TEU)表示两个港口间的货运需求，即从 i 港运输至 j 港的集装箱量。现将在排放控制区约束下的班轮运输成本模型中各项要素的数学表达式分析如下。

1) 航行周期时间 T(单位为 h)

(1) 船舶在排放控制区外的航行时间 T_{O}(单位为 h)为

$$T_{\mathrm{O}} = \frac{D - D_{\mathrm{ECA}}}{f_v} \tag{8-26}$$

式中：f_v 为船舶在排放控制区外的航速，kn，是决策变量。

(2) 船舶在排放控制区内的航行时间 T_{ECA}(单位为 h)为

$$T_{\mathrm{ECA}} = \frac{D_{\mathrm{ECA}}}{f_{v,\mathrm{ECA}}} \tag{8-27}$$

式中：$f_{v,\mathrm{ECA}}$为船舶在排放控制区内的航速，kn，是决策变量。

(3) 船舶在港时间 T_{P}(单位为 h)为

$$T_{\mathrm{P}} = \sum_{i=1}^{N} \frac{Z_i}{\gamma} + N \cdot t_{fix} \tag{8-28}$$

式中：γ 为港口的装卸效率，TEU/h；t_{fix} 为船舶进出港口的引航时间，h；Z_i 为在

第 i 个港口的装卸量,TEU,它包括第 j 个港口的进口量(从别的港口运输至第 i 个港口的货物量)以及出口量(从第 j 个港口运输至其他港口的货物量),可表示为

$$Z_i = \sum_{j=1}^{N} \left(n_{od_{ij}} + n_{od_{ji}} \right) \tag{8-29}$$

(4) 航行周期时间 T(单位为 h)。一艘船舶完成一个航次的总时间即航程时间 T 是由在排放控制区内的航行时间、在排放控制区外的航行时间、在港口的装卸时间以及进出港口的引航时间组成的,即

$$T = T_{\mathrm{O}} + T_{\mathrm{ECA}} + T_{\mathrm{P}} = \frac{D - D_{\mathrm{ECA}}}{f_v} + \frac{D_{\mathrm{ECA}}}{f_{v,\mathrm{ECA}}} + \sum_{i=1}^{N} \frac{\sum_{j=1}^{n} \left(n_{od_{ij}} + n_{od_{ji}} \right)}{\gamma} + N \cdot t_{fix} \tag{8-30}$$

(5) 航线上的配船数 n:由于发船间隔为 1 周,因此该航线上配载的船舶数为

$$n = \frac{T}{168} \tag{8-31}$$

2) 船期费 C_{S}(单位为美元/周)

$$C_{\mathrm{S}} = \sum_{v \in V} x_v S_v n \tag{8-32}$$

式中:x_v 为 0-1 变量,当航线上配置船舶 v 时,其值为 1,否则为 0;S_v 为船舶 v 每周的船期费,美元/周。

3) 进港费用 C_{P}(单位为美元/周)

$$C_{\mathrm{P}} = \frac{\sum_{v \in V} x_v P_v N}{T/168} n = \sum_{v \in V} x_v P_v N \tag{8-33}$$

式中:P_v 为船舶 v 每周的进港费用,美元/周。

4) 集装箱装卸成本 C_{L}(单位为美元/周)

$$C_{\mathrm{L}} = \frac{\sum_{i=1}^{N} Z_i w}{T/168} n = \sum_{i=1}^{N} Z_i w \tag{8-34}$$

式中:w 为单位集装箱的装卸成本,美元/TEU。

5）燃油成本 C_F（单位：美元/周）

（1）船队平均每周主机 HFO 的消耗量 F_H（单位为 t/周）。

STOPFORD 和 CORBETT 建议将立方规则应用到燃油消耗的计算中，即燃油的消耗量与船速的立方成正比，故一艘船舶的主机完成一个航程时 HFO 的消耗总量（排放控制区外）为 $F_{v,H}\left(\frac{f_v}{f_{v0}}\right)^3\frac{T_O}{24}$，进而得出船队平均每周主机 HFO 的消耗量 F_H 为

$$F_H=\frac{F_{v,H}\left(\frac{f_v}{f_{v0}}\right)^3\frac{T_O}{24}}{T}n=\frac{F_{v,H}f_v^2(D-D_{ECA})}{168f_{v0}^3} \tag{8-35}$$

式中：$F_{v,H}$为 v 型船以设计船速 f_{v0} 在排放控制区外航行时主机每周的 HFO 消耗量，t/周；f_{v0} 为 v 型船的设计船速，kn，它介于该集装箱船最大船速与最小船速之间，即 $f_{v\min}\leqslant f_{v0}\leqslant f_{v\max}$。

（2）船队平均每周主机 MGO 的消耗量 F_M（单位为 t/周）为

$$F_M=\frac{F_{v,M}\left(\frac{f_{v,ECA}}{f_{v0}}\right)^3\frac{T_{ECA}}{24}}{T}n=\frac{F_{v,M}f_{v,ECA}^2D_{ECA}}{168f_{v0}^3} \tag{8-36}$$

式中：$F_{v,M}$为 v 型船以设计船速 f_{v0} 在排放控制区外航行时主机每周的 MGO 消耗量，t/周。

（3）船队平均每周副机的燃油消耗量 F_A（单位为 t/周）。

集装箱船上的副机提供船舶日常运作所需电力，船队平均每周副机燃油的消耗量为

$$F_A=n\cdot F_{v,A} \tag{8-37}$$

式中：$F_{v,A}$为 v 型船副机每周的耗油量，t/周。

（4）船队平均每周的燃油成本 C_F（单位为美元/周）为

$$\begin{aligned}C_F&=F_HP_{HFO}+F_MP_{MGO}+F_AP_{MGO}\\&=\frac{F_{v,H}f_v^2\left(D-D_{ECA}\right)P_{HFO}+F_{v,M}f_{v,ECA}^2D_{ECA}P_{MGO}}{168f_{v0}^3}+nF_{v,A}P_{MGO}\end{aligned} \tag{8-38}$$

式中：P_{HFO}为 HFO 的价格，美元/t；P_{MGO}为 MGO 的价格，美元/t。

6）碳排放成本 C_C（单位为美元/周）

（1）船队平均每周的二氧化碳排放量 E（单位为 t/周）。

船舶二氧化碳排放量取决于一定时期内船舶燃油消耗量和燃油的碳排放因子。根据碳排放量的计算方法可知，船队平均每周的二氧化碳排放量可表示为

$$E=\theta_{\mathrm{HFO}}F_{\mathrm{H}}+\theta_{\mathrm{MGO}}\left(F_{\mathrm{M}}+F_{\mathrm{A}}\right)$$

$$=\frac{\theta_{\mathrm{HFO}}F_{v,\mathrm{H}}f_v^2\left(D-D_{\mathrm{ECA}}\right)+\theta_{\mathrm{MGO}}F_{v,\mathrm{M}}f_{v,\mathrm{ECA}}^2D_{\mathrm{ECA}}}{168f_{v0}^3}+\theta_{\mathrm{MGO}}nF_{v,\mathrm{A}} \quad (8-39)$$

式中：θ_{HFO}为 HFO 的碳排放因子；θ_{MGO}为 MGO 的碳排放因子。

(2) 船队平均每周的碳排放成本 C_{C}(单位为美元/周)为

$$C_{\mathrm{C}}=UE$$

$$=\frac{\theta_{\mathrm{HFO}}F_{v,\mathrm{H}}f_v^2\left(D-D_{\mathrm{ECA}}\right)+\theta_{\mathrm{MGO}}F_{v,\mathrm{M}}f_{v,\mathrm{ECA}}^2D_{\mathrm{ECA}}}{168f_{v0}^3}U+\theta_{\mathrm{MGO}}nF_{v,\mathrm{A}}U \quad (8-40)$$

式中：U 为碳税税率，美元/t。

7) 其他要素

如图 8-31 所示，当 2 港有货物 $n_{od_{24}}$ 要运往 4 港时，则需要经过 2—3 航段、3—4 航段。同样，当 1 港有货物 $n_{od_{13}}$ 要运往 3 港时，则要经过 1—2 航段、2—3 航段。可以看出，在 2—3 航段上运输的货物总量为 $n_{od_{24}}+n_{od_{13}}$。同理，在本节中第 k 个航段上的货物总量Y_k可以表示为

$$Y_k=\sum_{j=k+1}^{N}\sum_{i=1}^{k}n_{od_{ij}}, k=1,2,\cdots,N \quad (8-41)$$

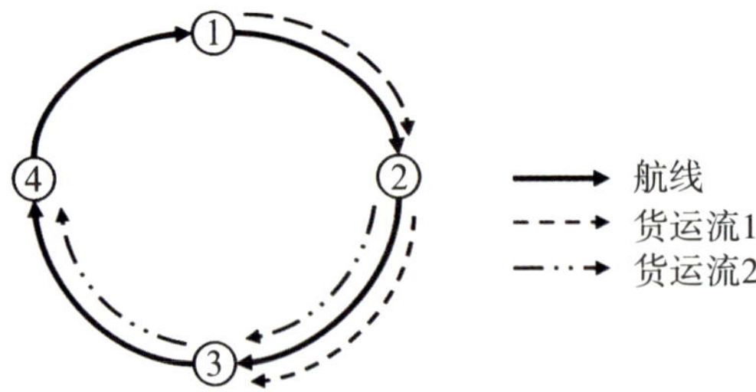

图 8-31 集装箱流示意

2. 优化模型方案一：船速变化

方案一模型如下：

$$\min C=C_{\mathrm{S}}+C_{\mathrm{P}}+C_{\mathrm{L}}+C_{\mathrm{F}}+C_{\mathrm{C}}$$

$$= \sum_{v \in V} x_v S_v n + \sum_{v \in V} x_v P_v N + \frac{\sum_{i=1}^{N} Z_i w + F_{v,\mathrm{H}} f_v^2 \left(D - D_{\mathrm{ECA}}\right) P_{\mathrm{HFO}} + F_{v,\mathrm{M}} f_{v,\mathrm{ECA}}^2 D_{\mathrm{ECA}} P_{\mathrm{MGO}}}{168 f_{v0}^3}$$

$$+ n F_{v,\mathrm{A}} P_{\mathrm{MGO}} + \theta_{\mathrm{MGO}} n F_{v,\mathrm{A}} U$$

$$+ \frac{\theta_{\mathrm{HFO}} F_{v,\mathrm{H}} f_v^2 \left(D - D_{\mathrm{ECA}}\right) + \theta_{\mathrm{MGO}} F_{v,\mathrm{M}} f_{v,\mathrm{ECA}}^2 D_{\mathrm{ECA}}}{168 f_{v0}^3} U \quad (8-42)$$

约束条件：

$$x_v = 0 \text{ or } 1 \quad (8-43)$$

$$\sum_{v \in V} x_v = 1 \quad (8-44)$$

$$Y_k \leqslant \sum_{v \in V} C_{ap_v} \cdot x_v \quad (8-45)$$

$$f_{v\min} \leqslant f_{v,\mathrm{ECA}} \leqslant f_v \leqslant f_{v\max} \quad (8-46)$$

$$i, j = 1, 2, 3, \cdots, N \quad (8-47)$$

$$v \in V, n \in Z^+ \quad (8-48)$$

目标函数为式(8-42)，表示排放控制区约束下的低碳班轮运输每周总成本最小，共由5部分组成：第一部分是船舶每周船期费；第二部分是每周港口费用；第三部分是每周装卸费用；第四部分是每周燃油费用；第五部分是每周碳排放成本。

式(8-43)及式(8-44)表示航线上配置同一种类型的船舶，式(8-45)是船舶容量限制，式(8-46)是船速限制，式(8-47)及式(8-48)是非负以及整数约束。

3. 优化模型方案二：船速恒定

为了探讨在排放控制区内外速度变化对班轮运输成本是否具有成本效益，将模型中式(8-46)所示约束条件改为 $f_{v\min} \leqslant f_{v,\mathrm{ECA}} = f_v \leqslant f_{v\max}$，即船舶在进入排放控制区时不改变船速，目标函数及其他约束条件均不变，以此计算在船速恒定的情况下班轮运输的成本。方案二模型如下：

$$\min C = C_{\mathrm{S}} + C_{\mathrm{P}} + C_{\mathrm{L}} + C_{\mathrm{F}} + C_{\mathrm{C}} = \sum_{v \in V} x_v S_v n$$

$$+ \frac{\sum_{v \in V} x_v P_v N + \sum_{i=1}^{N} Z_i w + F_{v,\mathrm{H}} f_v^2 \left(D - D_{\mathrm{ECA}}\right) P_{\mathrm{HFO}} + F_{v,\mathrm{M}} f_{v,\mathrm{ECA}}^2 D_{\mathrm{ECA}} P_{\mathrm{MGO}}}{168 f_{v0}^3}$$

$$+nF_{v,\mathrm{A}}P_{\mathrm{MGO}}+\theta_{\mathrm{MGO}}nF_{v,\mathrm{A}}U$$

$$+\frac{\theta_{\mathrm{HFO}}F_{v,\mathrm{H}}f_v^2\left(D-D_{\mathrm{ECA}}\right)+\theta_{\mathrm{MGO}}F_{v,\mathrm{M}}f_{v,\mathrm{ECA}}^2D_{\mathrm{ECA}}}{168f_{v0}^3}U \tag{8-49}$$

约束条件：

$$x_v=0\text{ or }1 \tag{8-50}$$

$$\sum_{v\in V}x_v=1 \tag{8-51}$$

$$Y_k\leqslant\sum_{v\in V}C_{ap_v}\cdot x_v \tag{8-52}$$

$$f_{v\min}\leqslant f_{v,\mathrm{ECA}}=f_v\leqslant f_{v\max} \tag{8-53}$$

$$i,j=1,2,3,\cdots,N \tag{8-54}$$

$$v\in V,n\in Z^+ \tag{8-55}$$

4. 优化模型方案三：考虑碳排放约束

为了研究碳配额约束（即碳排放量约束）对班轮运输成本的影响，对模型增加约束条件 $E\leqslant E_0$。其中，E_0 是常数，是政府相关部门规定的碳排放标准或者政府分配给每家航运企业的碳排放配额。方案三模型如下：

$$\min C=C_{\mathrm{S}}+C_{\mathrm{P}}+C_{\mathrm{L}}+C_{\mathrm{F}}+C_{\mathrm{C}}=\sum_{v\in V}x_vS_vn+$$

$$\frac{\sum_{v\in V}x_vP_vN+\sum_{i=1}^{N}Z_iw+F_{v,\mathrm{H}}f_v^2(D-D_{\mathrm{ECA}})P_{\mathrm{HFO}}+F_{v,\mathrm{M}}f_{v,\mathrm{ECA}}^2D_{\mathrm{ECA}}P_{\mathrm{MGO}}}{168f_{v0}^3}$$

$$+nF_{v,\mathrm{A}}P_{\mathrm{MGO}}+\theta_{\mathrm{MGO}}nF_{v,\mathrm{A}}U$$

$$+\frac{\theta_{\mathrm{HFO}}F_{v,\mathrm{H}}f_v^2\left(D-D_{\mathrm{ECA}}\right)+\theta_{\mathrm{MGO}}F_{v,\mathrm{M}}f_{v,\mathrm{ECA}}^2D_{\mathrm{ECA}}}{168f_{v0}^3}U \tag{8-56}$$

约束条件：

$$x_v=0\text{ or }1 \tag{8-57}$$

$$\sum_{v\in V}x_v=1 \tag{8-58}$$

$$Y_k\leqslant\sum_{v\in V}C_{ap_v}\cdot x_v \tag{8-59}$$

$$f_{v\min} \leqslant f_{v,\mathrm{ECA}} \leqslant f_v \leqslant f_{v\max} \tag{8-60}$$

$$E \leqslant E_0 \tag{8-61}$$

$$i,j = 1,2,3,\cdots,N \tag{8-62}$$

$$v \in V, n \in Z^+ \tag{8-63}$$

5. 优化模型方案四：碳排放成本最小

为了探究在碳排放成本最小和班轮运输总成本最小两个目标下班轮航线配船、船速以及各项成本的区别，以碳排放成本最小优化目标函数，而约束条件保持不变。方案四模型如下：

$$\min C_{\mathrm{C}} = \frac{\theta_{\mathrm{HFO}} F_{v,\mathrm{H}} f_v^2 \left(D - D_{\mathrm{ECA}}\right) + \theta_{\mathrm{MGO}} F_{v,\mathrm{M}} f_{v,\mathrm{ECA}}^2 D_{\mathrm{ECA}}}{168 f_{v0}^3} U + \theta_{\mathrm{MGO}} n F_{v,\mathrm{A}} U \tag{8-64}$$

约束条件：

$$x_v = 0 \text{ or } 1 \tag{8-65}$$

$$\sum_{v \in V} x_v = 1 \tag{8-66}$$

$$Y_k \leqslant \sum_{v \in V} C_{ap_v} \cdot x_v \tag{8-67}$$

$$f_{v\min} \leqslant f_{v,\mathrm{ECA}} \leqslant f_v \leqslant f_{v\max} \tag{8-68}$$

$$i,j = 1,2,3,\cdots,N \tag{8-69}$$

$$v \in V, n \in Z^+ \tag{8-70}$$

六、模型求解与分析

某条亚欧航线全长 22 600 n mile，排放控制区总距离为 2 000 n mile。按照挂靠顺序该航线上挂靠的港口分别为上海、宁波、盐田、苏伊士、费利克斯托、汉堡、鹿特丹、苏伊士、香港、上海，如图 8 - 32 所示。

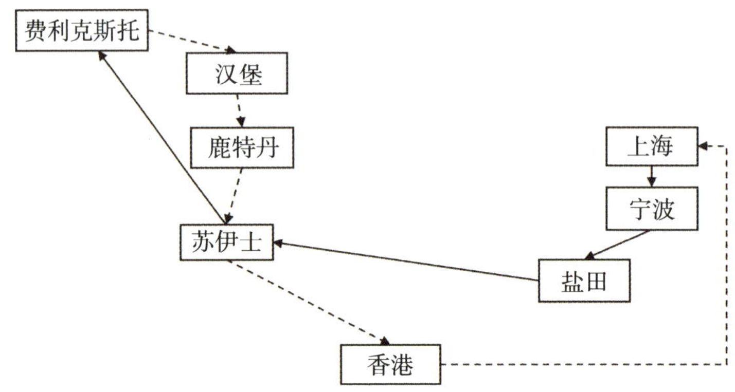

图 8-32　某亚欧航线

假设该航线上的船队包含 4 种船型，船队的各项参数如表 8-13 所示。

表 8-13　船队相关参数

船型	1	2	3	4
船舶容量/TEU	3 000	5 000	8 000	10 000
船期费/(美元/周)	96 930	155 500	195 000	252 900
进港费/(美元/周)	10 560	13 600	18 160	21 200
设计船速/kn	19	21	24	25
最小船速/kn	10	11	12	13
最大船速/kn	23	26	27	30
主机油耗/(t/周)	478	700	835	1 590
副机油耗/(t/周)	35	50	80	95

随机生成各港口间的货运需求，并满足[0,900]的均匀分布，如表 8-14 所示。

表 8-14　各港口间每周的货运需求　TEU

港口	上海	宁波	盐田	苏伊士	费利克斯托	汉堡	鹿特丹	苏伊士*	香港	上海*
上海	0	758	549	267	128	425	391	0	493	0
宁波	0	0	268	638	539	298	163	0	157	262
盐田	0	0	0	409	347	251	617	0	655	349
苏伊士	0	0	0	0	429	607	267	0	521	0

表 8－14(续)

港口	上海	宁波	盐田	苏伊士	费利克斯托	汉堡	鹿特丹	苏伊士*	香港	上海*
费利克斯托	0	0	0	0	0	380	0	379	533	0
汉堡	0	0	0	0	0	0	450	406	190	406
鹿特丹	0	0	0	0	0	0	0	604	899	260
苏伊士*	0	0	0	0	0	0	0	0	233	598
香港	0	0	0	0	0	0	0	0	0	623
上海*										
注：* 用以区分去程和回程时相同的挂靠港口										

算例对模型中各参数的取值如表 8－15 所示。

表 8－15　参数取值

要素	公式	参数取值
航程时间 T/h	$T=\frac{D-D_{\mathrm{ECA}}}{f_v}+\frac{D_{\mathrm{ECA}}}{f_{v,\mathrm{ECA}}}+\sum_{i=1}^{N}\frac{\sum_{j=1}^{n}\left(n_{od_{ij}}+n_{od_{ji}}\right)}{\gamma}+N\cdot t_{fix}$	航线总距离 D=22 600 n mile； ECA 距离 D_{ECA}=2 000 n mile； 港口数 N=10； 货运需求 $n_{od_{ij}}$ 见表 8－14； 港口的装卸效率 γ=200 TEU/h； 船舶进出港口引航时间 t_{fix}=3 h
船期费 C_{S}/(美元/周)	$C_{\mathrm{S}}=\sum_{v\in V}x_vS_vn$	各船舶每周的船期费 C_{S} 见表 8－13
进港费用 C_{P}/(美元/周)	$C_{\mathrm{P}}=\sum_{v\in V}x_vP_vN$	各船舶每周的进港费用 C_{P} 见表 8－13
装卸费用 C_{L}/(美元/周)	$C_{\mathrm{L}}=\sum_{i=1}^{N}Z_iw$	单位集装箱的装卸成本 w=80 美元/TEU
燃油成本 C_{F}/(美元/周)	$C_{\mathrm{F}}=\frac{F_{v,\mathrm{H}}f_v^2\left(D-D_{\mathrm{ECA}}\right)P_{\mathrm{HFO}}}{168f_{v0}^3}+\frac{F_{v,\mathrm{M}}f_{v,\mathrm{ECA}}^2D_{\mathrm{ECA}}P_{\mathrm{MGO}}}{168f_{v0}^3}+nF_{v,\mathrm{A}}P_{\mathrm{MGO}}$	各船舶主机、副机额定燃油消耗量 $F_{v,\mathrm{M}}$，$F_{v,\mathrm{A}}$ 以及设计船速 f_{v0} 见表 8－13； HFO 的价格 P_{HFO}=600 美元/t； MGO 的价格 P_{MGO}=900 美元/t
船队碳排放成本 C_{C}/(美元/周)	$C_{\mathrm{C}}=\frac{\theta_{\mathrm{HFO}}F_{v,\mathrm{H}}f_v^2\left(D-D_{\mathrm{ECA}}\right)}{168f_{v0}^3}U+\frac{\theta_{\mathrm{MGO}}F_{v,\mathrm{M}}f_{v,\mathrm{ECA}}^2D_{\mathrm{ECA}}}{168f_{v0}^3}U+\theta_{\mathrm{MGO}}nF_{v,\mathrm{A}}U$	HFO 碳排放因子 θ_{HFO}=3.11； MGO 碳排放因子 θ_{MGO}=3.20； 碳税税率 U=80 美元/t

表 8－15(续)

要素	公式	参数取值
其他	$Y_k \leqslant \sum_{v \in V} C_{ap_v} \cdot x_v$	各船舶装载能力 C_{ap_v} 见表 8－13
	$f_{v\min} \leqslant f_{v,\mathrm{ECA}} \leqslant f_v \leqslant f_{v\max}$	各船舶最大船速 $f_{v\max}$，最小船速 $f_{v\min}$ 见表 8－13
	$E \leqslant E_0$	碳排放配额 $E_0=8\ 000$ t/周

1. 计算结果分析

利用 Cplex 优化平台对 4 个方案的模型分别进行求解，得到的结果如表 8－16 所示。

表 8－16　模型优化结果

主要要素	方案一	方案二	方案三	方案四
方案描述	船速变化	船速不变	考虑碳配额约束	碳排放成本最小
船型	8 000 TEU 集装箱船	8 000 TEU 集装箱船	8 000 TEU 集装箱船	8 000 TEU 集装箱船
总成本 C/(美元/周)	6 784 440	6 789 829	6 802 421	6 890 887
船期费 C_S/(美元/周)	1 950 000	1 950 000	2 145 000	2 340 000
进港费用 C_P/(美元/周)	181 600	181 600	181 600	181 600
装卸费用 C_L/(美元/周)	2 519 840	2 519 840	2 519 840	2 519 840
燃油成本 C_F/(美元/周)	1 881 420	1 887 318	1 730 298	1 641 180
碳排放成本 C_C/(美元/周)	251 579	251 071	225 682	208 267
船数 n/艘	10	10	11	12
ECA 外船速 f_v/kn	15.31	15.14	13.76	12.37
ECA 内船速 $f_{v,\mathrm{ECA}}$/kn	13.57	15.14	12.20	12.25
碳排放量 E/(t/周)	8 386	8 369	7 523	6 942
航程时间 T/h	1 680	1 680	1 848	2 016

从 4 个方案的优化结果可以看出：

(1) 由于货运量已知，因此每周的装卸成本都是 2 519 840 美元。

(2) 由于船舶的最大装载能力必须大于每个航段上的货运量，因此船型选择都是最大承载能力为 8 000 TEU 的集装箱船；而船舶每次的进港费用与船舶的大小有关，故船舶每周的进港费用都是 181 600 美元。

(3) 由于船速的不同，与船速相关的总成本、燃油成本、碳排放成本、航程时间、船舶数、碳排放量都有相应的变化。

(4) 为了实现碳排放成本最小的目标，方案四的每周总成本为 6 890 887 美元，比方案三的总成本 6 802 421 美元、方案二的总成本 6 789 829 美元、方案一的总成本 6 784 440 美元分别多了 1.30%，1.49%，1.57%；每周船期费分别多了 9%，20%，20%；每周燃油成本分别少了 5.15%，13.04%，12.77%；每周碳排放成本及碳排放量均分别少了 7.72%，17.05%，17.22%；总航程时间分别多了 1 周、2 周、2 周；航线上配置的船舶数分别多了 1 艘、2 艘、2 艘。

(5) 对比方案一与方案二：方案一中船舶在进入 ECA 时船速由 15.31 kn 降为 13.57 kn，相对于始终以 15.14 kn 行驶的方案二，每周的总成本减少了 5 389 美元，但是每周的碳排放量却增加了 17 t。由此可见，虽然船舶在进入 ECA 时使用高价的低硫燃油 MGO，但是却可以通过减速的办法最大限度地减少总成本。然而，不容忽视的是，这样的做法会增加二氧化碳的排放。

(6) 对比方案一与方案四：当碳排放成本最小时，每周的碳排放量为 6 942 t，比总成本最小时每周 8 386 t 的碳排放量少了 1 444 t，约减少 17%，但是，每周的总成本却多了 106 447 美元。这是因为方案四为了实现碳排放量最小，不得不以较低的船速航行。这样的做法无疑会增加船舶的航程时间，而为了保持 7 天的发船间隔，船公司不得不在航线上增加 2 艘船，这导致每周固定营运成本的增加，进而增加了每周的总成本。

(7) 对比方案一、方案三、方案四：考虑碳配额约束的方案三每周的总成本比方案二仅多了 12 592 美元，而碳排放量就少了 846 t。另外，方案三每周的总成本比方案四少了 88 466 美元，而每周的碳排放量却仅少了 581 t。由此可见，若将碳排放约束量规定在最小碳排放成本下的碳排放量与最小总成本下的碳排放量之间，则可以帮助船公司在总成本最小与碳排放量最小之间进行平衡。船公司固然是希望成本越低越好，但是在低碳经济的时代还必须考虑到班轮运输对环境的影响。若政府制定合理的碳排放量约束，则可以在增加少许船公司成本的情况下减少大量的二氧化碳排放。

(8) 为了更清楚、更直观地了解燃油价格、装卸效率、碳税税率、排放控制区距离、碳配额约束值对班轮运输成本的影响，本节将对上述影响因素进行定量和敏感性分析，帮助船公司在复杂的变化多端的班轮市场中和愈发严格的政策下进行动态决策，在保证服务质量和满足政策要求的情况下最大限度地减少成本，保持市场竞争力。

2. HFO价格影响分析

针对方案一中的HFO价格从400～1 000美元/t进行分析，得出结果如表8－17所示。同时，为了直观地了解不同HFO价格对航运成本的影响，将表8－17中的关键数据汇总成图8－33。

表8－17　HFO价格敏感性分析(优化结果)

主要要素	HFO价格/(美元/t)						
	400	500	600	700	800	900	1 000
总成本 C/(美元/周)	6 424 246	6 609 854	6 784 440	6 942 126	7 080 719	7 218 366	7 455 962
船期费 C_S/(美元/周)	1 755 000	1 950 000	1 950 000	2 145 000	2 145 000	2 145 000	2 340 000
燃油成本 C_F/(美元/周)	1 674 816	1 706 258	1 881 420	1 870 269	2 008 985	2 146 654	2 206 115
碳排放成本 C_C/(美元/周)	292 989	252 156	251 579	225 418	225 293	225 272	208 407
船数 n/艘	9	10	10	11	11	11	12
ECA外船速 f_v/kn	17.46	15.39	15.31	13.71	13.65	13.60	12.30
ECA内船速 $f_{v,ECA}$/kn	13.82	12.95	13.57	12.70	13.17	13.61	13.06
碳排放量 E/(t/周)	9 766	8 405	8 386	7 514	7 510	7 509	6 947
航程时间 T/h	1 512	1 680	1 680	1 848	1 848	1 848	2 016

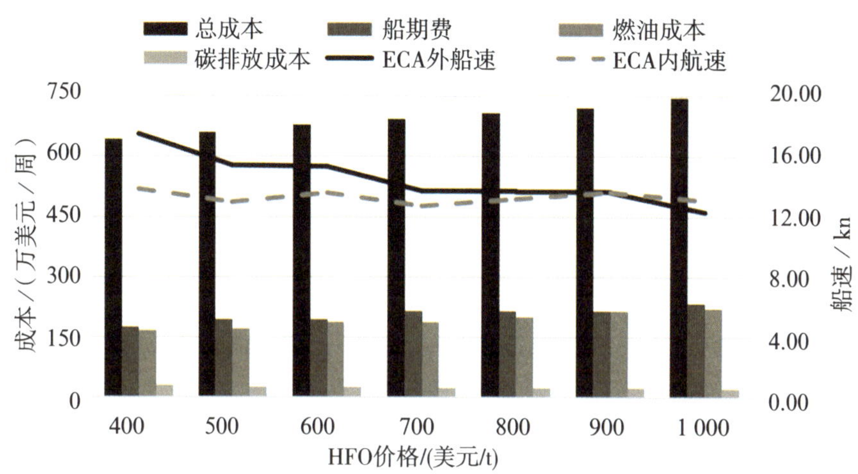

图 8－33　HFO 价格敏感性分析

从表 8－17 和图 8－33 可以看出：

(1) 随着 HFO 价格的上升，船舶每周的总成本和燃油成本总体逐渐增加，而碳排放成本却有所减少，ECA 外的船速整体上逐渐降低，ECA 内的船速虽然有较小波动，但整体上没有太大的变化。

(2) 为了最大限度地减少高价 HFO 引起的高燃油成本，船公司选择在主机中使用 HFO 时，即在 ECA 外，以较低的船速行驶。

(3) 较低的船速带来的是船程时间的增加，为了保持发船频率，船公司又不得不增加船舶数量，这又引起了每周固定营运成本的增加。

(4) 对比 ECA 内外的船速可以发现，ECA 外的船速若减小，则 ECA 内的船速就有所增加，以保持船舶数量不变。

(5) 当 HFO 价格越来越高时，ECA 内外的船速差异越来越小；当 HFO 价格攀升至与 MGO 价格相同时，船速近乎一致；而当 HFO 价格高于 MGO 价格时，则需要在 ECA 外进一步降速，甚至低于 ECA 内的船速。

3. MGO 价格影响分析

针对方案一中的 MGO 价格从 500～1 100 美元/t 进行分析，得出结果如表 8－18所示，关键数据分析如图 8－34 所示。

表 8－18　MGO 价格敏感性分析(优化结果)

主要要素	MGO 价格/(美元/t)						
	500	600	700	800	900	1 000	1 100
总成本 C/(美元/周)	6 400 895	6 500 366	6 596 148	6 690 771	6 784 440	6 877 306	6 969 488
船期费 C_S/(美元/周)	2 145 000	1 950 000	1 950 000	1 950 000	1 950 000	1 950 000	1 950 000
燃油成本 C_F/(美元/周)	1 329 061	1 597 856	1 693 584	1 788 023	1 881 420	1 973 958	2 065 769
碳排放成本 C_C/(美元/周)	225 394	251 071	251 124	251 308	251 579	251 909	252 278
船数 n/艘	11	10	10	10	10	10	10
ECA 外船速 f_v/kn	13. 55	15. 14	15. 21	15. 26	15. 31	15. 36	15. 41
ECA 内船速 $f_{v,ECA}$/kn	14. 25	15. 12	14. 52	14. 01	13. 57	13. 19	12. 85
碳排放量 E/(t/周)	7 513	8 369	8 371	8 377	8 386	8 397	8 409
航程时间 T/h	1 848	1 680	1 680	1 680	1 680	1 680	1 680

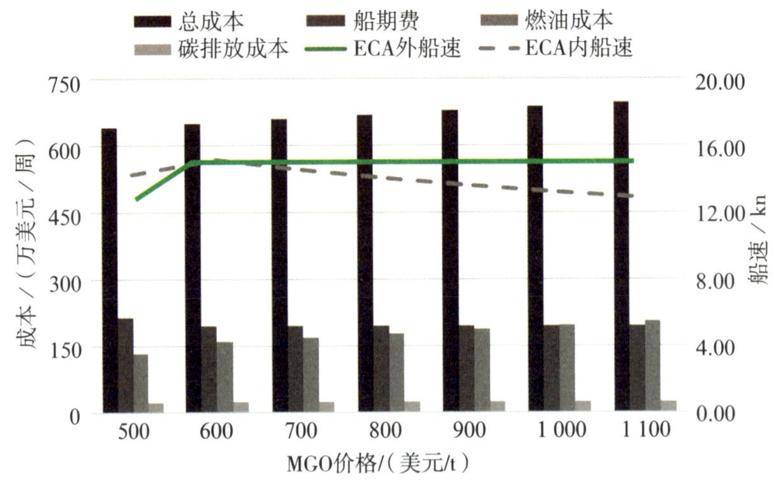

图 8－34　MGO 价格敏感性分析

从表 8－18 和图 8－34 可以看出：

（1）随着 MGO 价格的上升，船舶每周的总成本和燃油成本逐渐增加，ECA 内的船速整体上逐渐降低，ECA 外的船速整体上不变，但是值得注意的是碳排放成本和碳排放量越来越多。

（2）由于 MGO 的消耗量远小于 HFO 的消耗量，因此总成本对 MGO 价格的敏感度不如 HFO 明显。

（3）为了最大限度地减少高价 MGO 引起的高燃油成本，船公司选择在主机中使用 MGO 时，即在 ECA 内，以较低的船速行驶。

（4）由于 ECA 的距离较非 ECA 的距离要短得多，因此在 ECA 内低速行驶对船舶整个航程时间的影响较小，因而对船舶数量和 ECA 外船速的影响也较小。

（5）由于 MGO 含碳量较高，相比于燃烧同质量的 HFO 要排放更多的二氧化碳，而 ECA 外较高的船速也会增加二氧化碳的排放，因此每周的碳排放成本和碳排放量会逐渐增加。

（6）当 MGO 价格与 HFO 价格越来越接近时，ECA 内外船速的差异会越来越小。

4. 装卸效率影响分析

针对方案一中的装卸效率从 100～500 TEU/h 进行分析，得出结果如表 8－19 所示，关键数据分析如图 8－35 所示。

表 8－19　装卸效率敏感性分析(优化结果)

主要要素	装卸效率/(TEU/h)				
	100	200	300	400	500
总成本 C/(美元/周)	7 040 498	6 784 440	6 695 179	6 653 866	6 630 056
船期费 C_S/(美元/周)	2 145 000	1 950 000	1 950 000	1 950 000	1 950 000
燃油成本 C_F/(美元/周)	1 937 235	1 881 420	1 803 835	1 767 926	1 747 231
碳排放成本 C_C/(美元/周)	256 824	251 579	239 904	234 500	231 386
船数 n/艘	11	10	10	10	10
ECA 外船速 f_v/kn	15.21	15.31	14.79	14.55	14.40
ECA 内船速 $f_{v,\mathrm{ECA}}$/kn	13.48	13.57	13.11	12.89	12.76
碳排放量 E/(t/周)	8 561	8 386	7 997	7 817	7 713
航程时间 T/h	1 848	1 680	1 680	1 680	1 680

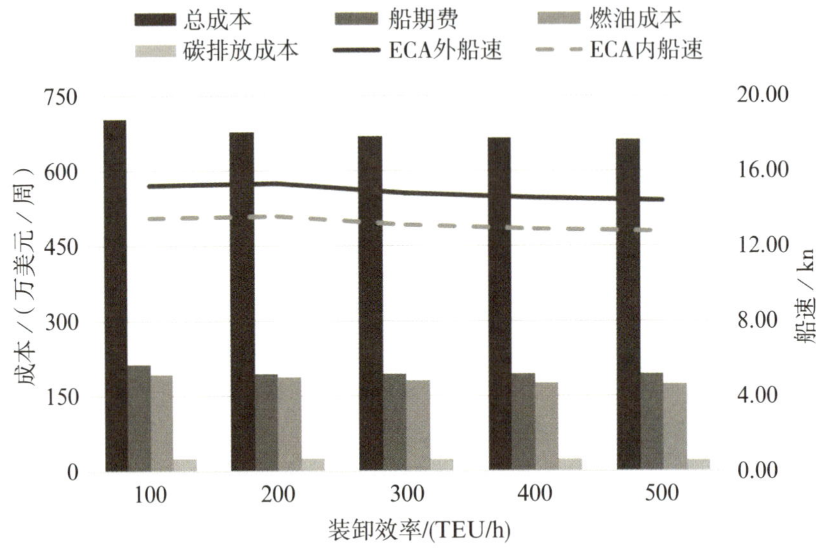

图 8-35　装卸效率敏感性分析

从表 8-19 和图 8-35 可以看出：

(1) 随着装卸效率的提高，船舶每周的总成本、燃油成本和碳排放成本逐渐减少，ECA 内外的船速整体上都在逐渐降低。

(2) 装卸效率的提高可以减少船舶的装卸时间，而在船舶数量不变，即总航程时间不变的情况下，船舶可以有较多的时间在海上航行，从而可以较慢的船速减少总成本和碳排放量。

(3) 装卸效率的不同对 ECA 内外船速的差异度没有影响。

5. 碳税税率影响分析

针对方案一中的碳税税率从 10～90 美元/t 进行分析，得出结果如表 8-20 所示，关键数据分析如图 8-36 所示。

表 8-20　碳税税率敏感性分析(优化结果)

主要要素	碳税税率/(美元/t)				
	10	30	50	70	90
总成本 C/(美元/周)	6 616 692	6 784 440	6 952 136	7 103 258	7 253 633
船期费 C_S/(美元/周)	1 950 000	1 950 000	1 950 000	2 145 000	2 145 000
燃油成本 C_F/(美元/周)	1 881 364	1 881 420	1 881 512	1 730 462	1 730 561

表 8-20(续)

主要要素	碳税税率/(美元/t)				
	10	30	50	70	90
碳排放成本 C_C/(美元/周)	83 889	251 579	419 184	526 356	676 633
船数 n/艘	10	10	10	11	11
ECA 外船速 f_v/kn	15.33	15.31	15.30	13.75	13.74
ECA 内船速 $f_{v,ECA}$/kn	13.46	13.57	13.67	12.36	12.43
碳排放量 E/(t/周)	8 389	8 386	8 384	7 519	7 518
航程时间 T/h	1 680	1 680	1 680	1 848	1 848

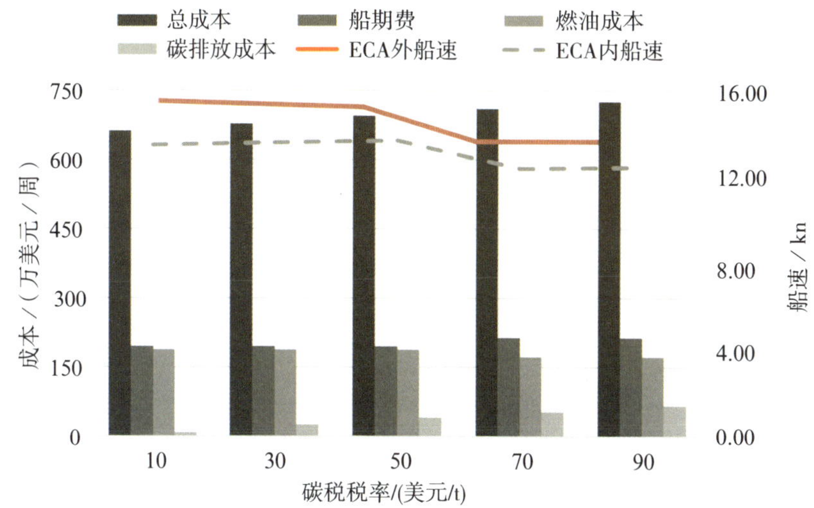

图 8-36 碳税税率敏感性分析

从表 8-20 和图 8-36 可以看出:

(1) 随着碳税税率的提高,船舶每周的总成本逐渐增多。

(2) 因为碳排放成本占总成本的比例较小,因此只有当碳税税率的变化足以改变船舶数量时,燃油成本、碳排放成本和船速才会有明显的变化。

(3) 碳税税率的不同对 ECA 内外船速的差异度没有影响。

6. 排放控制区影响分析

针对方案一中的排放控制区距离从 1 000~3 000 n mile 进行分析,得出结果如表 8-21 所示,关键数据分析如图 8-37 所示。

表 8－21 排放控制区距离敏感性分析(优化结果)

主要要素	排放控制区距离/n mile				
	1 000	1 500	2 000	2 500	3 000
总成本 C/(美元/周)	6 762 055	6 773 216	6 784 440	6 795 727	6 807 077
船期费 C_S/(美元/周)	1 950 000	1 950 000	1 950 000	1 950 000	1 950 000
燃油成本 C_F/(美元/周)	1 859 501	1 870 426	1 881 420	1 892 484	1 903 616
碳排放成本 C_C/(美元/周)	251 114	251 350	251 579	251 803	252 022
船数 n/艘	10	10	10	10	10
ECA 外船速 f_v/kn	15. 23	15. 27	15. 31	15. 36	15. 40
ECA 内船速 $f_{v,ECA}$/kn	13. 50	13. 53	13. 57	13. 61	13. 65
碳排放量 E/(t/周)	8 370	8 378	8 386	8 393	8 401
航程时间 T/h	1 680	1 680	1 680	1 680	1 680

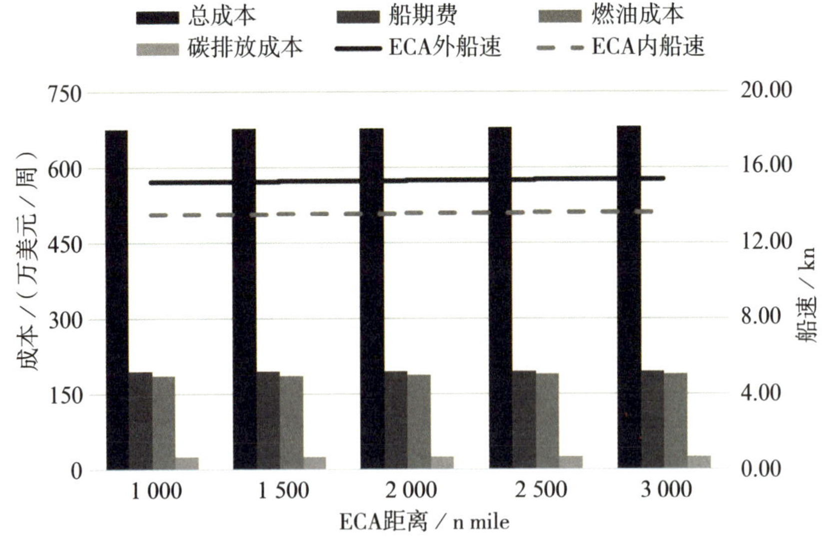

图 8－37 排放控制区距离敏感性分析

从表 8－21 和图 8－37 可以看出：

(1) 随着 ECA 距离的增加，船舶每周的总成本、燃油成本和碳排放成本都有少量的增加，但是不如其他因素对其的影响明显，ECA 内外的船速基本保持不变。

(2) 由于 ECA 距离直接影响着 MGO 的消耗量，因此当 ECA 距离增加时，燃油成本会有所增加。同时，由于 MGO 的含碳量较高，因此碳排放成本和碳排放量也随之增加。

(3) ECA 距离的延长虽然可以有效地减少硫化物的排放，但会增加二氧化碳的排放量。

7. 碳配额影响分析

针对方案一中的碳配额约束值从 7 000～9 000 t/周进行分析，得出结果如表 8－22所示，关键数据分析如图 8－38 所示。

表 8－22　碳配额约束值敏感性分析(优化结果)

主要要素	碳配额约束值/(t/周)				
	7 000	7 500	8 000	8 500	9 000
总成本 C/(美元/周)	6 889 749	6 889 749	6 802 421	6 784 440	6 784 440
船期费 C_S/(美元/周)	2 340 000	2 340 000	2 145 000	1 950 000	1 950 000
燃油成本 C_F/(美元/周)	1 640 028	1 640 028	1 730 298	1 881 420	1 881 420
碳排放成本 C_C/(美元/周)	208 281	208 281	225 682	251 579	251 579
船数 n/艘	12	12	11	10	10
ECA 外船速 f_v/kn	12.40	12.40	13.76	15.31	15.31
ECA 内船速 $f_{v,ECA}$/kn	12.00	12.00	12.20	13.57	13.57
碳排放量 E/(t/周)	6 943	6 943	7 523	8 386	8 386
航程时间 T/h	2 016	2 016	1 848	1 680	1 680

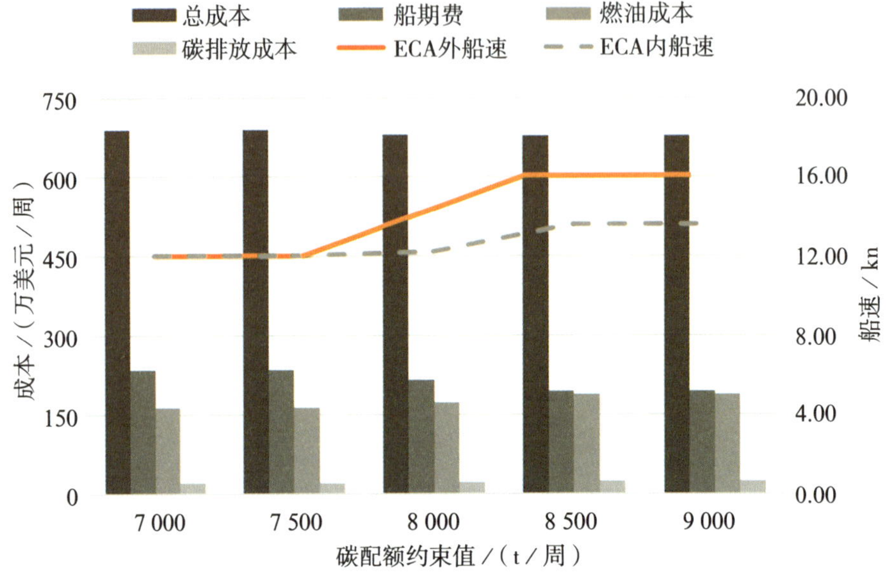

图 8－38　碳配额约束值敏感性分析

从表 8－22 和图 8－38 可以看出：

(1) 随着碳配额约束值的增加，船舶每周的总成本整体上逐渐减少，燃油成本、碳排放成本和 ECA 内外船速整体上逐渐增加。

(2) 碳配额约束值越高说明对碳排放的要求越低，船舶可以加速行驶，从而减少航程时间和船舶数量，进而减少每周固定营运成本，降低总成本。但是，加速行驶会带来燃油成本和碳排放成本的增加。

(3) 船公司在满足碳配额约束值的前提下，为了实现成本最小化可能不会改变航线的配置及船速，而这会使碳配额剩余。此时，船公司可将剩余的碳配额在碳交易体系的框架下与其他船公司进行交易，增加收益。

技术篇

第九章　港航管理大数据技术及其应用

第一节　大数据技术概述

大数据是近年来在信息技术领域最热门的词汇之一。大数据一词来源于未来学家托夫勒于 1980 年所著的《第三次浪潮》，它是一个比较抽象的概念，至今各方尚无确切、统一的定义。

在维基百科中关于大数据的定义为：大数据是指利用常用软件工具来获取、管理和处理数据所耗时间超过可容忍时间的数据集。该数据集要收集超过 100 TB 的数据，并且是高速、实时的数据流；或者是从小数据开始，但数据每年会增长 60%以上。在维基百科这个定义中，给大数据明确了量化标准，但仅仅强调了数据量大、种类多、增长快等数据自身的特征。研究机构 Gartner 给出了这样的定义：大数据是需要新处理模式才能具有更强的决策力、洞察发现力和流程优化能力的海量、高增长率和多样化的信息资产。这个定义也是一个描述性的定义，在对数据描述的基础上加入了处理该类数据的一些特征，并用这些特征来描述大数据。在维克托·迈尔-舍恩伯格及肯尼斯·库克耶编写的《大数据时代》中，大数据指不用随机分析法（抽样调查）这样的捷径，而采用所有数据进行分析处理的方法。尽管当前各界对大数据的定义不尽相同，但对大数据的 5 个基本特征有较为统一的认识。

一、数据规模大

大数据的第一个特征即为数据规模大。根据互联网数据中心（IDC）的定义，大数据是指至少要有超过 100 TB 的可供分析的数据，因此数据量大是大数据的基本属性。随着互联网特别是移动互联网的广泛应用，使用网络的人、企业、机构增多，数据获取、分享变得相对容易，这导致数据规模快速增长。早期单位化数据，对原始事物进行了一定程度的抽象，但数据维度低、数据类型简单，多采用表格的形式来收集、存储、整理，数据的单位、量纲和意义基本统一，存储、处理的只是数值而已，因此数据量有限，增长速度慢。随着互联网的发展，数据维度越来越高，描述相同事物所需的数据量越来越大。近年来，图像、视频等二维数据大规模涌现，而随着三维扫描设备以及 Kinect 等动作捕捉设备的普及，数据越来越接近真实的世界，数据的描述能力也不断增强，因此数据量本身必将以几何级数增长。

二、数据种类多

大数据的第二个特征即为数据种类多。多样化的数据来源正是大数据的威力所在。以往的数据尽管数量庞大，但通常都是标准的结构化数据，便于存储、处理、查询。处理此类结构化的数据，只需事先分析好数据的意义以及数据的相关属性，构造表结构来表示数据的属性，数据都以表格的形式保存在数据库中，数据格式统一，以后不管再产生多少数据，只需根据其属性，将数据存储在合适的位置，就可以方便地处理、查询，一般不需要为新增的数据显著地更改数据聚集、处理、查询方法，而限制数据处理能力的只是运算速度和存储空间。随着移动互联网与无线传感网的飞速发展，非结构化数据大量涌现，而非结构化数据没有统一的结构属性，难以用表结构来表示，因此在记录数据数值的同时还需要记录存储数据的结构，这增加了数据存储、处理的难度。据统计，非结构化数据已占到数据总量的 75%以上，且非结构化数据的增长速度比结构化数据快 10～50 倍。大数据正是在这样的背景下产生的，它不仅是处理巨量数据的利器，更为处理不同来源、不同格式的多元化数据提供了可能。

三、数据处理快

大数据的第三个特征即为数据处理快。这也是大数据区别于传统海量数据处理技术的重要特征之一。大数据是一种以实时数据处理、实时结果导向为特征的解决方案，数据处理快包含两个层面：

1. 数据产生快

随着移动互联网和无线传感网的飞速发展，数据的产生、发布越来越方便，产生数据的途径也日益增多，新的数据不断涌现，数据呈爆炸式增长。

2. 数据处理快

在数据量不断飙升的情况下，数据的处理速度也要求得到相应的提升，才能使大量的数据得到有效的利用，否则不断激增的数据不但不能为解决问题带来优势，反而会成为快速解决问题的障碍。

对于大数据应用而言，很多情况下都必须要在 1 秒或者瞬间内形成结果，否则处理结果就是过时和无效的。例如，IBM 有一则广告，讲的是："1 秒，能做什么？"1 秒，能检测出台湾的铁道故障并发布预警，也能发现德克萨斯州的电力中断，避免电网瘫痪，还能帮助一家全球性金融公司锁定行业欺诈，保障客户利益。因此，对不断激增的海量数据的实时处理，是大数据技术与传统海量数据处理技术的关键差别之一。

四、数据价值密度低

大数据的第四个特征即为数据价值密度低。这是大数据关注的非结构化数据的重要属性。在结构化数据中，根据不同的系统应用，每条数据都包含了相应的抽象后的信息；而在大数据中，为了获取事物的全部细节，不再对事物进行抽象、归纳等处理，直接采取原始的数据，保留了数据的原貌。这种直接采用全体数据的方法，减少了采样和抽象，呈现所有数据及其全部细节信息，可以分析更多的信息，但同时也引入了大量没有意义的信息，甚至是错误的信息。因此，大数据应用中数据的价值密度偏低。

五、数据的真实性

大数据的第五个特征即为数据的真实性。在决策支持过程中，数据最重要的特性不是数据量大，也不是数据种类多，而是数据的真实性。因此，数据真实和质量高才是决策支持成功最重要的因素，是制定成功决策最坚实的基础。追求高质量的数据是大数据应用过程中最重要的一项挑战，即使最先进的处理方法也难免带入一些不可预测的数据。在处理这些类型的数据时，数据清理无法修正这种不确定性。然而，尽管这些数据存在各种不确定性，但它们仍然包含着有用的信息。接受大数据的不确定性，并确定如何充分利用这一点是大数据应用过程中的难点，需要借助先进的技术手段创建更准确、更有用的数据点，或者通过鲁棒优化技术和模糊逻辑方法等先进的数学方法加以优化处理。

综上，大数据由下至上分为 3 个层面。第一层是信息归集，主要任务是收集企业内部的交易数据和企业外部的用户行为数据、传感网数据等，主要工作是采集、存储和传输等；第二层是信息服务，主要任务是在信息归集业务的基础上去粗取精，提炼后形成价值密度更高的信息，这个层面可以开展诸如数据销售、租赁等业务；第三层是知识服务，在信息服务的基础上，融合行业信息，提高到知识服务的高度，进一步衍生业务模式，这个层面可以开展诸如数据增值服务、数据使能等业务。

与传统海量数据的处理流程相类似，大数据的处理也包括：获取与特定的应用相关的有用数据，并将数据聚合成便于存储、分析、查询的形式；分析数据的相关性，得出相关属性；采用合适的方式将数据分析的结果展开出来等过程。大数据的概念与“海量数据”不同，表现在后者强调数据的量，而前者不仅用来描述大量的数据，还更进一步指出数据的复杂形式、数据时间特性以及数据的分析、处理等专业化处理，最终获得有价值信息的能力。

第二节 大数据技术发展现状与趋势

目前，全球正处在一个数据爆发增长的时代，大数据技术带来的价值正逐步受到人们的重视。人们对数据处理的实时性和有效性的要求也在不断提高，现在大数据技术不仅应用于商务智能领域，在公共服务、科学研究等各个方面，也同样发挥着巨大的影响力。数据无疑已经成为信息时代日益重要的宝贵资源，种类繁多、结构复杂的大数据已成为我们更准确地认知事物内部发展规律的信息基础，大数据中蕴含着极大的潜在价值已经是行业内很多商业机构的共识。移动互联网、移动终端和数据感应器的出现，使数据以超出人们想象的速度快速增长。据"全球脉动"(global pulse)估测，数据数量一直在快速增加，这个增加不仅是指数据流的增长，而且还包括全新的数据种类的增多。目前，数据容量增长的速度，已经大大超过了硬件技术的发展速度，并正在引发数据存储和处理的危机。据统计，2013 年全球产生的数据达到 3.5 ZB，到 2020 年将增至 44 ZB，超出存储空间 6 ZB(1 ZB 相当于 343.6 亿部 32 GB 智能手机的存储容量)。

世界上许多国家都已经认识到大数据所蕴含的重要战略意义，纷纷开始在国家层面进行战略部署，以迎接大数据技术革命带来的新的机遇和挑战。为抢占先机，取得大数据领域的国际竞争优势，以美国为代表的发达国家已经形成了从发展战略、法律框架到行动计划的完整布局，制定了大数据战略的国家规划，将大数据应用上升为国家战略。

一、美国大数据战略规划

2011 年，美国总统科技顾问委员会提出建议，认为大数据具有重要战略意义，但联邦政府在大数据相关技术方面的投资不足。作为回应，美国白宫科技政策办公室(OSTP)建立了大数据高级监督组以协调和扩大政府对该重要领域的投资，并牵头编制了《大数据的研究与发展计划》(以下简称《计划》)。2012 年 3 月 29 日，《计划》正式对外发布，标志着美国率先将大数据上升为国家战略。

《计划》旨在大力提升美国从海量复杂的数据集合中获取知识和洞见的能力，具体实现 3 个目标：

(1) 开发能对大量数据进行收集、存储、维护、管理、分析和共享的最先进的核心技术。

(2) 利用这些技术加快科学和工程学领域探索发现的步伐，加强国家安全，转变现有的教学方式。

(3) 增加从事大数据技术开发和应用的人员数量。

二、澳大利亚大数据战略规划

2012 年 10 月，澳大利亚政府发布《澳大利亚公共服务信息通信技术发展战略(2012—2015)》，强调应增强政府机构的数据分析能力，从而促进更好服务的传递和更科学政策的制定，并将制定一份大数据战略作为战略执行计划之一。2013 年 2 月，澳大利亚政府信息管理办公室(AGIMO)成立了跨部门工作组——大数据工作组，启动了《公共服务大数据战略》(以下简称《战略》)的制定工作，并于 2013 年 8 月正式对外发布。

《战略》以 6 条“大数据原则”为指导，旨在推动公共部门利用大数据分析进行服务改革，制定更好的公共政策，保护公民隐私，使澳大利亚在该领域跻身全球领先水平。这 6 条“大数据原则”分别为：数据是一种国家资产，必须服务于公众；在数据共享和大数据项目开发过程中严保用户隐私；数据完整和过程透明；政府部门间以及政府与产业间应共享技术、资源和能力；与产业和学术界广泛合作；加强政府数据开放。《战略》还决定成立澳大利亚政府数据分析重点科研中心(DACoE)，该中心将通过构建一个通用的能力框架帮助政府部门获得数据分析能力，并促成政府与第三方机构合作培养分析技术专家。《战略》列举了 2014 年 7 月前需完成的 6 项大数据行动计划，分别为：制定信息资产登记簿；跟踪大数据分析的技术发展；制定大数据最佳实践指南；总结明确大数据分析面临的各种障碍；强化大数据分析的相关技术和经验；制定数据分析指南。具体工作将由大数据工作组与澳大利亚政府数据分析重点科研中心共同协作完成。

三、英国大数据战略规划

2013 年 10 月 31 日，英国发布了《英国数据能力发展战略规划》。该战略由英国商务、创新和技能等部门牵头编制，旨在促进信息经济条件下，英国在数据挖掘和价值萃取中的世界领先地位，为英国公民、企业、学术机构和公共部门创造更多收益。为实现上述目标，该战略从强化数据分析技术、加强国家基础设施建设、推动研究与产研合作、确保数据被安全存取和共享等几个方面作出了部署，并作出 11 项明确的行动承诺，确保战略目标真正得以实现。

四、法国大数据战略规划

为抓住大数据发展的机遇，促进本国大数据的发展，以便在经济社会发展中占据主动权，2013 年 2 月，法国政府发布了《数字化路线图》，宣布将投入 1.5 亿欧元

大力支持5项战略性高新技术，而“大数据”就是其中一项。2013年7月4日，法国中小企业、创新和数字经济部发布了《法国政府大数据五项支持计划》，包括：引进数据科学家(datascientist)教育项目；设立一个技术中心给予新兴企业各类数据库和网络文档存取权；通过为大数据设立一个全新的原始资本，促进创新；在交通、医疗卫生等纵向行业领域设立大数据旗舰项目；为大数据应用建立良好的生态环境，如在法国和欧盟层面建立用于交流的各类社会网络等。

五、中国大数据战略规划

2015年8月31日，经李克强总理签批，国务院印发了《促进大数据发展行动纲要》(以下简称《纲要》)，系统地部署了大数据发展工作。

《纲要》部署了3个方面主要任务。一是加快政府数据开放共享，推动资源整合，提升治理能力。大力推动政府部门数据共享，稳步推动公共数据资源开放，统筹规划大数据基础设施建设，支持宏观调控科学化，推动政府治理精准化，推进商事服务便捷化，促进安全保障高效化，加快民生服务普惠化。二是推动产业创新发展，培育新兴业态，助力经济转型。发展大数据在工业、新兴产业、农业农村等行业领域应用，推动大数据发展与科研创新有机结合，推进基础研究和核心技术攻关，形成大数据产品体系，完善大数据产业链。三是强化安全保障，提高管理水平，促进健康发展。健全大数据安全保障体系，强化安全支撑。

在港航业大数据技术发展过程中，由上海市科学技术委员会发布的《上海推进大数据研究与发展三年行动计划(2013—2015年)》，将航运物流纳入了未来数据产业的研究发展规划之中。该行动计划指出，上海计划汇聚整合全球港口、货物、船舶等数据，融合多源物联网、北斗导航等数据，实现航运数据共享服务，建立基于大数据的现代航运物流服务体系。

例如，大连港集团把大数据的海量信息“为我所用”，以港口信息化基础及大连口岸公共信息平台为依托，不断拓展港航及口岸综合服务功能，着力建设智慧口岸综合服务体系，打造东北亚国际航运中心“数字引擎”；依托港口数据中心，通过先进的大数据技术及工具，结合数据科学与行业经验，推进港航、物流及监管机构等各系统的数据共享，并通过对海量数据的挖掘分析，提供定制化大数据应用服务。其中，大连口岸公共信息平台，已在大连口岸构建起一个联系港口、码头、货主、货代、船公司、船代、理货、场站、车队企业，以及港口与口岸、海关、检验检疫、海事等政府及监管部门的电子化协作联动网络，成为名副其实的口岸信息枢纽。截至目前，大连口岸公共信息平台已推出电子数据交换报文140余种、EC应用系统51项，成为泛渤海地区最大的物流综合信息平台。

青岛港全港信息化已普及，实现了所有系统的数据集成和信息化系统应用的集成，建成了生产管理、船舶资料管理、财务管理、资产管理、人力资源管理、设备管理、物资管理、工程管理等 8 大主题数据库；投资 1.2 亿元，为“一带一路”打造统一公共的信息平台提供技术支持，强化互联网创新思维，全力打造大数据信息中心港。

天津港在《滨海新区大数据行动方案（2013—2015）》的指导下，发力建设基于大数据的天津港经营分析系统。

宁波港正在整合内外部码头、无水港、集装箱运输网络以及物流增值服务等相关资源，建设各个业务平台融合的港口物流一体化平台。此外，宁波航运交易所首次推出“悦龙智航”管理服务平台，通过信息交互融合和商业智能大数据应用，为政府、行业和企业提供数据分析、挖掘、统计和指数等高端服务。

图 9-1 为对各大班轮联盟的班轮从中国出口到全球港口的挂靠频次的大数据进行一系列提取、整理、分析、转化所得的港口热力图，对于班轮公司来说，形象化以后的大数据可以提供一系列的预测分析。从这张图中可以看到各大班轮联盟在全球的网络布点情况，为班轮联盟运力分析提供形象的支持。同时，也可以一目了然地看出中国出口贸易的热点分布，为航线开发的规划提供依据。

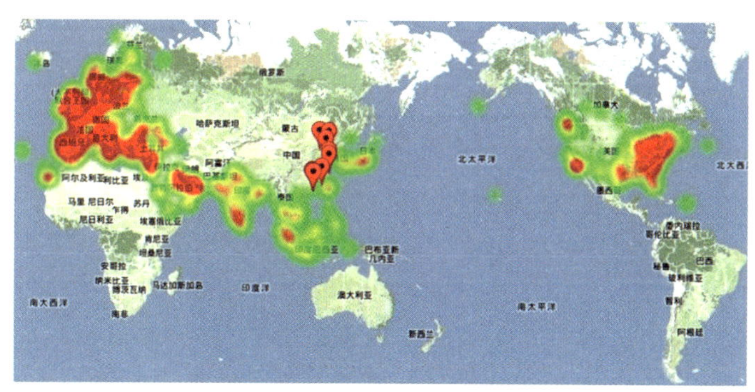

数据来源：中国船期网

图 9-1　航运班轮挂靠频次

第三节　港航大数据标准化工作

随着信息整合和业务整合的逐步推进，不同业务系统中的业务数据的相互冲突正成为一个突出问题。没有标准化的数据，就像互不相通的语言，即使相互连通的系统也不能直接进行“对话”。由企业集团层面建立并实施一套有效的数据标

准，形成长效的数据标准化管理机制，为企业通过信息整合加强业务管控提供基础支持已迫在眉睫。

港航企业实施大数据战略的第一步是成立大数据战略工作组，由企业领导牵头（工作组组长负责协调各业务板块），各业务板块领导任联络人（配合组长落实各业务板块协同工作），抽调各业务板块的业务人员、IT 人员组成工作组（比例建议为 7∶3，合作模式建议为“原型法”，由业务人员与 IT 人员共同协商构造一个功能简单的原型系统，然后通过对原型系统逐步求精，不断扩充完善，最终得到目标系统）。以“大众创业、万众创新”引领工作组开展工作，定期召开大数据战略推进会议、技术沙龙等，充分激发并有效发挥各级领导、各领域业务人员与 IT 人员的作用，鼓励组员以创业的形式提出大数据应用的可行性方案，优选其中合理可行的资助实施。工作组的考核主要参考提出方案的可行性、可操作性、是否落地等关键指标。

然后，启动大数据实施过程中最重要的数据标准化工作，成立数据标准化工作小组，结合企业各业务板块的实际情况，启动企业整体数据标准体系建设，建立基础数据编码规范和数据子集规范，统一所有业务系统的数据编码，保证业务数据的准确与完整。同时，制定数据标准的管理、更新、维护规范，以及建立数据标准的应用情况的监督、检查机制。通过数据标准化工作，建立企业业务数据标准体系，同时完善相应的工具和管理运行机制，为企业各业务系统构筑统一的业务数据基础。

目前，对于数据标准化工作，应建立一套简单有效的数据代码标准和标准化工具，设立相应的数据标准化岗位并积极建设配套制度。按照“急用先行，统筹规划”的原则，逐步推进企业信息数据的标准化工作，主要任务包括：

1. 数据标准体系建立

依托现有资源和信息化工作的基础，坚持自主制定和采用国际标准、国家标准、行业标准相结合，根据企业业务应用的实际需要，适时推出与企业发展相适应的数据标准体系。业务数据标准的建立需要企业各个层面的共同协商，保证在标准制定过程中的全方位参与，才能有效推进标准的实施。

2. 业务数据标准制定

数据标准制定建议按照数据元的设计规范进行。首先根据业务需要，提取数据元；其次提取数据元属性；再次明确数据元的分类规则、命名规则、标识符分配规则、定义编写规则等；最后进行数据元描述，明确各数据元属性，确定数据元的标准。

3. 业务数据标准基层推行

业务数据标准的制定旨在企业范围内统一业务数据，使汇聚起来的数据都是统一的数据，以便于统计分析和决策支持。业务数据标准制定完成后，企业统一进行数据标准的发布；基层单位在收到上级新发布的数据标准后，有义务进行系统的标准符合性检测，并着手进行数据的更新。

在推动数据标准化工作的过程中，建议在现有数据中心的基础上，抽调力量或增加编制，设立数据标准化岗位，启动企业整体数据标准体系建设、全企业规范数据信息管理，其职责应包括：

(1) 制定数据标准注册和管理相关制度。

(2) 受理数据标准注册申请、评审与发布。

(3) 维护数据标准化平台。

(4) 提供数据标准相关查询服务。

(5) 对数据标准的应用情况进行监督、检查。

之所以建设数据标准化平台，是因为数据标准的制修订、维护和应用都需要系统的自动化支持。其功能主要包括数据标准生命周期管理、数据标准的添加、数据标准的删除、数据标准的更新、数据标准信息的发布等。

(1) 数据标准生命周期管理，包括对数据标准的各个阶段的管理。数据标准的生命周期一般包括：草案阶段、试用阶段、标准阶段和废止阶段等 4 个阶段。

(2) 数据标准的添加：当数据标准进入标准阶段后，便应正式添加此数据标准。

(3) 数据标准的删除：当数据标准进入废止阶段后，应在一定时限内完成数据标准的删除工作。

(4) 数据标准的更新：只有通过标准化机构审核并处在标准阶段的数据标准才能进行更新。

(5) 数据标准信息的发布：集团标准化机构负责向相关单位提供获得的数据标准信息。

第四节　港航数据资产运营规划

一、数据资产运营概述

现代化企业在长期运营过程中必然会积累大量数据，包括客户数据、产品数据、营销数据、财务数据、市场数据等，这些数据蕴含着关于企业客户特征、业务发展规律、企业经营走势等重要的信息。因此，数据作为企业经营的重要信息，应把它当作资产来进行管理和运营。数据资产运营是一种新型的数据管理理念，其改

变了“数据只是企业经营活动的副产品”的旧有观念，将数据作为“一种同货币或黄金一样的新型经济资产类别”来进行管理。对于提升企业数据管理和应用水平，加速向数据化运营转型有显著的推动作用。在 2012 年瑞士达沃斯经济论坛上，数据资产作为一个新热点被反复提及。“大数据、大影响”议题下的一份报告指出，“数据已经成为一种与货币或黄金一样的新型经济资产类别”。事实上，数据的价值已经在零售业、互联网、电信、电子商务等领域得到反复验证，数据挖掘、大数据分析也已经在这些领域进入了规模应用阶段，涌现出大量提供数据服务的专业公司。数据资产运营的核心是数据资产化，即将数据作为与实物资产、知识资产、人才资产一样的能为企业不断创造价值的核心资产，因此需要构建完善、统一的管控架构对其进行管理，以便更好地应对大数据发展对企业运营带来的挑战。

什么样的数据能够成为资产，或者说什么样的数据有资格成为资产？一般来讲，资产可以被认为是企业拥有和控制的，能够用货币计量，并能够给企业带来经济利益的经济资源。在这里，资产包含如下几个要素：①被企业拥有和控制；②能够用货币来计量；③能为企业带来经济利益。

通过对比经典的资产管理理论，可以得出数据资产的 3 个核心特征：

首先，数据资产是一类可供不同用户使用的资源。与实物资产、无形资产一样，数据资产首先是一种资源，可以通过合理应用创造价值。但是，与前两类资产不同，数据资产的应用范围更广，不再局限于企业内某一专业，甚至不再局限于企业内部，企业可以通过将自身的数据资产进行出租、出售而产生效益。目前，一些电信运营商就通过将用户行为数据（去除了姓名、地址等个人隐私信息）出售给提供互联网精准广告的服务公司而获益，后者则通过对这些数据进行挖掘、分析，实现精准的广告投送而获益。

其次，通过数据资产产生的价值应大于其生产、维护的成本。数据的产生、存储、维护、管理都是需要成本的，只有那些创造的价值大于其成本的数据才可以归为数据资产。参考资产回报率，可以提出“数据回报率”概念，即数据回报率＝数据效益/数据成本。从这个角度来看，在当前供电企业所积累的海量数据中，可以归入资产一类的只占非常小的比例。

最后，数据资产是有生命周期的。既然是资产就必然存在其生命周期，简单说就是数据会过时，不是保存越多越好、越长越好，当其价值已经无法抵销其存储、维护成本时，就应该将其“退役处置”，就如同设备资产一样。同时，在数据资产管理中，也要实现对数据采集、存储、维护、应用、归档的全生命周期管理。

二、港航数据资产运营的规划定位

1. 规范企业治理的重要手段

目前，在企业信息化应用中，由于不同的数据库、报表、文件、视图等的分散分布，容易出现定义不统一、分配不明确、数据混乱、集成技术匮乏等问题，因此数据资产运营首先要做的事是治理，这是规范企业信息化的重要手段，其次是数据资产的应用，让企业数据的应用更加方便与快捷，从而进一步提升企业管理与决策水平。例如，在港航业，前期数据如果能够帮助企业有效预测货源、货量，则有助于港航企业节约揽货的各项成本，港航企业的运营效率也随之得到提高。

2. 提升港航服务和港航信息服务水平

港航企业所提供的各项港口服务，包括信息服务水平，最终要通过客户的满意度体现出来。数据资产运营本身，能够在港口信息、货物物流信息、监管查验放行信息等方面提供服务。港航企业数据资产运营的动力源于展示并提升港航服务和信息服务水平，其中：信息增值服务是提升服务水平的关键；口岸物流服务水平的高低取决于信息平台对信息系统的整合能力和使用效率；而物流信息系统作为一个独立的整体，涉及众多的方面，不仅需要考虑建立内部业务关联，还需要将功能延伸到监管机构信息数据、船代/船公司信息数据，并建立业务数据自动采集/反馈渠道。因此，基于信息整合能力的数据资产运营对服务水平的重要性，除了涵盖当前系统所能够整合的数据和信息系统外，还对未来运营对数据的需求作了规划。

3. 实现经营目标

数据资产运营能够在向客户提供服务的同时，通过数据租售、信息租售、数据使能等方式帮助公司实现企业的利润目标，形成新的企业增值利润空间。数据资产运营属于一个创新型、探索性的项目，通过对盈利模式、运行模式、营销模式进行探索和创新，可以为企业带来新的业务收入。在信息化能力上，通过数据资产运营与其他现有信息系统相结合，以信息服务为核心，促进相关信息系统不断完善。

三、港航数据资产运营的规划原则

1. 服务原则

数据资产运营是一个综合服务体，服务港口经营，促进港口发展。因此，数据资产运营的首要原则就是建立规范完善的服务体系，为相关企业提供全方位的信息服务。

2. 公共性原则

数据资产运营在港航企业内部是一个营造开放的数据化环境的系统，而不是一个封闭的信息应用系统，更不是取代相关业务生产部门已有的信息化应用系统，它的重点是创造一个供企业内部数据共享与服务的公用平台。

3. 基础性原则

数据资产运营是一个基于现有物流设施资源和信息资源的一种可共享、可运营、可服务的信息平台机制，主要解决跨部门、跨领域资源共享的问题，是另一种意义上的集团基础设施。

4. 利益共享、风险共担原则

在实现数据资产运营过程中必须协调好各方面的利益分配关系，才能使这个过程较为顺利地进行。在港航数据资产运营中，应当充分考虑到企业内部各部门、各码头、监管机构等合作者所关注的最大利益点，从而共同营造一个最大效益的数据资产运营模式。

5. 适度超前与统筹规划原则

数据资产运营在规划时既要考虑整个运营机制的完整性、超前性和可操作性，又要根据信息技术发展日新月异的特点，使整个机制具备很强的扩展能力和多层次安全保障体系。此外，还要针对不同部门、不同码头之间存在的信息化程度参差不齐的现状，在规划实施中遵循“先易后难、循序渐进、重点突破与整体提高”的原则，在有限时间内以较少的投入获得最大的经济效益和社会效益。

四、港航数据资产运营的规划策略

数据资产运营规划是在港航企业已经建立了比较成熟的信息系统，以及积累了大量的运营经验的基础上提出的。数据资产运营的建设和规划都将按照保存存量、共建增量这一方针进行，充分发挥目前信息系统的最大效用和优势。数据资产运营是当前现有信息平台和运营能力的延伸，不但不与现有任何系统发生冲突，而且将极大地加强现有系统间的协同。

1. 统一协调、集团支持

数据资产运营建设涉及的部门多、管理体制机制复杂，应由企业领导出面组建监管协调机构及运营主体，制定有关技术标准和规章制度，在方便相关部门和二级公司的基础上，最大限度地提供便利。

2. 分头建设、数据共享

数据资产运营是现有信息系统的继承、融合与深化。因此，在发展策略、规划、开发的过程中必须充分考虑与现有信息系统的继承、融合的问题。由于现有信息系统是不同阶段、不同部门、不同软件开发商开发的系统，存在大量的异构系统，因此应实现对这些旧的异构系统的有效融合与对接，创立一种数据交换的模式和制度。

3. 分段运营、逐步升级

从应用领域来讲，数据资产运营可以适用于多种形式的业务领域，但规划不可能一次性解决数据资产运营过程中碰到的所有问题，只有遵循分段运营、逐步升级的原则，按照事物发展的规律，循序渐进地发展。

4. 开展培训、优化人力资源

数据资产运营目前仍处在探索阶段，由于各部门、二级公司的规模、信息化程度都存在一定的差别，因此需要对相关领域的人才进行培训或引进。

5. 业务联动、满足个性化需求

目前，港航企业各部门、二级公司在信息数据方面，最为缺失的就是相互之间的联动和数据共享。因此，满足个性化需求的全面业务联动，对数据资产运营有巨大的推动作用。

第五节　港航数据资产运营能力分析

一、拥有能力

港航数据资产运营的拥有能力，直观的理解就是企业在生产过程中生产出来的数据。与以知识产权为代表的产权相比，从拥有的角度来看就是第一方数据。这些数据也可以称为甲方数据，因为主要来自于数据的生产者。港航企业及各业务公司在经营过程中生产的大量数据就是第一方数据，诸如：

(1) 船舶信息：①在港船舶；②离港船舶；③船舶停时；④外签吨；⑤船舶动态；⑥船舶档案；⑦集港信息；⑧船公司信息；⑨预确报。

(2) 货况跟踪：①进出门；②电子装箱单；③装卸船信息；④堆存查询；⑤下货纸。

然而，并不是生产出来数据就称得上具有了数据资产运营的拥有能力，真正的拥有能力需要企业经过数据标准化处理，基于价值的数据筛选、归类、聚集等操作，最终归集到对企业经营有价值的数据湖中。因此，数据资产运营过程中的拥有能力的加强，主要就是收集第一方数据能力的加强。

二、控制能力

与港航数据资产运营的拥有能力相比，控制能力主要针对第二方、第三方数

据。第二方数据也可称为乙方数据，这些数据主要存在于物流运营过程中，主要来自一关三检等，诸如：

（1）报关单信息：①海关放行；②检验检疫放行；③转栈；④运抵；⑤散货运抵；⑥无水港通关；⑦布控解控。

（2）舱单信息：①海运进口舱单；②预配舱单；③申报信息；④出口清洁舱单。

与第一方、第二方数据相比，第三方数据的产权问题比较复杂。出于对敏感数据泄露的担心和数据资产定价困难方面的考虑，第一方和第二方数据的拥有者很少直接进行数据交易或授权。与之相反的倒是常有从这些公司流出的内部数据放在网上供人付费下载，这也正是数据当前阶段还不能与资产划等号的一个生动体现。由于无法通过交易授权渠道获得，目前很多第三方数据提供商是通过网络爬虫，甚至是黑客手段获取数据的。从法律层面看，这些所有权存在瑕疵的数据即使暂时拥有，也不能构成资产要素。只有在建立起有效的数据交换、交易机制后，第三方数据才能被真正地拥有和控制。

港航数据资产运营的控制能力，主要表现在与海关、检验检疫、行业协会等部门的合作能力以及数据市场的购买能力。

三、服务能力

如果不能带来经济利益，再多的数据也只能是垃圾，企业还要为这些数据支付额外的存储费用。因此，数据资产运营的核心就是服务能力，即提供数据租售、信息租售、数据使能等增值服务的能力。目前，在各类企业已经开展的大数据业务中，主要存在以下六大运营方向。

1. 租售运营数据

数据中介商，通过租售、出售广泛收集的、精心过滤的、时效性强的数据，可以获得可观的收益。在这一点上，电信运营商和一些大型的互联网公司有着先天的优势，它们通过各自的平台和应用，已经抓住很大一部分用户信息。但是，运营商的优势最为明显，因为每一个终端的网络连接、数据传输，都需要通过运营商的介入，各家互联网企业再有优势，都比不上运营商来的方便。各种数据包广泛分布在各路网络和服务器之中，无论是平台型数据还是应用数据，都需要借助某家运营商的宽带或手机业务存在。一个数据中介商，不论是对数据的出售还是租售，都离不开运营商的支持。

2. 租售高价值信息

信息服务商，可以通过对某个行业的数据采集、信息萃取，租售高价值信息获利。想要对行业数据进行深度分析，形成有价值的数据报告，实现商业价值，需要借助各大提供互联网服务的企业。目前，各大社交网站都已经不同程度地开放其用户所产生的实时数据，这些数据被一些数据提供商收集，另外也被一些监测数据的市场分析机构，尤其是金融、厂商、零售业等各种数据用户企业二次应用，用于把握新产品的市场反应，检测消费者对品牌的认知度。

3. 打造精准营销渠道

精准营销并不是一个新话题，甚至目前已经有点被滥用。通过大数据的分析，将进一步提升营销精准度，或者开创新的媒体渠道。据美国 Winterberry Group 公司调查显示，近 2/3 的美国市场营销人员认为，有必要通过处理大数据的方式来加速推进他们的市场营销平台建设。在国内的营销生态中，大数据的精准营销价值也越来越受到重视。目前，真正的精准营销只掌握在那些拥有大数据、有能力分析和分享大数据的互联网企业手里，它们未来将会不断导演新的精准营销概念。

4. 提供价值挖掘服务

这种运营方式主要通过对企业提供的数据，包括交易流水、信用报告、客户评价等，进行分析、挖掘，找出企业“数据洪流”中所谓的数字“面包屑”痕迹，并从中寻找到有价值的内容，为企业开展新业务、实现商业价值提供咨询服务。一般说来，价值密度的高低与数据总量的大小成反比。以视频为例，一部一小时的视频，在连续不间断的监控过程中发现，对企业可能有用的数据仅仅只有一到两秒。通过大数据计算更迅速地完成价值“提纯”，虽然还是业界的难题，但是也为未来的数据挖掘服务商保留了潜在的获利空间。

5. 开展数据空间运营

通过租售数据存储空间，应对大数据带来的大体量问题。大数据既包括结构化数据，又包括非结构化数据，而且是以数量巨大、变化率高的形式存在的。目前，全球的数据量正以每年 50%的增长速度快速激增，其中，非结构化数据的增长速度最快。随着云计算、大数据、物联网的发展，将会有越来越多的传感器采集的数据、移动设备产生的数据、社交多媒体产生的数据等，因此数据只可能继续增长。因而，大数据需要高性能、高吞吐率、大容量的基础存储空间。可以预见的是，大数据的规模、增长速度和种类在未来都将会持续呈现指数级发展，数据存储将成为企业开展大数据运营的首要基础性需求。

6. 提供数据技术服务

基于 Hadoop，NoSQL 等技术，提供结构化或非结构化数据处理技术或工具。一提到大数据计算，往往人们会联想到云，但是对于大数据来说，云并非其唯一可以一显身手的地方。国外相关技术报告指出，2014 年，Hadoop 等技术会从数据批处理和存储转向通用目的的计算基础设施，从而成为企业数据架构的核心组件，这意味着数据分析将会继续成为大数据的首要应用。

四、适应能力

港航数据资产运营的适应能力，指适应现代智能化港航的建设需要与互联网+的发展趋势，特别是适应互联网环境下需求快速变化的应变能力，主要指数据资产的保值增值能力。数据既然具备资产的属性，也就存在着折旧损毁和保值增值的问题。如何让数据资产实现保值增值呢？通常在资产负债表的资产项上，财务人员喜欢按照资产的流动性将资产从上至下进行排列。与之相类比，决定数据资产价值的则是数据的规模、活性，以及收集、运用数据的能力。因此，要实现数据的保值增值，具体措施如下：

1. 扩大数据规模

尽管大数据技术层面的应用可以无限广阔，但是受制于当前阶段数据收集和提取合法性方面的限制，能够用于商业应用、服务于人们的数据要远远小于理论上大数据能够采集和处理的数据。另外，单体企业仅仅基于自己掌握的独立数据很难了解产业链各个环节数据之间的关系，对消费者作出的判断和影响十分有限。

因此，只有充分发挥大数据生态圈中各企业的协同效应，建立起数据交换机制才能有效地扩大数据规模。当前阶段，很多需要共享数据的企业间竞争和合作关系同时存在，企业在共享数据之前需要权衡利弊，避免在共享数据的同时丧失竞争优势。

2. 提高数据活性

数据类型繁多和价值密度低是大数据的重要特征。只有数据所有者们围绕核心业务需求构建起数据间的关联关系，才能提高那些不同来源的结构化与非结构化数据的活性。例如，对于数字营销中关键的业务环节——消费者画像，只有建立起统一的用户识别标识后，才能把众多环节收集的数据整合到一起，更加全面地了解用户。

3. 提升收集、运用数据的能力

与结构化数据相比，非结构化数据由于难以用传统数据库的二维逻辑表来表现而被放弃。IDC 的一项调查报告指出：企业中 80%的数据都是非结构化数据，这些数据每年都增长 60%以上。显然，加强对非结构化数据的重视程度对于提升整体收集、运用数据的能力效果显著。

五、创新能力

1. 精细化管理创新应用

搭乘着大数据的东风，精细化管理的理念也越来越普遍地运用到各个领域，试水大数据分析，进行深度挖掘、发展趋势分析，积极探索各个领域的精细化管理，以大数据提升科学决策水平、提高管理效率、降低管理成本，以及运用大数据促成企业服务的精细化、人性化，将是企业需要考虑的大问题。

“天下大事，必作于细。”大数据所具有的智能化、实时性处理海量数据的能力为港口企业精细化管理提供了重要帮助。大数据之所以受追捧，是因为它除了能提高企业的工作效率之外，重要的是还能有效降低精细化管理成本。一方面，大数据技术的采用，将极大地激活原先利用率偏低的大量的企业日常运行数据；另一方面，这些数据的运用又极大地改变了企业传统的治理方式和治理工具，同样降低了管理的成本。

例如，在管理精细化创新应用领域，可以在集装箱码头开展示范应用，如图 9－2所示。通过构建关联指标体系，引入标杆，从效率、成本和资源 3 个方面对集装箱码头运营进行分析和管控，最终形成集装箱码头运营大数据管控系统。

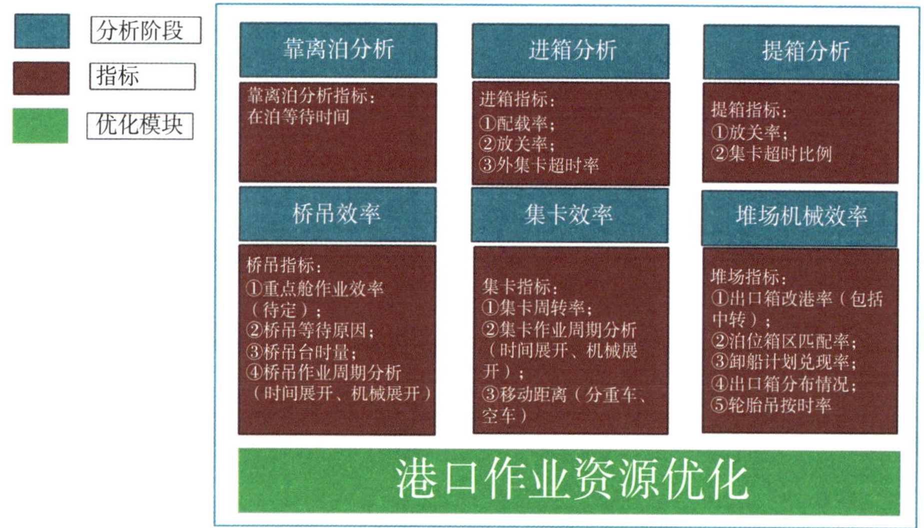

图 9－2　港口作业资源优化指标

2. 客户服务创新应用

伴随着大数据技术的快速发展，客户服务进入智慧服务时代。基于大数据技术的港口客户服务创新应用，主要体现在信息资讯发布、客户行为分析、主动开展客户关怀、数据增值服务等方面。

1）信息资讯发布

可以通过建设一站式综合物流信息服务平台，发布客户感兴趣的各类信息，如

供应链全程可视化信息等。

2）客户行为分析

可以通过分析用户访问港口信息化平台的行为（如客户使用最多的是什么服务、搜索最多的是什么信息等），分析客户的关注热点、偏好变化、行业动态、营销活动反馈等相关数据，并对这些数据进行科学的处理分析，以此为依据更好地构建综合物流信息服务平台。

3）主动开展客户关怀

整合 CRM 系统，提供“点对点”服务，主动开展客户关怀，建立 SWOT 客户流失评测模型，量身定制客户服务，增加客户忠诚度。

4）数据增值服务

通过客户行为分析，打造数据增值服务，满足客户的各类需求，如为客户对海运进口业务全流程提供分析服务。例如：

（1）从舱单生成到卸货结束，平均耗时？

（2）从卸货至预录入放行，平均耗时？

（3）从预录入至现场放行，平均耗时？

（4）从现场放行至提货，平均耗时？

（5）从舱单录入至提货，整个环节平均耗时？

3. 商业模式创新应用

大数据既为深入理解人、组织与市场的交互行为规律提供了一种新的诠释视角和强有力的依托，又为现代企业的运营管理模式带来深刻变革，使得企业可以在更大的时空范围整合资源，并通过转型升级重塑企业与供应商、客户、合作伙伴等之间的关系，不断地创新商业模式。

例如，港口企业可以通过加强物联网、云计算、大数据等新一代信息技术在港口的创新应用，整合、提炼、利用港口内外相关信息资源，构建基于大数据的综合物流信息服务平台，推进商业模式、揽货模式、服务模式创新，增强港口的服务特色和竞争优势；加快推进“智慧型”港口建设，推进物流服务信息化、高端化、增值化，提高物流效率和服务附加值。图 9－3 所示为创新商业模式整体架构，其主要盈利点包括信息服务费、广告费、咨询费、交易费等。

如图 9－4 所示，港口传统的盈利点在船舶靠泊服务、装卸服务以及仓储服务；而在创新商业模式下，新增的盈利点包括物流方案咨询服务费、数据共享服务费、增值服务费、物流方案推介广告费。

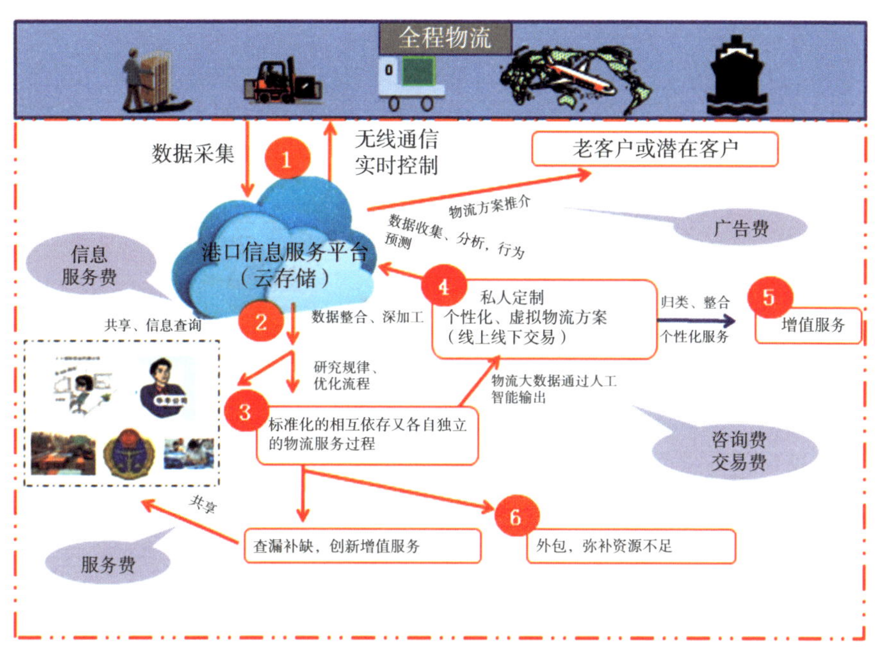

图 9-3　创新商业模式整体架构

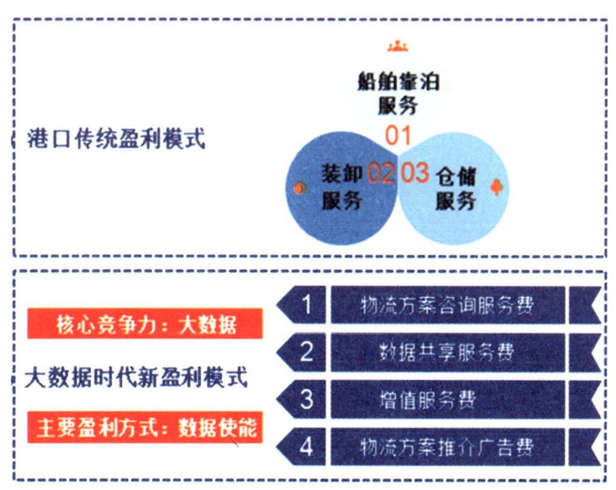

图 9-4　传统盈利模式与创新商业模式对比

4. 港航金融创新应用

数据显示，中国大数据 IT 应用投资规模以五大行业最高，其中以互联网行业占比最高，占大数据 IT 应用投资规模的 28.9%，然后依次是电信领域(19.9%)、金融领域(17.5%)、政府领域和医疗领域。由于大数据技术在金融行业的应用已

较为成熟,因此港航企业可在金融领域先行先试。

国内不少银行已经开始尝试通过大数据来驱动业务运营,如中信银行信用卡中心使用大数据技术实现了实时营销,光大银行建立了社交网络信息数据库,招商银行则利用大数据发展小微贷款。总的来看,银行大数据应用可以分为四大方面,如图 9-5 所示。

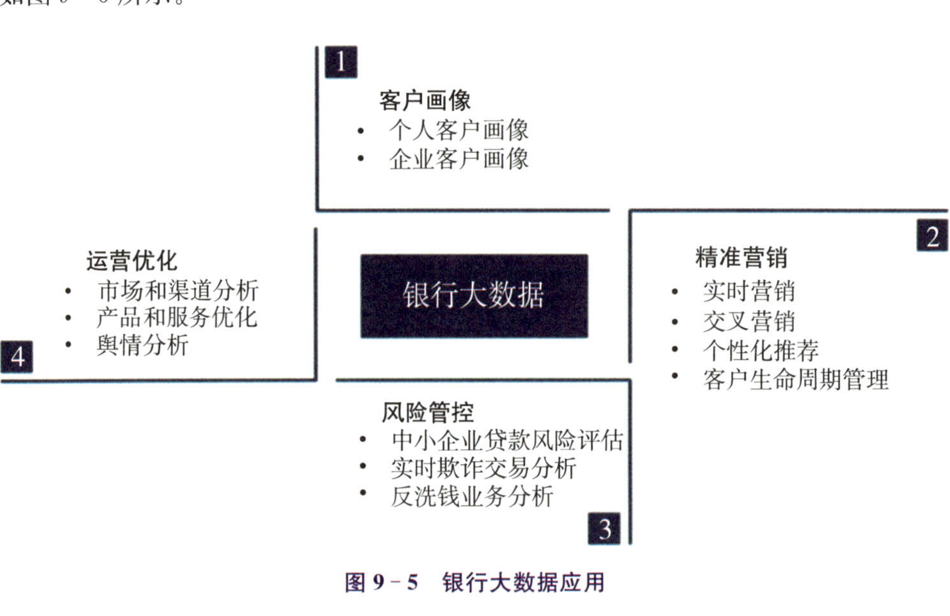

图 9-5　银行大数据应用

1) 客户画像

客户画像主要分为个人客户画像和企业客户画像。个人客户画像包括人口统计学特征、消费能力、兴趣、风险偏好等数据;企业客户画像包括企业的生产、流通、运营、财务、销售和客户数据,以及相关的产业链上下游数据等。

2) 精准营销

在客户画像的基础上,银行可以有效地开展精准营销,具体包括:

(1) 实时营销。实时营销是根据客户的实时状态来进行营销的,比如:根据客户当时的所在地、客户最近一次消费等信息来有针对性地进行营销(某客户使用信用卡采购孕妇用品,可以通过建模推测怀孕的概率并推荐孕妇喜欢的业务);或者将改变生活状态的事件(如换工作、改变婚姻状况、置居等)视为营销机会。

(2) 交叉营销。即不同业务或产品的交叉推荐,如银行可以根据客户交易记录分析,有效地识别小微企业客户,然后用远程银行来实施交叉销售。

(3) 个性化推荐。银行可以根据客户的喜好进行服务或者银行产品的个性化推荐，如根据客户的年龄、资产规模、理财偏好等，对客户群进行精准定位，分析出其潜在金融服务需求，进而有针对性地开展营销推广。

(4) 客户生命周期管理。客户生命周期管理包括新客户获取、客户防流失和客户赢回等。

3) 风险管控

风险管控包括中小企业贷款风险评估、实时欺诈交易分析和反洗钱业务分析等手段。

(1) 中小企业贷款风险评估。银行可通过企业的生产、流通、销售、财务等相关信息结合大数据挖掘方法进行贷款风险分析，量化企业的信用额度，更有效地开展中小企业贷款。

(2) 实时欺诈交易分析和反洗钱业务分析。银行可以利用持卡人基本信息、卡基本信息、交易历史、客户历史行为模式、正在发生行为模式（如转账）等，结合智能规则引擎（如从一个不经常出现的国家为一个特有用户转账或从一个不熟悉的位置进行在线交易）进行实时的交易反欺诈分析。

4) 运营优化

(1) 市场和渠道分析。通过大数据，银行可以监控不同市场推广渠道尤其是网络渠道推广的质量，从而进行合作渠道的调整和优化。同时，也可以分析哪些渠道更适合推广哪类银行产品或者服务，从而进行渠道推广策略的优化。

(2) 产品和服务优化。银行可以将客户行为转化为信息流，并从中分析客户的个性特征和风险偏好，更深层次地理解客户的习惯，智能化分析和预测客户需求，从而进行产品创新和服务优化。例如，兴业银行目前对大数据进行了初步分析，通过对还款数据挖掘比较区分客户，根据客户还款数额的差别，提供差异化的金融产品和服务方式。

(3) 舆情分析。银行可以通过爬虫技术，抓取社区、论坛和微博上关于银行以及银行产品和服务的相关信息，并通过自然语言处理技术进行正负面判断，尤其是及时掌握银行以及银行产品和服务的负面信息，及时发现和处理问题；对于正面信息，可以加以总结并继续强化。同时，银行也可以抓取同行业银行的正负面信息，及时了解同行做的好的方面，以作为自身业务优化的范例。

5. 跨境电商创新应用

在如今数据信息爆炸的时代，如果能够在海量数据信息中深度挖掘出其中蕴含的商业价值，就能获得更多商业机会。根据艾瑞对近 1 200 家企业的调查，97.9%的企业认为数据分析对于电商运营很重要。“大数据”意识正在电商企业普及，与此相对的是有超过半数的被调查企业认为自身电商数据分析能力欠缺。

要想很好地驾驭数据，让数据服务于运营决策并不容易。对于电商从业者而言，数据的搜集、整合、洞察应该具备一套专业严密的方法体系，每一笔交易、每一次输入都是数据，通过计算机进行筛选、整理、分析，所得出的并非简单、客观的结论，而是能有助于企业作经营决策的，从而引导激发更大的消费力量。市场、行业、运营是三位一体的：真正地把握垂直市场的消费诉求；精准地跟踪行业动态，力求处在市场前沿；整合渠道、资源，精细化运营，追求利润最大化发展。要实现这些往往需要通过有效的数据分析，才能将市场需求、行业变化、竞争对手动态等信息具象化。

对于掌握大量外贸数据的跨境电商来说，应用大数据尤为重要，通过对数据的智能挖掘和深度分析，可以创造海量价值和财富。因此，跨境电商都在迅速增加大数据方面的投入，以便及时捕捉市场需求和动向。常见的跨境电商大数据运用包括以下几个方面。

1）洞察潜在的市场需求

通过对海量交易记录的跟踪、统计分析，可以发现某个地区或者国家的销量变化趋势，并在第一时间掌握交易货品中出现的新材料、新技术、新工艺、新产品，可以提前做好战略部署和资源准备。

2）掌握客户消费频次及规律

通过对客户消费行为的分类统计与分析，可以掌握不同地区及国家的客户消费频次、消费数量及金额、季节变化之间的关系，从而制定具有针对性和精准的营销推广计划，并提前做好备货工作，这样在提高客户购买体验的同时获取更可观的利润。

3）投放智能广告

针对不同国家和地区的广告投放，需要不同的广告策略和技巧，尤其是大规模的广告营销。通过对海量的客户行为和关键字表现报告进行数据统计和挖掘，可及时智能调整广告预算和出价，并自动对潜力关键字进行扩词，大大提高了广告投入产出比例，减少了营销费用的浪费。

4）有效管理海量客户

通过对流量、销售记录、沟通记录等海量客户行为进行跟踪和分析，对每位客户的特征和行为习惯进行有效的分类和管理，针对不同类型的客户采取不同的管理策略，有效减少了客户流失，并更好地挖掘老客户的价值。

第六节　港航大数据应用架构

在数据标准化、综合物流信息服务平台建设的基础上，开展数据湖汇聚工作，逐步推进大数据业务应用。如图 9－6 所示，大数据业务应用分为 5 个层面。

(1) 数据产生层：即大数据业务应用的数据来源层，包括港口订单系统、作业系统、调度系统、财务系统等系统的结构化数据和企业内外部的半结构化、非结构化数据等。所有数据按照数据标准化的要求进行归档收集，作为大数据业务应用的基础数据。

(2) 数据交换层：由于港航企业的数据来源分布在若干个不同的业务部门或相关企业，因此需要在数据交换层制定一系列数据交互标准，进行数据湖的汇聚，归集到统一的数据中心。

(3) 数据存储计算层：包括大数据区（以半结构化、非结构化数据为主）、快数据区（以港口业务系统产生的实时结构化数据为主）、主数据区（以港口业务系统产生的历史结构化数据为主）、管理分析应用数据区（以经过 ETL 抽取的可供业务分析的结构化数据为主）以及实验演练数据区（以供大数据技术小组进行原型系统开发的业务数据为主）。

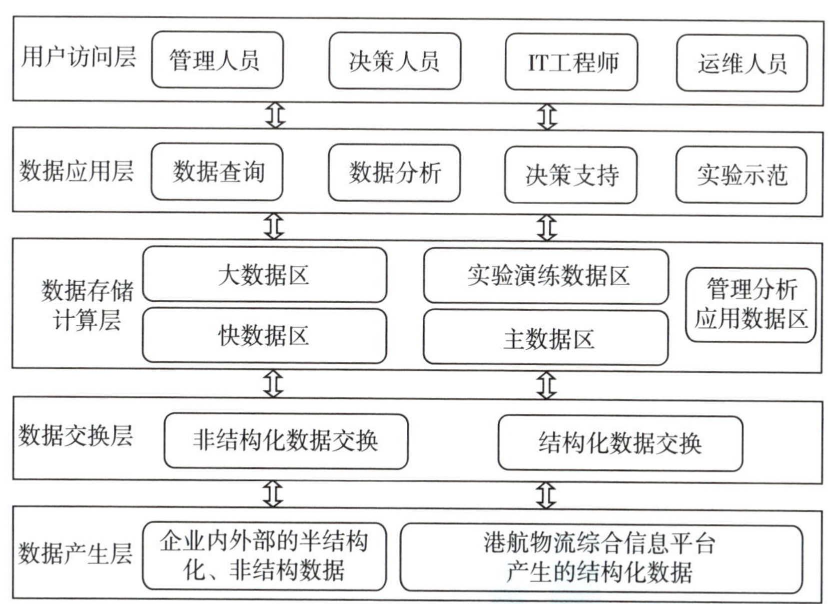

图 9－6　大数据应用架构

(4) 数据应用层：在数据的支撑下，开展历史数据查询、数据分析、决策支持、实验示范等应用。

(5) 用户访问层：即大数据业务应用对外服务的窗口，允许运维人员、业务人员、管理人员、决策人员、IT 工程师等用户按照相应的角色权限访问大数据业务应用。

如图 9－7 所示，大数据业务应用在搭建过程中，从技术架构考虑，主要包括数据源、数据融合、数据分析、数据应用 4 个层面，在建设过程中需要注意以下几点。

(1) 采用统一的数据集成与管理平台，集成各种工具与服务来管理各类机构的数据。

(2) 采用传统关系数据库与大数据存储处理混合架构，可对不同类型的数据进行存储与处理，并有能力快速处理与加载 TB 级数据。

(3) 建立大数据处理与分析预测解决方案，整合结构化的数据仓库与非结构化的分析工具，实现商业智能。

(4) 数据架构应满足企业级应用的要求，包括数据架构的高可扩展性、高可用性、易用性，以及数据的安全性与隐私保护等。

(5) 数据架构应充分考虑港口内外部结构化与非结构化数据的统一集成与融合，包括分析、识别核心数据，建立起统一的数据模型等。

(6) 数据架构应满足大数据应用的特征，能处理 TB 级甚至 PB 级数据，对于大数据可实现交互式查询等。

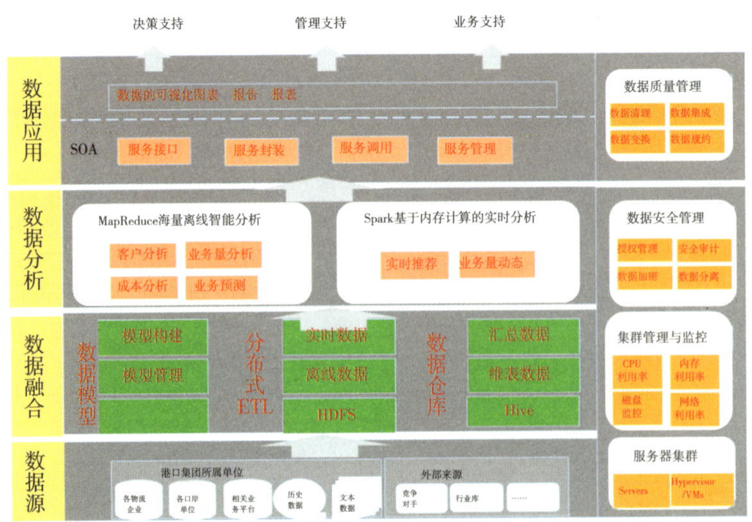

图 9－7　大数据技术架构

由于大数据来源广泛、种类繁多、结构复杂且应用于不同业务，因此针对不同领域需求的大数据，应采用对应的分析模式。

(1) 实时分析模式多用于金融和电子商务等领域。在该模式下数据瞬息万变，往往需要及时的数据分析，在极短的时间内返回数据分析结果。目前，实时分析模式主要采用传统的关系型数据库构成并行处理集群，且大多采用了内存计算平台，如 EMC 的 Greenplum，SAP 的 HANA 等都是实时分析的工具。

(2) 离线分析模式往往用于对分析结果响应时间要求不高的场合，如机器学习、统计分析、推荐算法等。离线分析模式往往是通过数据采集工具将大规模日志数据导入专门的平台进行分析的。在目前的大数据环境下，为了降低数据格式转化的成本、提高数据采集的效率，多数移动互联网公司都使用了基于 Hadoop 的离线分析模式。

(3) 内存级分析模式多用于数据总量不超过集群内存的最大值的场合。目前，服务器集群的内存超过几百吉字节，甚至 TB 级别也是很常见的，因此采用内存数据库技术，可以将常用数据存放于内存，从而提高分析效率。内存级分析模式适用于实时数据的分析处理。MongoDB 是目前比较有代表性的内存级分析模式。此外，随着固态硬盘的发展，内存级数据分析的能力和性能将会得到进一步的提升，其应用也会越来越广泛。

(4) BI 级分析模式多用于数据规模超出了内存级，但可以导入 BI 分析环境中进行分析的场合。目前使用较多的 BI 分析环境都有支持 TB 级以上的数据分析模式。

(5) 海量级分析模式多用于数据规模庞大到已经完全超出 BI 级的场合。目前，海量级分析模式大多采用 Hadoop 的 HDFS 分布式文件系统来存储数据，同时使用 MapReduce 进行分析。

此外，根据业务数据和业务需求的不同，数据分析算法的时空复杂度也有巨大的差异性。例如，针对并行问题，可以设计分布式算法，采用并行处理的方式进行数据分析。

大数据应用面临着许多挑战，而目前的研究仍处于初期阶段，仍需要进行更多的研究工作来解决数据展示、数据储存以及数据分析效率等问题。表 9－1 所示为目前大数据相关技术一览。

表 9-1　大数据相关技术一览

类别		代表性示例
平台	本地	Hadoop，MapR，Cloudera，Hortonworks，InfoSphere BigInsights，ASTERIX
	云	AWS，Google Compute Engine，Azure
数据库	SQL	Greenplum，Aster Data，Vertica
	NoSQL	HBase，Cassandra，MongoDB，Redi
	NewSQL	Spanner，MegaStore，F1
数据仓库		Hive，HadoopDB，Hadap
数据处理	批处理	MapReduce，Drya
	流处理	Storm，S4，Kafka
查询语言		HiveQL，Pig Latin，DryadLINQ，MRQL，SCOPE
统计分析机器学习		Mahout，Weka，R
日志处理		Splunk，Loggly

第十章　集装箱物联网技术及其应用

第一节　物联网技术概述

物联网(internet of things,IoT),是新一代信息技术的重要组成部分,也是“信息化”时代的重要发展阶段。物联网的概念最早是由美国麻省理工学院的ASHTON教授提出的,而比尔·盖茨于1995年在《未来之路》一书中也曾提及。1998年,美国麻省理工学院创造性地提出了当时被称作EPC系统的物联网构想。1999年,美国Auto-ID中心在物品编码、射频识别(RFID)技术和互联网的基础上阐述了物联网的基本含义。

物联网最初的定义是通过RFID设备、红外感应器、全球定位系统、激光扫描器、气体感应器等信息传感设备,按照约定的协议,把任何物品与互联网连接起来,进行信息交换和通信,以实现智能化识别、定位、跟踪、监控和管理的一种网络。

中国物联网校企联盟将物联网定义为当下几乎所有技术与计算机、互联网技术的结合,实现物体与物体之间环境及状态信息实时的共享,以及智能化的收集、传递、处理、执行。广义上说,当下涉及信息技术的应用,都可以纳入物联网的范畴。著名的科技融合体模型中,提出了物联网是当下最接近该模型顶端的科技概念和应用。物联网是一个基于互联网、传统电信网等信息承载体,让所有能够被独立寻址的普通物理对象实现互联互通的网络。其具有智能、先进、互联3个重要特征。

国际电信联盟(ITU)发布的ITU互联网报告,对物联网作了如下定义:通过二维码识读设备、RFID装置、红外感应器、全球定位系统和激光扫描器等信息传感设备,按约定的协议,把任何物品与互联网相连接,进行信息交换和通信,以实现智能化识别、定位、跟踪、监控和管理的一种网络。根据国际电信联盟的定义,物联网主要解决物品与物品(Thing to Thing,T2T)、人与物品(Human to Thing,H2T)、人与人(Human to Human,H2H)之间的互连。但是,与传统互联网不同的是,H2T是指人利用通用装置与物品之间的连接,从而使得物品连接更加简化,而H2H是指人与人之间不依赖于PC而进行的互连。因为互联网并没有考虑到对

任何物品连接的问题，所以我们使用物联网来解决这个传统意义上的问题。物联网顾名思义就是连接物品的网络，许多学者在讨论物联网时，经常会引入一个M2M的概念，其可以解释成为人到人（Man to Man）、人到机器（Man to Machine）、机器到机器（Machine to Machine）。从本质上而言，人与机器、机器与机器的交互，大部分是为了实现人与人之间的信息交互。

在以上物联网的定义中，所谓"物"要满足以下7个条件，才能真正被纳入到物联网的范畴。

（1）要有数据传输通路。

（2）要有一定的存储功能。

（3）要有CPU。

（4）要有操作系统。

（5）要有专门的应用程序。

（6）遵循物联网的通信协议。

（7）在世界网络中有可被识别的唯一编号。

与传统的互联网相比，物联网有其鲜明的特征。

首先，它是各类感知技术在互联网基础之上的广泛结合应用。物联网系统中部署了大规模、不同类型的传感器，每个传感器都是一个广泛的数据生成源头，不同类型的传感器采集到的信息的格式和内容不尽相同，并且传感器获取的数据具有实时性和自动性的特点。传感器按一定的频率周期性地自动搜集周围的环境信息，不断更新数据。

其次，它是建立在互联网上的泛在网络。物联网技术的基础和核心依旧是互联网，通过各种有线和无线网络与互联网融合，将传感器采集到的物体信息实时高效地传递出去。在物联网上的传感器按周期自动采集的信息需要通过网络传输，由于其数量较为庞大，形成了海量信息。在数据的传输过程中，为了保障数据的实时性和准确性，必须使物联网系统适应各种异构网络。

最后，它不但串联起了所有传感器，而且其本身也具有智能处理数据的能力。物联网将传感器与智能处理技术相结合，采用云计算、模式识别等各类智能技术，对物联网的应用领域进行延展；从传感器获得的大规模信息中分析、识别出有意义的数据，来满足不同用户的不同需求，从而发现新的应用领域和应用模式。

第二节　物联网体系架构

根据国际电信联盟的建议，中国通信标准化协会将物联网的基本构架自上而下表示为感知层、网络层和应用层，如图 10－1 所示。

(1) 感知层。感知层是物联网发展和应用的基础。感知层顾名思义是物联网用来识别和收集信息的部分，由各种传感器和 RFID 网络，如 RFID 标签与读写器、M2M 终端、二维码标签、摄像头等组成，主要对物体的属性、状态等静态或者动态的大规模、分布式的数据信息进行获取。对于某一具体的感知探测任务，往往使用协同处理的方式对多角度、多种类、多尺度的信息进行在线计算和控制，并通过接入设备将取得的数据信息与网络中的其他单元进行信息共享。

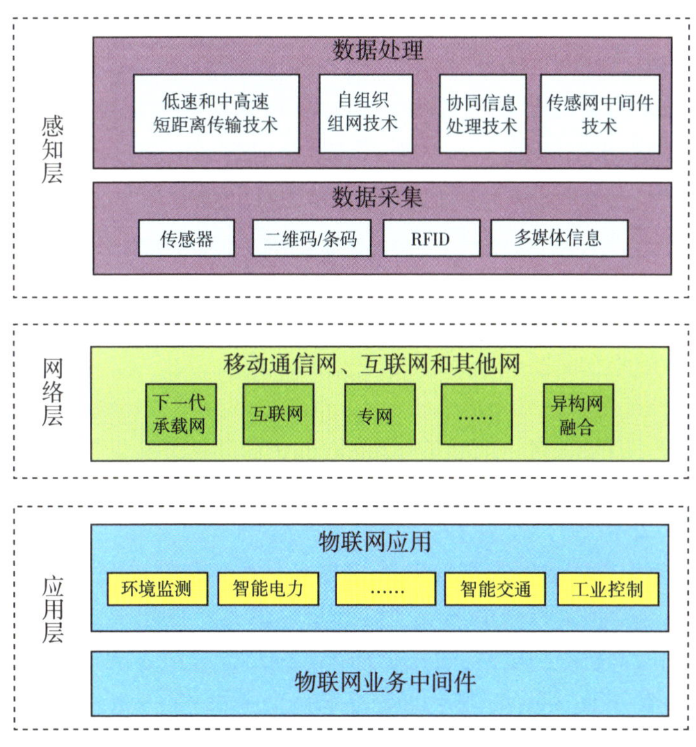

图 10－1　物联网体系架构

(2) 网络层。网络层由各种网络，包括互联网、广电网、网络管理系统和云计算平台等组成，是整个物联网的中枢，负责传递和处理感知层获取的信息。网络层中的感知数据管理与处理技术是实现以数据为中心的物联网的核心技术。

（3）应用层。应用层是物联网与用户的接口，根据不同的行业业务来实现物联网与终端用户的联系。数据处理层作为应用层业务领域的中间件，负责搭建起服务支撑、网络管理、信息处理以及信息安全等的平台。在应用层中，数据管理与处理技术包括传感数据的存储、查询、分析、挖掘、理解，以及感知数据决策等，可以将网络内的数据信息整合为一个可以彼此互相联系的大型智能化网络，并且为上层服务管理建立起一个高效、可靠的基础设施平台。云计算平台作为大规模感知数据的存储及分析平台，将成为物联网应用层的重要组成部分，同时也是应用层内多数应用的基础。

第三节　集装箱物联网技术

集装箱改变了航运的经济规律并因此改变了全球的贸易流，如果没有集装箱就不会有全球化。远洋运输是“21 世纪海上丝绸之路”的主要载体，而集装箱运输作为其重要组成部分，必将发挥更大的作用。集装箱是国际现代物流的主要运输装备，国际货运的 90％是通过集装箱运输来完成的。由于集装箱是全球流通的，因此集装箱的管理非常复杂，集装箱的全球供应链涉及发货商、第三方物流服务商、集装箱堆存服务商、港口/码头营运商、陆运承运商、海运承运商等一系列环节和参与方。

2011 年，包起帆在《基于物联网的集装箱感知系统研究与应用》中提出，当前集装箱物流存在两个问题。

其一，由于集装箱自身不载有信息，信息在各环节中的传递还依赖于传统的人工、半人工方式，集装箱物流缺乏透明度，货主获取信息只能处于被告知的地位，因此难以掌控自己的货物在物流过程中的动态，往往只能通过加长交货时间来避免合同违约，这样就难以实现资源的优化配置，导致了物流成本居高不下。

其二，全球集装箱物流安全保障形势相当严峻。集装箱货物的隐秘性及其物流的跨国性等都给集装箱物流的安全管理带来困难。近年来，因集装箱运输而引发的偷渡、走私、失窃等问题，已引起全球各界的广泛关注。据统计，每年因集装箱货物被盗而造成的直接损失为 200 亿～500 亿美元，间接损失在 2 000 亿美元以上。

目前，集装箱的货流信息在全球供应链中是孤立的，整体供应链信息流不通畅。上述各参与方把所有的信息都局限在自己所控制的范围内，一旦集装箱离开了这一控制范围，该参与方就难以通过有效手段追踪到集装箱的位置和状态等信息，造成了集装箱全球供应链环境下的物流数据的孤立和失真，极大地影响了物流和资产调度管理的效率和效益。对于全球集装箱供应链来说，准确获取货物的位置与安全信息，实现供应链透明，优化管理，减少库存和运输周期的不确定性，提高供应链的效率和效益具有极其重要的意义，也是现代物流的迫切需要。

在学术研究领域，王小斌在《RFID 在集装箱运输管理中的应用分析》中提出，RFID 技术的应用对提高物流运作效率和市场的反应速度产生了重大的影响，并简述了 RFID 在集装箱运输管理中的具体应用及瓶颈，此外还对其未来发展进行了展望。刘兰青等在《基于物联网的集装箱管理系统研究与设计》中，深入分析了集装箱运输过程中信息管理面对的挑战，进而将物联网技术引入集装箱运输全过程，介绍了基于物联网的集装箱管理系统的总体架构，为增强集装箱运输过程的安全性和透明性提出了一种解决方案，真正做到了实时采集、实时追踪和实时管理。刘富春等在《基于 RFID 的物流集装箱设备的信息化监控与管理》中，基于 RFID 技术、MEMS 等传感技术、控制技术、2G/3G 通信网络技术等，研究开发了智能集装箱及其系统，在此基础上结合行业需求和特定问题，解决了智能集装箱及其系统在行业应用中的关键技术和应用模式问题，形成了行业应用的智能集装箱的成熟产品和技术解决方案。王登清等在《港口 RFID 集装箱管理信息系统模糊综合评价研究》中，从当前港口 RFID 集装箱管理信息系统评价的现状和问题出发，借鉴平衡记分卡法制定了适合港口集装箱管理信息系统评价的指标体系，将体系分层，确定各指标的权重，建立模糊综合评价矩阵模型，从而评估出系统的合理性程度。

在工程应用领域，物联网的无线感知与可视化能力，以及高度强调“信息空间”与“物理过程”融合的特征，为妥善解决集装箱物流透明化管理系列固有问题提出新的解决思路。随着互联网技术发展的不断推进，互联网＋航运也在行业内获得了新的增长点。依赖传统营销手段建立起来的集装箱运营网络，正在被发达国家现代化的互联网手段所取代，这些都造成了我国集装箱运输企业的竞争劣势。2012 年 1 月，全球最大的航运公司马士基委托爱立信解决移动通信问题，为其整支船队提供端到端集成技术以及部署移动和卫星通信设备，正式发展集装箱物联网技术。2015 年 10 月，全球第二大航运公司达飞宣布全球首艘配有 TRAXENS 技术的集装箱船，这项技术可以使集装箱转化为智能连接对象，并引入多式联运系统。

然而，我国集装箱物联网技术的投入远远不能满足 21 世纪国际集装箱运输的发展需要，在经营管理方面对信息技术带来的效益认识不足，没有完善企业全球化信息网络，更没有延伸服务的范围、增加服务的科技含量。2013 年 8 月，国家发展与改革委员会与财政部联合发文，支持国家物联网应用示范工程，特别支持原中国远洋运输（集团）总公司、原中国海运（集团）总公司在远洋运输过程中开展物联网示范应用。

2014年4月，由上海海事大学牵头组建的“智能港口物流交通运输行业协同创新平台”，通过交通运输部认定，跻身我国首批交通运输行业协同创新平台行列，成为全国首个港口物流领域的省部级“2011协同创新中心”。智能集装箱物流技术是该平台的重要研究方向之一。该创新平台从解决集装箱物流安全问题的实际出发，攻克关键技术，综合应用信息技术、系统工程、管理科学，以集装箱物流全程监测为手段，拓展集装箱安全监测方式，打通集装箱物流全程信息链。该项目所研发的集装箱物联网设备安装在冷藏集装箱工作组中，主要采集并上传表10－1所示的数据。

表10－1　冷藏集装箱物联网采集数据项

序号	数据项
1	冷箱号
2	接收时间
3	采集时间
4	定位时间
5	电源状态(0/1变量)
6	电池电量
7	操作模式(Cool，Heat，PTI，Defrost等)
8	设定温度
9	送风温度
10	回风温度
11	湿度
12	经度
13	纬度
14	速度
15	方向
16	故障代码(无故障时，该值不上传，为空)

集装箱物联网的概念是在物联网概念的基础上提出的，是物联网的一个子系统，它利用各类射频识别、传感、GPS定位、视频监控等技术采集集装箱运输过程中的信息，并通过互联网实现对集装箱实时记录箱、货、流信息，开关箱时间和地理位置等信

息，因此，集装箱物联网能为物与物的传感提供无限的上穿与下行的延伸空间。

集装箱物联网在应用过程中，需要各类技术的有效协同与支撑。因此，集装箱物联网具有以下 3 个典型的协同特征。

(1) 多维性。集装箱物联网第一个典型特征就是多维性，包括综合感知阶段的技术协同、网络传输阶段的信息协同以及应用阶段的服务协同与管理协同。

(2) 共存性。集装箱物联网各维度协同共同存在，一个维度的协同状态的存在并不排斥其他维度协同存在，很多时候多个维度协同往往相互促进。

(3) 共享性。集装箱物联网基于新一代信息网络、信息技术，实现了高度信息共享和实时信息互动，大大减少了由于信息孤岛而导致的运输低效问题。

集装箱物联网的体系架构如图 10－2 所示，共分为 4 个层次。

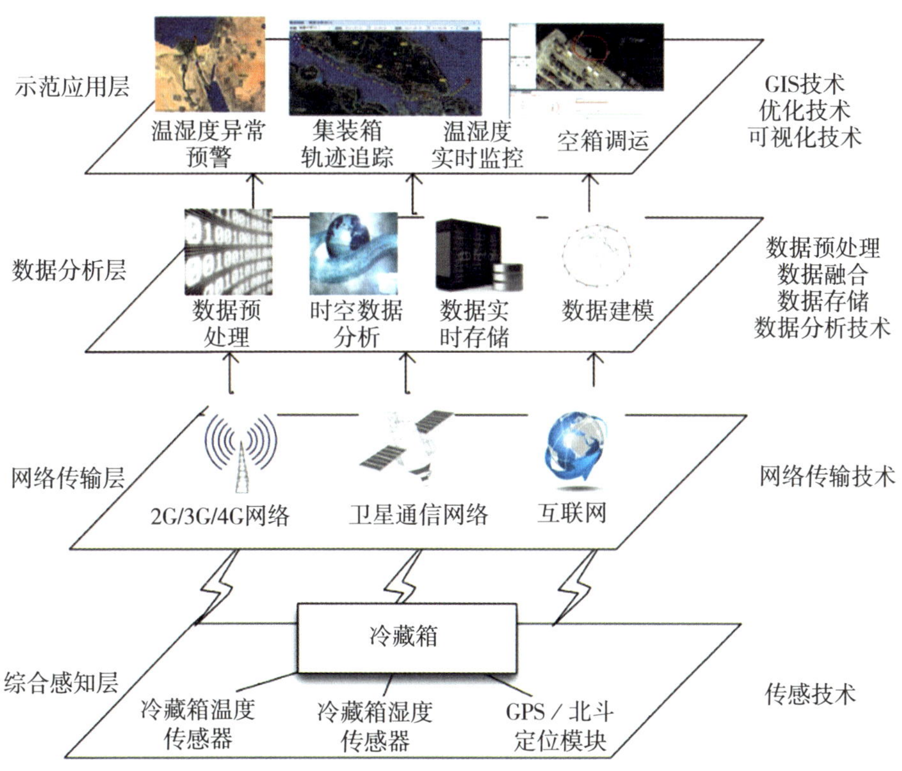

图 10－2　集装箱物联网体系架构

(1) 综合感知层。综合感知层主要通过传感技术采集集装箱运输过程中的各类信息，如通过温湿度传感器采集冷藏集装箱的温湿度信息，通过 GPS/北斗定位模块采集集装箱的位置信息等。

(2) 网络传输层。网络传输层主要通过网络传输技术，将综合感知层采集的数据传递到更高层中，涉及的主要技术包括 2G/3G/4G 网络、卫星通信网络、互联网等。

(3) 数据分析层。数据分析层主要通过数据的预处理与分析技术，实现海量、多维传感数据的预处理、融合、存储，并通过构建一定的模型实现时空数据分析、聚类分析等。

(4) 示范应用层。示范应用层主要通过 GIS 技术、可视化技术以及优化技术，在数据分析层的基础上，直接面对终端客户实现诸如温湿度异常报警、集装箱轨迹追踪、空箱调运等应用。

如图 10－3 所示，集装箱物联网的应用在标准化体系规范和安全保障范围内，在基础网络、数据存储架构之上进行数据交换管理和监控，实现统一认证下的数据服务与应用集成服务。在客户服务方面，提供集装箱的实时监控、到港提醒、预警提醒、全程回放、区域查询和报表生成等服务；在企业服务方面，提供木马箱示范和冷箱机组管理等服务。以上功能通过网站门户、移动展现、呼叫中心等方式向货主、物流企业、监管部门、代理、港口和航运企业等提供服务。

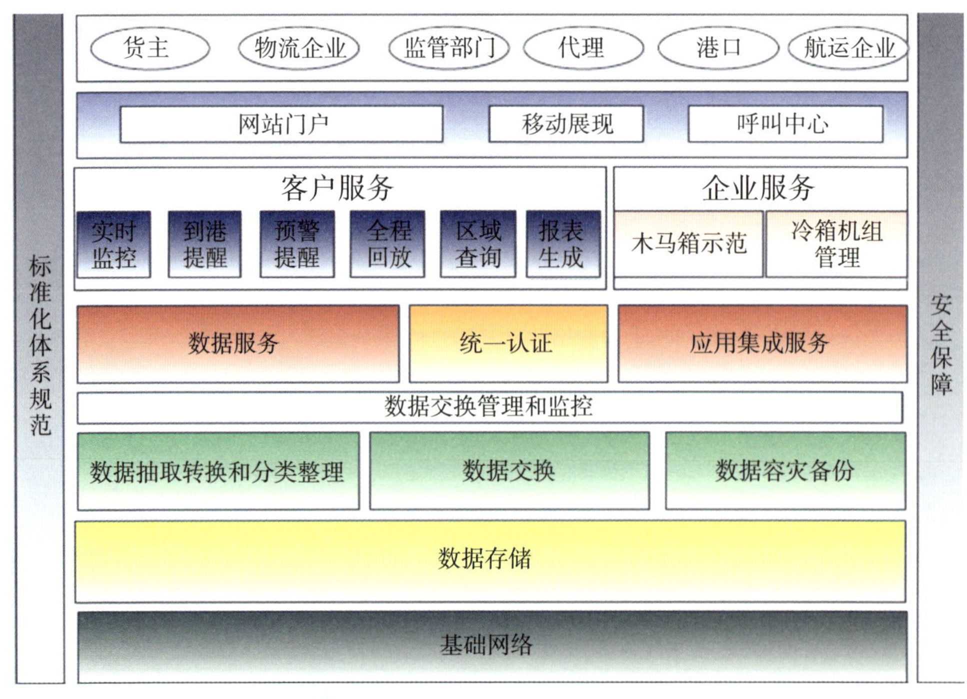

图 10－3　集装箱物联网功能结构

因此，集装箱物联网的应用，可以及时获取集装箱内外的相关信息，记录运输中的箱、货、流信息，以及相关安全信息，结合全球网络环境实现全程实时在线监测，可以进一步扩大集装箱物流全程安全监测与追溯的范围，从国内陆域范围跨越到全球范围。集装箱物联网的应用，有利于为远距离的航线运输提供安全保证，有利于提高集装箱物流全程的安全性和透明度，有利于降低集装箱货损、减少索赔要求，有利于提升船公司的服务水平以获取更多的客户选择。

具体地说，集装箱物联网的应用具有以下社会和经济效益。

(1) 在集装箱管理水平提升方面，由于集装箱在运输过程中，其移动状态指冷藏集装箱进入/离开堆场、码头，或者集装箱装载上船/从船上卸载，或者集装箱在火车/集卡/船舶航行途中，因此这些集装箱状态称为集装箱动态。集装箱动态管理是整个集装箱运输管理的核心，为集装箱盘存管理、修箱、滞期费结算、堆存费结算、租金结算等提供最基础也是最重要的依据，同时也是集装箱空箱调运等业务决策的数据基础。但是，集装箱动态信息由不同港口、码头、堆场、集卡公司、火车等分别提供，而动态信息存在错误、遗漏、延时等问题，这造成集装箱管理水平难以提升。通过集装箱物联网的应用，利用智能终端传感网络给出的不间断实时移动信息，可以帮助校验传统方式采集的集装箱动态信息，从而大幅度提升集装箱动态信息的质量，主要表现在以下 5 个方面。

第一，由于集装箱运输的规模性，只要一艘船舶上安装了一个具有物联网终端的集装箱，就可以校验和提升整船集装箱的装卸动态信息质量。因此，集装箱物联网应用的动态校验具备“放大”效应，即使实际上仅安装了少量的物联网终端设备，也能快速提升集装箱装卸动态信息质量。

第二，木马箱的示范作用，安装有物联网终端的集装箱混杂在整个集装箱运输流中，通过制定自动校验规则，可以将存在手工操作失误、延时超过期限等问题的集装箱动态暴露出来，从而推进相关人员提升工作效率和工作质量，达到总体改善集装箱动态的目的。

第三，助力集装箱多式联运的高效运作，在物联网技术的配合下，集装箱多式联运能够发挥出更好的作用，达到更好的效率，实现更高效益的多式联运。

第四，有效实现信息共享，通过物联网将原本无法有效沟通的各个承运方有效联系起来，结合相应的应用系统，可以在各个承运人之间有效传递信息。

第五，在冷箱管理方面，冷藏集装箱中安装的智能终端设备可独立记录一份环境状态数据，主要包括温度、湿度等，有效提升冷链安全。

(2) 在提升客户服务水平方面，随着信息化技术的推进和发展，尤其是快递业的信息化已经让人们习惯于其托付的货物随时可跟踪。集装箱运输业务是某种意

义上的“超大件”快递业务，提供像快递业一样透明、及时的货物跟踪信息，是客户服务的必然方向。特别对于冷箱客户来说，其货物在运输过程中的温湿度状态也是其特别关心的，因为温湿度变化，对于某些货物来说，意味着品质下降、变质甚至必须报废。因此，传统意义上的利用集装箱动态跟踪，即在客户所托运货品的关键节点，如提取空箱、装货、重箱返港、装船、卸船、重箱出港、到门等提供信息跟踪服务，已经在一定程度上不能满足客户对运输全程可视化、可控化的服务要求。通过集装箱物联网的应用能够实现以下几点：

第一，通过安装有物联网终端的集装箱，能够提供全程一致的信息服务水平，改变目前装、卸港信息不对称，服务水平参差不齐的现状。

第二，通过安装有物联网终端的集装箱监测运输过程，可以提升公司市场竞争力，倒逼业务部门提高运作规范程度。

第三，通过安装有物联网终端的冷藏集装箱示范应用，可以为客户提供更优质、更安全、更透明的冷链运输服务，可以获取更好的客户认可度，赢得更多的冷链承运单。

第四节　基于物联网定位技术的集装箱流程可视化

随着国民经济和国际贸易的发展，集装箱运输在各行各业中发挥着重要作用，而不再只是起着运输单位和存储设备的功能。集装箱流程已成为业务流程的一个重要方面。现代信息技术，特别是物联网技术的运用，使得集装箱流程的业务管理和控制的可视化成为可能。

随着集装箱的标准化和广泛使用，其功能不断得到增强、延伸和扩展。集装箱不仅被视为物流网络中一个实体流动单位，也被视为业务流程中的一个固定的流动形式，并贯穿于整个业务流程中，把不同的运输或储存货物囊括起来。通过使用不同类型的集装箱，某些具有特殊之处的运输和储存货物可以被整合起来，这使得业务流程标准化和规范处理技术的运用成为可能。因此，集装箱标准化使得集装箱成为推动业务流程的一个动力。

在整个业务流程中，流程的管理和控制对决策者甚至是经营者都是至关重要的。然而，当失去对集装箱的直接控制后，要想获得业务流程的实体流动状态是很困难的。于是，业务流程就像一个黑盒子一样，直到集装箱到达业务流程状态可控制的地方后，它的状态才可以被得知。尽管目前一些空间定位技术如 GPS 和 RFID 已经得到了运用，但是它们只是在单一公司的闭合的业务流程中才能起作用。另外，由于集装箱可能在全世界范围内流动，因此管理集装箱是很困难的。本节提出了一种整合集装箱空间定位信息的方法，以此来达到业务流程可视化的目的。

集装箱流程有两个典型特征：空间性和时间连续性。短距离的业务很少用集装箱进行运输，这就增加了运输成本、降低了灵活性。在运行过程中，运输的时间点和任务的状态很难预先确定。由于业务流程的复杂性，因此集装箱流程的时间和空间位置也很难预测。流程的可视化可以将集装箱流程具体地呈现出来。虽然基于这一主题的研究文献很少，但是在工业中，用可视化的方式对集装箱流程进行分析并作出决策已成为一种普遍现象。

基于信息技术的可视化方法有两种。

(1) 建立管理信息系统，预定义时间基准。随着信息系统和应用整合技术的发展和应用，将地理角度上分散的信息系统整合为一个整体成为可能。管理中心和分散的服务器可以共享数据信息和应用水平信息。通过预定义时间基准和收集相应数据，改变系统状态并不困难。因此，集装箱流程实际上在一定的时间拖延后，是可以被呈现出来的。但是，这种可视化由于预定时间基准和观察点的条件限制，不适用于变化的环境，也不能得到实时的流动信息。可视化过程如图 10－4 所示。

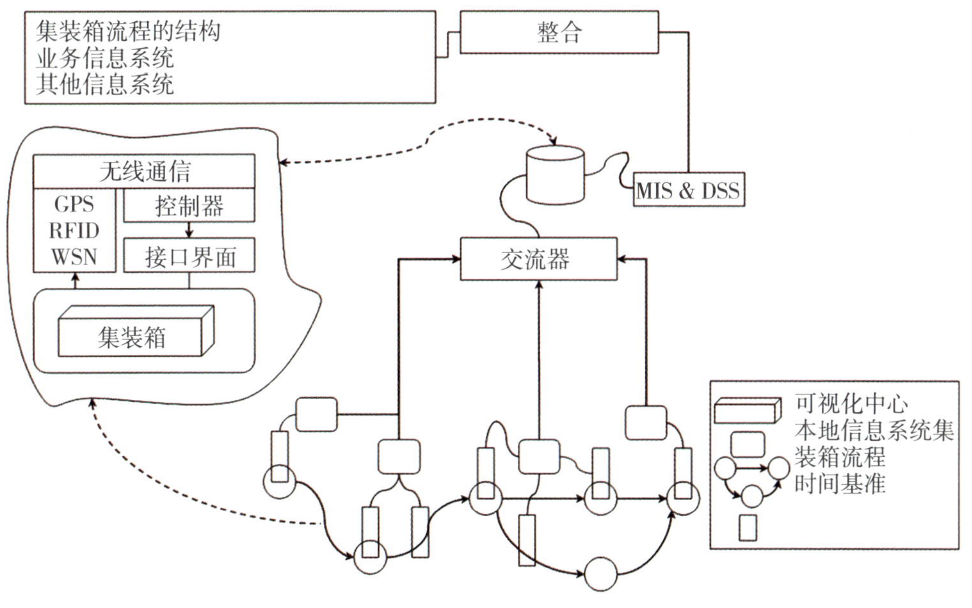

图 10－4　集装箱流程的可视化过程

(2) 基于空间定位技术，如 GPS，RS，WSN 和 GIS 的方法，这些技术使得第二种方法克服了第一种方法的不足，并且具有如下特征：

第一，位置信息可以实现实时的获得。

第二，通过其他嵌入式系统和控制模块，集装箱或相关工具的各种状态信息都可以被实时收集起来。

第三，信息交换和控制流是有方向的，因此管理中心可以实时地对集装箱流程的可视化进行控制。

综上，集装箱不仅是一种储存和封装货物的工具，同时也是一个信息收集器和集装箱流程空间模型的控制器。集装箱作为一个收集器，由 GPS，RFID，WSN 和其他定位技术支持，可以获取相关的地理位置。这些位置信息可通过无线通信的方式，被传输到远程数据中心。控制命令可以通过另一条渠道执行。集装箱与相关联的设备之间有控制器接口，因此可实现特定的功能。在数据中心后台，MIS 和 DSS 可以将数据应用到业务流程中，使整个流程以一种实时交互的方式实现可视化。

第五节　集装箱物联网海量数据存储技术

由于集装箱是全球流通的，因此其管理非常复杂。集装箱的全球供应链涉及发货商、第三方物流服务商、集装箱堆存服务商、港口/码头营运商、陆运承运商、海运承运商等一系列环节和参与方。目前，集装箱的箱货流信息在全球供应链中是孤立的，整体供应链信息流不通畅。随着互联网技术发展的不断推进，互联网+航运也在行业内获得了新的增长点——集装箱物联网应用。

集装箱物联网采集的数据涵盖特定的物流业务、货主、货代、船公司、航线、堆场、码头等方方面面，具有海量、多维等典型特征。然而，日益膨胀的传感数据和用户体验要求也给传统的信息系统带来了非常大的挑战。面对海量、多维、高并发的读写需求以及多样化的业务需求，传统数据库需要付出较高的代价，造成这种情况的主要原因有以下 5 个方面。

(1) 数据量过大。当数据量达到百万甚至千万级别时，传统数据库平台根本无法高效地完成，甚至当某个节点出现问题时，整个程序都会因此而终止。同时，对软件和硬件要求非常高，系统资源占用率高。

(2) 数据量的增长很快，但不一定能准确预计。大多数物联网应用系统从上线起的一段时间内数据量都呈爆发式的上升趋势，因此从成本的角度考虑对系统的水平扩展能力有比较强烈的需求，且不希望存在单点制约。

(3) 系统的写入非常频繁，而且大量业务系统依赖于实时的数据分析。

(4) 没有复杂的 Join 等操作，只需要简单的 Key - Value 数据读取，但对批量数据读写要求高。

(5) 传统的数据处理算法大多适合于单机运行，大多数不能并行化处理或者不能满足在多台机器上分布并行处理，对于大规模数据处理，效率和准确率都不够高。

为了解决集装箱物联网应用发展所带来的大数据量、高并发读写、存储等众多问题，科研机构开展了大数据领域的研究，HBase(Hadoop Database)作为 Apache 的顶级子项目也越来越受到研究者的关注，从国内外研究成果可以看到 HBase 在大数据存储、读写性能上的优势，但同时也有不适合事务处理的使用局限。在大数据时代的今天，对大数据处理工具的研究越来越被重视，借助大数据工具提高系统数据处理能力，可以提高系统服务水平，改善用户体验，提供更加便利、人性化的服务。

一、HBase 架构设计

HBase 是一个分布式、面向列、可伸缩的开源数据库，其来源于 CHANG F 发表于 Google 上的论文《Bigtable：一个结构化数据的分布式存储系统》。HBase 是一个在 Hadoop 上开发的分布式数据库，其在 Hadoop 体系架构中所处的位置如图 10 - 5所示。

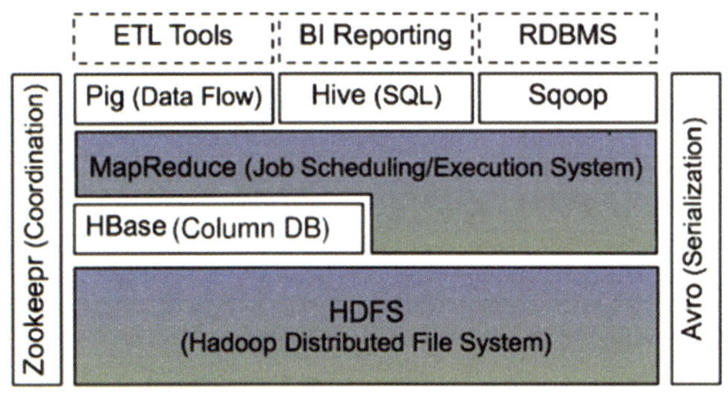

图 10 - 5　Hadoop 体系架构

由图 10 - 5 可以看出，HBase 依赖于 Hadoop 平台，运行在 HDFS 平台之上，利用 HDFS 作为其文件存储系统，并利用 MapReduce 来协同处理 HBase 中的海量数据。HBase 是一个 NoSQL 数据库，像其他数据库一样提供随机读写功能，它的出现是为了解决 Hadoop 不能满足实时需要问题的，而 HDFS 缺乏随机读写能力。因此，在实施 HBase 应用前，首先需要安装部署 Hadoop 和 HDFS 平台，并把相关安装信息写入 HBase 的配置文件。数据组织结构是 HBase 对数据进行管理的根本，其数据结构如图 10－6 所示。

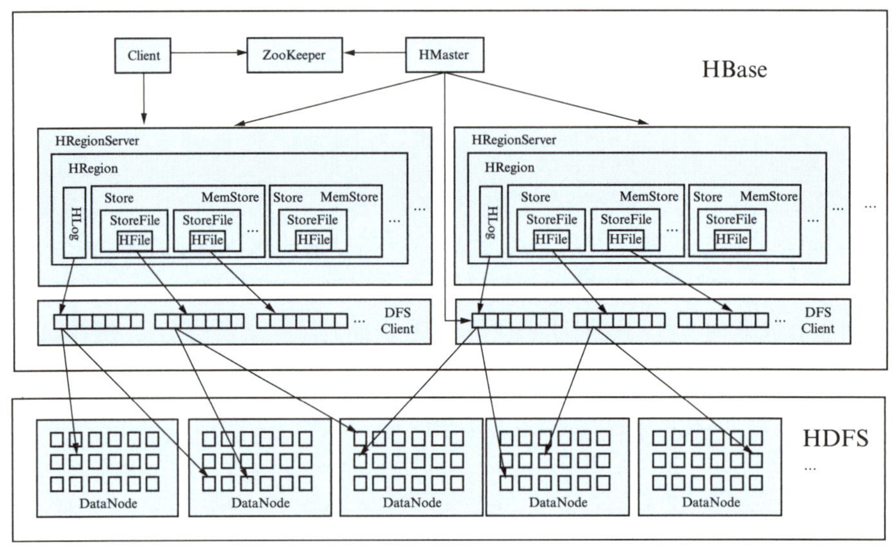

图 10－6 HBase 数据结构

HBase 采用了主/从(Master－Slave)的架构模式，其中 HBase 主节点作为 Master 调控整个集群，并定期检测 RegionServer 发来的“心跳”以确认其所处的工作状态，同时为了确保元数据表中的所有数据都处于在线状态，HBaseMaster 也会定期对元数据表进行扫描。RegionServer 运行在 Slave 节点上，这些具体任务就是由它来完成的。为了实现 HBase 的分布式特性，集群需要大量的 RegionServer。

1. 列族数据组织 HStore

从图 10－5 中可知，在 HBase 中，HStore 与 Region 是一一对应的。存储在 HBase 中的数据都必须按照 RowKey 排序，而 HDFS 只能读和追加，不允许随机修改，如果每次写入都创建新的文件，会造成大量的资源浪费。为了解决这个问题，HBase 将最近接收到的数据缓存在内存中，在 Flush 到 HDFS 之前先完成排序，然后再快速地将排序好的数据顺序写入 HDFS。相应地，HBase 的存储核心 HStore 也分为两个部分：内存存储缓存 MemStore 和对底层存储 HFile 的封装 StoreFile。MemStore 接受用户对 Store 的修改，当系统发出 Flush 命令时，MemStore 创建一个新的 StoreFile 并将数据放入其中。同时，为了防止过多的 Flush 操作造成 HFile 数量过多，影响 HBase 的读性能，HBase 会在 Region 的聚合过程中，删除部分过期的数据和被删除的数据，同时将数个小的 StoreFile 合并成为一个大的 StoreFile。

2. 数据分配单元 HRegion

HRegionServer 主要负责向 HDFS 文件系统中读写数据和响应用户 I/O 请求。HRegion 中包含有数据库的表名以及 RowKey 的起始和结束范围等信息，所有 Key 值处在 HRegion 指定的范围之内的数据都存储在这个 Region 中。在存储过程中，当 Region 达到其存储上限时，Region 就会触发分裂。Region 的分裂并没有马上对实际的数据进行分割，而是对 Region 中的每个 StoreFile 创建了两个引用文件，分别指向它的上半部分与下半部分，在读取子 Region 的数据时，通过引用文件所指向的位置，就能够较快地找到对应的数据。在子 Region 发生聚合操作时，HBase 会真正地将数据分割为几部分，并删除父 Region。

HBase 的数据分布和负载平衡功能就是在 HRegion 层实现的，在 HBase 集群系统启动时，HBaseMaster 会尽量均匀地向各个 RegionServer 分配 Region。HBase 中基于 RowKey 的锁机制也是在 Region 这一层实现的，由于一个 RowKey 只可能被一个 RegionServer 处理，因此，HBase 只在单个 JVM 中实现了这样的锁机制，这使得对系统整体性能的影响降到了最低。当 Client 使用 Put 或 Get 对某一行数据进行操作时，系统都会首先在该行数据上调用 LockRow 取得一个行锁以确保 Client 对任意一行数据的操作都是原子的。同时，系统还调用 AddRowLock 记录该锁与 Region 的关系，防止 Region 在数据操作时被关闭。

3. 元数据管理

为了支持大规模的数据量，HBase 由顶层到底层采用了－ROOT－，. META. 和用户 Region 3 层结构。用户表将表名、键值范围、是否在线、所属 RegionServer 等 Region 信息存储在. META. 表中，. META. 表的每一行记录存放一个用户的 Region 元数据，同时系统利用元数据表. META. 可以非常容易地对用户表的相关属性进行管理。. META. 表和－ROOT－表的操作，如数据的读写、Region 的聚合与分裂等，与普通的用户 Region 并没有太大的区别，因此与用户 Region 使用了相同的处理方式，以便对 Region 进行统一的管理。用户也可以像操作普通 HBase 表一样直接对. META. 表和－ROOT－表进行读写、修改等操作，不过－ROOT－表和. META. 表也有其特殊性，在 HBase 系统启动时，HMaster 会优先将－ROOT－表和. META. 表对应的 Region（又称为元数据 Region）分配到 RegionServer，而用户数据的 Region 必须等到所有元数据 Region 全部分配完之后才开始分配。Client 访问用户数据之前需要向 ZooKeeper 请求－ROOT－表的 Location，然后访问－ROOT－表，得到. META. 表的相关信息，接着还得访问. META. 表，在. META. 表中才能获得真正的用户数据的存储位置，整个操作过程对于网络 I/O 的依赖相当大。因此，为了提高系统整体性能，一般 Client 会将

—ROOT—表和.META.表进行缓存，这样在读写数据时便可以直接访问所需数据的存储位置。

二、HBase数据模型设计

HBase数据模型与关系型数据库模型有很大的差别，HBase数据模型是一个基于列存储的数据库模型，列由多个列族组成。我们可以通过关系型数据库模型和HBase数据模型分别设计一个包含产品名称、产品类别、产品品牌、产品ID的产品信息表来体现两者数据模型上的区别。关系型数据库模型如图10－7所示。

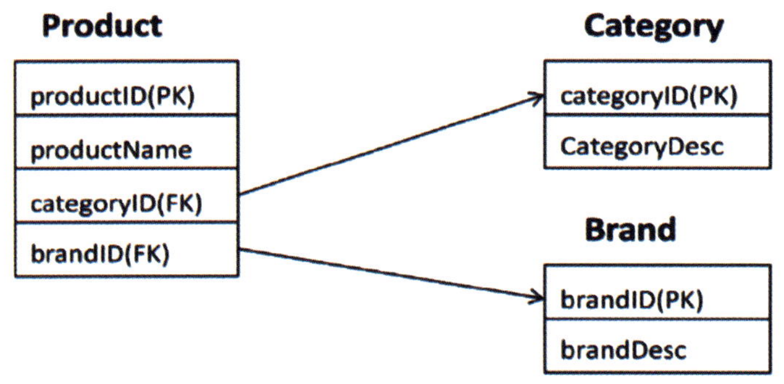

图10－7　关系型数据库模型

基于列存储是对键-值对存储的扩展，每列数据可以根据行键进行分组存储，这种数据结构非常适合需要大规模读写的应用。HBase数据模型中有如下几个重要的概念。

(1) 行键(RowKey)：HBase每行必须有个Key来标识，因此RowKey必须唯一，所有对表的访问，包括单个RowKey访问、RowKey范围访问、全表扫描都必须通过RowKey。

(2) 列族(Column Family)：是表中某些列的集合。列族必须在表定义时给出，每个列族可以有一个或者多个列成员，列成员不需要在表定义时给出，新的列成员可以随后按需动态给出，数据按照列族分开存储。

(3) 时间戳(Time Stamp)：每个单元格可能有多个版本，它们用时间戳来区分。

(4) 单元格(Cell)：由行键、列族、时间戳决定。单元格中的数据是没有类型的，全部以字节码的形式存储。

(5) 区域(Region)：HBase自动把表按照RowKey划分为多个区域，每个区域会保存一个表里某段连续的数据，当表中的行数不断增加时，一个表会分成多个区域。HRegion 是 HBase 分布式存储和负载均衡的最小单元，不用的 HRegion 可以分布在不同的 RegionServer 上，这样就实现了数据的分布式存储。

三、HBase 架构设计

HBase 实时存储系统架构如图 10－8 所示，整个系统由以下 4 个部分构成。

(1) 多源数据接入预处理层。该层实现对箱联网数据的整合、规范化操作，以保证数据的完整性、有效性。经预处理之后的数据上送至数据缓冲区进行队列划分。

(2) 数据缓冲区。为了提高海量流数据批量写入的速度，实现对不同类型流数据的实时处理，该层实现了针对不同类型数据对象的多源缓冲区结构及相应的数据划分策略。

(3) 数据写入区。数据缓冲区将该段时间内的数据划分完成后，数据写入区接收分片数据。数据写入区基于多线程技术，采用并行写入的方法存储数据。将各个分片数据有序存储到数据存储服务器中，对保证海量并发数据的分布存储是至关重要的。

(4) 数据存储区。基于 HBase，集群数据库分布式存储数据写入区发送过来的数据，数据的相关组织和分布信息保存到元数据库中。

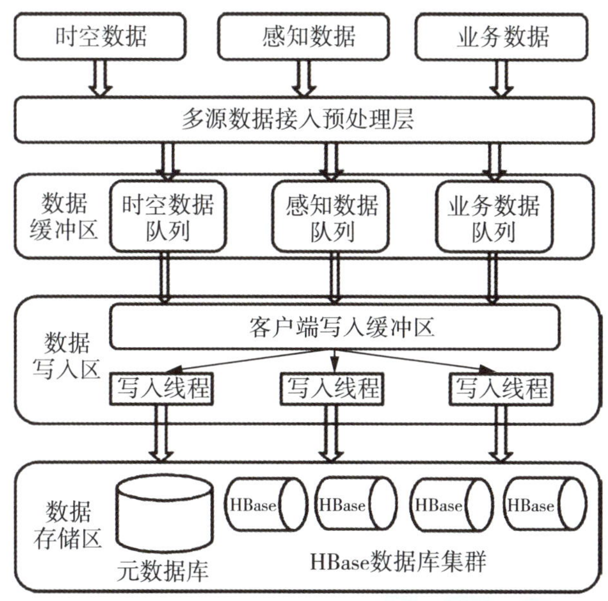

图 10－8　HBase 实时存储系统架构

四、RowKey 设计

RowKey 设计是 HBase 表设计中最重要的一个部分，因为 RowKey 的设计直接影响到数据的读写性能、数据文件的大小、数据的分布等。HBase 的 RowKey 相当于关系数据库中的主键，数据按照 RowKey 分成多个 Region，由 RegionServer 管理。由于 RowKey 是数据检索的主键，因此在设计 RowKey 时需要将经常一起读取的行的 RowKey 设置为相近的值，保证它们存储在同一个 Region 中，而为了提高数据写入性能，则在数据写入时需要将数据均匀地写入到集群中的各个服务器以避免过热现象（即数据只能写到一个服务器中），通常的做法是将 RowKey 和服务器同时取 Hash 值，如果两者 Hash 值相等，则该行数据写入到对应的服务器中，从而避免了过热现象。HBase 底层采用的是列存储结构固化数据，在处理稀疏数据时会产生较大的数据冗余，而减少数据冗余的方法是减少 RowKey 和列族的长度，因此在设计 RowKey 时需要在考虑查询性能的同时考虑 RowKey 的长度。根据上述 RowKey 的设计原则，订单信息表 RowKey 采集用户 ID 加下单时间，而订单物流信息表中通常只涉及对单个订单的查询，因此可用订单号作为其 RowKey。

RowKey 的长度最好不要超过 16B 的原因有以下 3 点：一是数据在持久化文件 HFile 中是按照 KeyValue 存储的，所以如果 RowKey 的长度太大，比如 100B，1 000万列数据，仅 RowKey 就要占用 100B×1 000 万＝10 亿 B，将近 1 GB 数据，这会极大影响 HFile 的存储效率。二是 MemStore 将缓存部分数据到内存，如果 RowKey 字段过长，则内存的有效利用率会降低，系统将无法缓存更多的数据，这会降低检索效率。三是目前的操作系统都是 64 位系统，内存 8B 对齐，因此控制在 16B 或 8B 的整数倍可利用操作系统的最佳特性。

此外，RowKey 必须在设计上保证其唯一性，必须要保证所有的 RowKey 均匀地分布在各个 HBase 节点上。

第六节　集装箱物联网聚类分析算法

集装箱物联网采集的数据涵盖特定的物流业务、货主、货代、船公司、航线、堆场、码头等方方面面，在大数据分析过程中，涉及箱管、出发港、转运港、目的港、货物、物流环节、作业信息、制冷要求、制冷数据、箱体环境、工作状态等，具有海量、多维等典型特征。在集装箱物联网应用层开展的数据分析业务中，常见的有客户分类画像、租/退箱点优化、空箱调运优化、船货资源匹配优化等，分析过程中使用的主要方法是聚类分析算法。聚类分析算法是数据挖掘领域中的一种工具，它的作用是把数据对象集划分成多个组或簇，使得簇内的对象具有很高的相似性，但又与其他簇中的对象很不相似。但是，维度较高的数据随着数据量的不断提升，其聚类速度不断下降。

关于事务型数据聚类分析算法(CLOPE 算法)的研究一直是热门的话题，目前已知的 CLOPE 算法是在 2002 年问世的，在运行速度、内存开销和聚类效果 3 个方面都较其他算法优胜。CLOPE 算法的时间复杂度是 $O(N\times K\times A)$，其中：N 代表记录个数；K 代表每次迭代过程中产生的最大聚簇个数；A 代表数据的维度。当数据量为海量情况时，不仅 N 值和 K 值均呈线性增长，而且迭代次数也将增加，这造成算法的计算时间急剧增加。目前，CLOPE 算法后续的研究和改进工作并不多。作为一种处理大数据的分布式编程模型，Hadoop 架构下的 MapReduce 框架使得大数据量的计算工作能够在多个计算节点上并行执行，其已经在数据挖掘领域得到广泛使用。一些经典的聚类分析算法比如 K－Means，Canopy 以及普聚类分析算法已经在该框架下实现，并且在计算速度上获得了较大的提升。当数据量急剧增长时，无论是最原始的 CLOPE 算法，还是基于 CLOPE 算法的各种单机上的改进算法，都无法有效地提升聚类速度。研究表明，在 MapReduce 框架上实现的各种数值型聚类和分类算法充分利用了并行性的特点，可以有效地提高算法的计算速度。

一、CLOPE 算法

CLOPE 算法通过分析聚簇的高度和宽度，从几何学上来评测聚类的质量。例如，给定一个小型的数据集，包含 5 个事务对象{ab, abc, acd, de, def}。对于该数据集，我们尝试比较两种聚类的质量：①{{ab, abc, acd}, {de, def}}；②{{ab, abc}, {acd, de, def}}，并构建相应的直方图如图 10－9 所示。

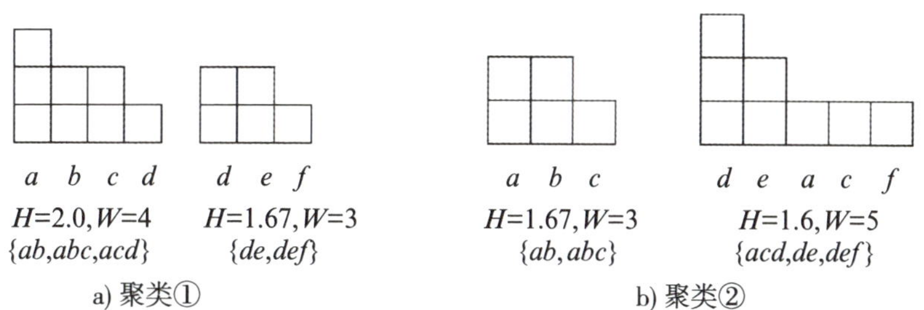

图 10－9　聚簇的直方图

从直方图中可以得到每个小聚簇的属性总数(S)、属性种类的个数(W，又称为直方图的宽度)和直方图的高度($H=S/W$)。对于聚簇{ab, abc, acd}，它的 $S=8$，$W=4$，$H=2$，高宽比 $H/W=0.5$，其余 3 个聚簇的高宽比分别是 0.557，0.557 和 0.32。由于 $0.5+0.557>0.557+0.32$，因此第一种聚类的质量要优于第二种聚类的质量。由此可见，每个聚簇中重叠的属性越多，聚类的质量越好。

假设事务数据集 $D=\{t_1,t_2,\cdots,t_n\}$ 包含 n 个事务，每个事务都是项(或属性)的集合 $I=\{i_1,i_2,\cdots,i_m\}$，则有以下定义：

定义 1：事务(Transaction)。数据集 D 中的一个事务 t 可以表示为二元组 $\langle K_{ey},A\rangle$，其中 K_{ey} 为该事务的关键字，$A=\{i_a,i_b,\cdots,i_k\}\subseteq I$ 为该事务中所含的属性集合。

定义 2：聚簇(Cluster)。聚簇 c 可以表示为二元组 $\langle \overline{T},\overline{H}\rangle$，其中 $\overline{T}=\{t_1,t_2,\cdots\}\in D$ 为事务的集合，$\overline{H}$ 为聚簇 c 的直方图。

定义 3：聚簇的直方图(Histogram)。设 $n_{occ}(i,c)$ 表示属性 i 在聚簇 c 中出现的次数，则聚簇 c 的直方图可以表示为 $\overline{H}=\{n_{occ}(i,c)>0\,|\,i\in I\}$，即所有出现在聚簇 c 中的属性的出现频率的集合。直方图具有如下属性定义：

(1) 尺寸(S)，即聚簇 c 中属性的总数，$S(c_i)=\sum\limits_{i\in I}n_{occ}(i,c)=\sum\limits_{t_i\in D}|t_i|$。

(2) 宽度(W)，即聚簇 c 中属性类型的个数，$W(c_i)=|\{n_{occ}(i,c)>0\,|\,i\in I\}|=|D(c)|$。

(3) 高度(H)，即 $S(c)$ 与 $W(c)$ 的比值，$H(c)=\dfrac{S(c)}{W(c)}$。

(4) 大小(N)，即聚簇 c 中事务的总数，$N(c)=|c|$。

定义 4：聚类(Clustering)。一个聚类 C 表示所有聚簇的集合，即 $C=\{c_1,c_2,\cdots,c_k\}$。

定义 5：聚类的收益(Profit)值评估函数 $P_r(C)$，用下式表示：

$$P_r(C)=\frac{\sum\limits_{i}^{k}\dfrac{S(c_i)}{[W(c_i)]^r}\times|c_i|}{\sum\limits_{i}^{k}|c_i|}$$

由定义 5 可知，CLOPE 算法的目标就是给定数据集 D 和排斥因子 r，并将其中的事务划分成聚簇，使得生成的聚类 C 达到最大的收益值，即聚类 C 为最优划分。另外，我们还可以得到如下结论：

定理 1　聚类的收益值仅与事务在各聚簇中的分布有关，与生成聚簇的数量无关。

证明：从定义 5 中可以看出，$P_r(C)$ 的分母实际上是一个常数，即数据集中事务的总数。当算法串行运行时，分母对聚类收益值没有任何影响，分子则表示事务在各聚簇中的分布情况，证毕。

CLOPE 算法由两个阶段组成。第一阶段是初始化聚簇的过程，算法在向聚类中添加每一条事务时，会使用 DeltaAdd 函数对每个已有的聚簇进行比较，来确定能够使聚类达到最大收益值的聚簇。第二阶段是迭代的过程，通过反复移动事务，使聚类的收益值达到最大。该阶段每次迭代会重新遍历数据集,并使用 DeltaAdd 函数与各聚簇分别进行比较。

综上分析,CLOPE 算法主要存在以下问题。

(1) CLOPE 算法的时间开销非常大。整个算法的时间复杂度为 $O(N\times K\times A)$。显然,当数据量增大,N 值急剧增长时,对应的聚族数量 K 以及迭代次数也将相应增加,算法所产生的时间开销非常庞大。

(2) CLOPE 算法的结果与事务输入顺序有关。假设有一组事务{ab, bc, ac, abd, bcd, acd},并且设置排斥因子为 2,通过 CLOPE 算法可得聚类结果{{ab, abd}, {bc,bcd}, {ac,acd}},其聚类收益函数分子值为$(5\times2\div3^2)\times3\approx3.33$。若调整事务顺序为{$abd$,$bcd$,$acd$,$ab$,$bc$,$ac$},得到聚类{{$abd$,$acd$,$ab$,$ac$},{$bcd$,$bc$}},其聚类收益函数分子值为 $10\times4\div4^2+5\times2\div3^2\approx3.61$。由此可见,不同的事务顺序会导致不同的聚类结果,所以 CLOPE 算法与事务输入顺序有关。

(3) CLOPE 算法在第二阶段每步操作只能移动一条事务,这既限制了找出最大收益值的可能性,又降低了算法的执行效率。

二、MapReduce 编程模型

MapReduce 是一种编程模型,用于大规模(大于 1 TB)数据集的并行运算,它将复杂的运行于大规模集群上的并行计算过程高度地抽象到了两个函数,即 Map 函数和 Reduce 函数。适合用 MapReduce 来处理的数据集要求待处理的数据集可以分解成多个小的数据集,小数据集之间没有数据相关性。MapReduce 的核心思想是任务的分解与结果的汇总,它提供了以下主要功能。

1. 数据划分和计算任务调度

系统自动将一个作业(Job)的待处理的大数据划分为很多个数据块,每个数据块对应于一个计算任务(Task),并自动调度计算节点来处理相应的数据块。作业和任务调度功能主要负责分配和调度计算节点(Map 节点或 Reduce 节点),同时负责监控这些节点的执行状态,并负责 Map 节点执行的同步控制。

2. 数据/代码互定位

为了减少数据通信,一个基本原则是本地化数据处理,即一个计算节点尽可能处理其本地磁盘上所分布存储的数据,这实现了代码向数据的迁移;当无法进行这种本地化数据处理时,再寻找其他可用节点并将数据由网络传送给该节点(数据向代码迁移),但应尽可能从数据所在的本地机架上寻找可用节点以减少通信延迟。

3. 系统优化

为了减少数据通信开销,中间结果数据进入 Reduce 节点前会进行一定的合并处理；一个 Reduce 节点所处理的数据可能会来自多个 Map 节点，为了避免 Reduce 计算阶段发生数据相关性，Map 节点输出的中间结果需使用一定的策略进行适当的划分处理，保证相关性数据发送到同一个 Reduce 节点。

4. 出错检测和恢复

MapReduce 出错检测并隔离出错节点的功能，可以调度分配新的节点接管出错节点的计算任务。同时，系统还将维护数据存储的可靠性，用多备份冗余存储机制提高数据存储的可靠性，并能及时检测和恢复出错的数据。

MapReduce 按照时间顺序包括输入分片、Map 阶段、Combiner 阶段、Shuffle 阶段和 Reduce 阶段，流程中参与的主体包括 Client，JobTracker，TaskTracker 以及 HDFS，各主体之间的关系如图 10-10 所示。上述处理过程仅被高度地抽象为两个函数：Map 和 Reduce 函数，其中 Map 函数负责分解任务，Reduce 函数负责汇总任务处理结果。

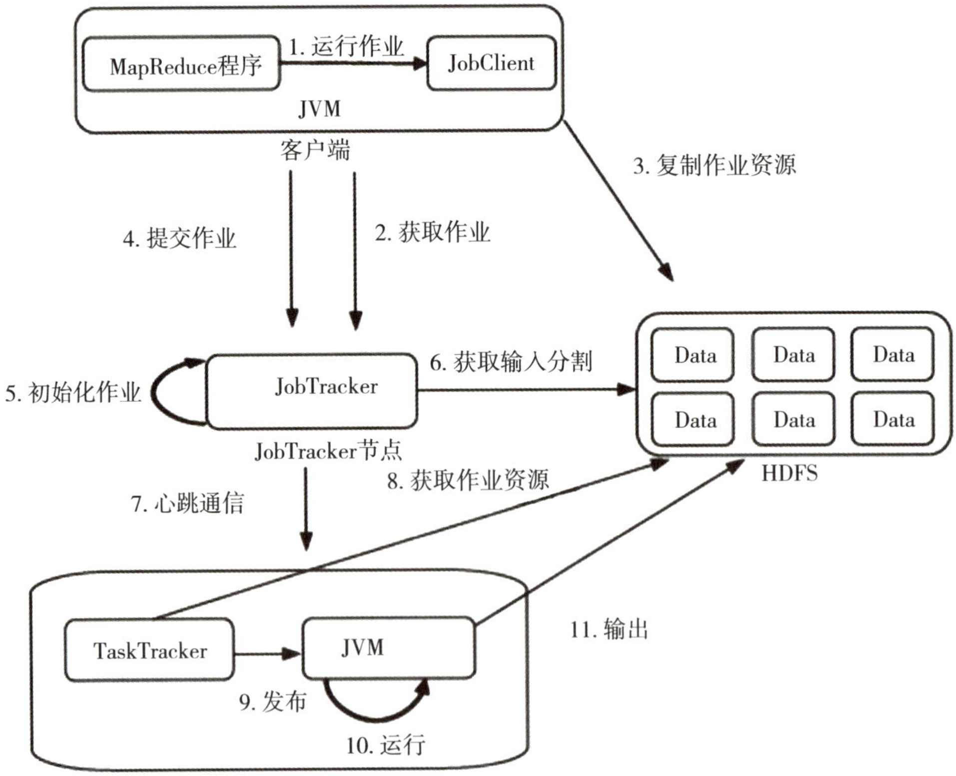

图 10-10　MapReduce 主要参与实体

(1) 输入分片：在进行 Map 计算之前，MapReduce 会根据输入文件计算输入分片，每个输入分片针对一个 Map 任务，输入分片存储的并非数据本身，而是一个分片长度和一个记录数据位置的数组。

(2) Map 阶段：一般情况下 Map 操作都是本地化操作，也就是在数据存储节点上进行的。

(3) Combiner 阶段：Combiner 是一个本地化的 Reduce 操作，它是 Map 运算的后续操作，主要是在 Map 计算出中间文件前做一个简单的合并重复 Key 值的操作。

(4) Shuffle 阶段：将 Map 的输出作为 Reduce 的输入的过程。

(5) Reduce 阶段：自行编写的函数，将最终结果存储在 HDFS 上。

三、基于 MapReduce 的 CLOPE 并行聚类算法

基于 MapReduce 的 CLOPE 并行聚类算法，通过引入 MapReduce 框架高度并行计算，提高总体事务型数据聚类的速度，减少时间开销，并用聚簇合并的方式实现多条事务并行移动，从而获得更高的计算效率。算法按照 MapReduce 架构分成两个阶段进行。第一阶段执行 Map 操作，Hadoop 框架把输入数据集按照区块大小自动划分到多个 Mapper 任务中，每个 Mapper 任务独立执行 CLOPE 算法并生成一组带编号的聚簇，分区(Partition)任务根据编号对聚簇进行重新分区并传递给第二阶段。第一阶段不但在分片内减小了 N 值，而且使得 CLOPE 算法并行执行。第二阶段执行 Reduce 操作，算法对第一阶段生成的聚簇进行合并操作，直到满足最优条件为止，最终输出到 HDFS 文件系统中。第二阶段以 K 取代 N，进一步降低了算法的时间复杂度。

1. Map 阶段设计

在起始状态，所有的事务型数据以文本的形式逐行存储在 HDFS 文件系统中。开始执行时，事务型数据被 Hadoop 根据区块大小自动划分成 M 个分片，分配给各个 Mapper 任务。任务中的 Map 函数根据最大收益值原则把事务型数据存放到最佳的聚簇中，而 Cleanup 函数执行事务型数据的移动操作，直到整个局部聚类达到最大收益值。该阶段分片聚簇并分区的伪代码如下文所示，在全局变量中：InstanceList 代表事务型数据列表；ClusterList 代表聚簇列表。

```
void map(key, value){
    put value in InstanceList;
    add value to best cluster;
}
```

```
void cleanup(context){
    do{
      moved = false;
      for each instance in InstanceList{
        read (instance, i);
        move instance to best cluster cj;
        if i ≠j then }
        modify (instance, j); moved = true;
        }
      }
    while(moved);
    for k=0 to ClusterList. size−1 {
        context. write(k, ClusterList[k]);
    }
```

在该阶段,每个 Mapper 任务结束后都会生成一组聚簇传递给 Reducer 任务。假设 C_m 表示第 m 个 Mapper 任务产生的聚簇构成的子聚类,C 表示所有聚簇构成的聚类,n_m 表示 C_m 中的事务数,n 表示 C 中的事务数,并定义:

$$P_r(C_m \mid C) = \frac{\sum\limits_{c \in C_m} \frac{S(c)}{[W(c)]^r} \times |c|}{n} \tag{10-1}$$

式中:$C_m=\{c_1,c_2,\cdots,c_j\}$,则聚类的收益值为

$$P_r(C) = \sum_{x=1}^{M} P_r(C_x \mid C) \tag{10-2}$$

由此可以得出以下结论:

定理 2 对任意的子聚类 C_m 以及事务型数据 $t \in C_m$ 和聚簇 $c \subset C_m$ 并且 $t \notin c$,如果 $P_r(C_m)$已达到最大,则把 t 移动到 c 中必定不能使 $P_r(C_m|C)$值增大。

证明:根据式(10-1)可知,$P_r(C_m)$与 $P_r(C_m|C)$的不同在于其分母不同,分母分别为 n_m 和 n,而分子完全相同。根据定理 1,由于 $P_r(C_m)$已达到局部最大值,因此,其分子已达到最大值,对任意事务型数据 $t \in C_m$ 的移动操作均无法使其增大,证毕。

由于在第二阶段中聚簇的合并操作相当于事务型数据集合的移动操作,而定理 2 又证明了来自同一个数据分片中的聚簇合并不会增加收益值,因此,只有合并来自不同数据分片的聚簇才会使得整个聚类 C 的收益值增大。据此设计分区函数

Partition 的输入包括聚簇编号(Key)、聚簇列表(Value)、Reducer 任务数(R),输出 Reducer 任务的编号。MapReduce 框架会在 Shuffle 阶段把聚簇编号用 R 取模,结果相同的聚簇输出到对应的 Reducer 任务中,从而保证下一阶段合并操作的有效性。

2. Reduce 阶段设计

根据定理 1 可知,聚类的收益值只跟其分子有关,由此可以得出以下推论:

推论 1　对于聚簇 c_a,$c_b \in C$,合并后的聚簇设为 c_c,则聚簇 c_a 和 c_b 可合并的充分条件为

$$\frac{S(c_c)}{[W(c_c)]^r} \times |c_c| > \frac{S(c_a)}{[W(c_a)]^r} \times |c_a| + \frac{S(c_b)}{[W(c_b)]^r} \times |c_b| \qquad (10-3)$$

式(10-3)变形可得

$$\frac{S(c_c)}{[W(c_c)]^r} \times |c_c| - \frac{S(c_a)}{[W(c_a)]^r} \times |c_a| > \frac{S(c_b)}{[W(c_b)]^r} \times |c_b| \qquad (10-4)$$

根据式(10-4),本节对原始 CLOPE 算法的 DeltaAdd Cluster 函数进行了扩展,使之能够实现聚簇合并前的判断操作。伪代码如下文所示,在输入变量中:c_a 代表源聚簇;c_b 代表待合并聚簇。

```
double DeltaAdd Cluster(ca, cb, r){
    S_new = S(ca)+S(cb);
    W_new = W(ca);
    N_new = N(ca)+N(cb);
    for each item in cb
        if occ(item, ca)==NULL { W_new++; }
            retrun S_new×N_new/(W_new)r−S(ca)×N(ca)/W(ca)r;
    }
```

推论 2　当聚簇 c_a,c_b 满足式(10-4),并且当 DeltaAdd Cluster(c_a,c_b,r)达到最大值时,c_a 为 c_b 的最佳可并入的聚簇。

根据此推论,结合扩展后的 DeltaAdd Cluster 函数,设计了 Merge Cluster To Best Cluster 和 Move Cluster To Best Cluster 函数,用于第二阶段每一次迭代的 Reducer 任务。伪代码如下文所示:在输入变量中,Key 代表聚簇编号,Value 代表分区后的聚簇列表;在全局变量中,ClusterList 代表待合并聚簇列表,Merged ClusterList 代表合并后的聚簇列表。

```
void reduce(key, values){
```

```
for each cluster in values{
  merge cluster to best cluster cj;
      }
}
void cleanup(context){
      maxProfit=0;
do{
moved = false;
for each cluster in ClusterList){
      read (cluster, i);
      move cluster to best cluster cj;
      if i ≠j then {
        modify (cluster, j); moved = true;
      }
}
if moved {
      if profit <= maxProfit { moved=false;}
else maxProfit = profit;
}
}while(moved);
for j=0 to Merged ClusterList. size-1 {
context. write(j, ClusterList[j]);
}
}
```

由于聚簇的数量要远小于事务型数据数量，且不需要再次循环属性计算，因此降低了该阶段的时间复杂度。在迭代过程中，CLOPE 算法与事务型数据的先后顺序有关，如果聚簇的移动带来的收益值不再增大则停止移动，或者当某一次迭代过程中没有发生任何的聚簇合并操作时，算法终止。

综上，基于 MapReduce 架构的 CLOPE 并行聚类算法，通过引入 MapReduce 框架高度并行计算，提高了总体事务型数据聚类的速度，减少了时间开销，并用聚簇合并的方式实现了多条事务型数据并行移动，从而在处理集装箱物联网海量多维传感数据过程中获得更高的计算效率。

参 考 文 献

[1] 王杰，李艳君，白玮玮. 中国（上海）自贸区下的航运政策解析[J]. 世界海运，2014(2)：35－40.

[2] 李强. 上海自贸区国际航运服务创新进展、计划与建议[J]. 中国流通经济，2015(8)：16－25.

[3] 张颖杰. 自贸区对上海航运中心建设的影响研究[J]. 新金融，2014(2)：33－37.

[4] 沪生. 上海建设自贸区的航运看点[J]. 中国远洋航务，2013(10)：24－25.

[5] 余思勤，庄佳芳，袁象. 上海建立自贸区对航运金融业的影响分析[J]. 现代管理科学，2014(3)：27－29.

[6] 高连奎. 上海自贸区的投资机会[J]. 物流技术与应用，2013(12)：50－51.

[7] 金鑫. 我国航运业发展的现状、问题及对策研究[J]. 生产力研究，2013(4)：156－158.

[8] CHRISTIANSEN M, RONEN D. Ship routing and scheduling: Status and perspectives [J]. Transportation Science, 2004, 38(1): 1－18.

[9] MENG Q, WANG S, ANDERSSON H, *et al*. Containership routing and scheduling in liner shipping: Overview and future research directions[J]. Transportation Science, 2014, 48(2): 265－280.

[10] LIN D, TSAI Y. The ship routing and freight assignment problem for daily frequency operation of maritime liner shipping[J]. Transportation Research Part E: Logistics and Transportation Review, 2014(67): 52－70.

[11] SHINTANI K, IMAI A, NISHIMURA E, *et al*. The container shipping network design problem with empty container repositioning [J]. Transportation Research Part E: Logistics and Transportation Review, 2007, 43(1): 39－59.

[12] 陈超，张哲，曾庆成. 基于波动需求的集装箱航线优化设计[J]. 大连海事大学学报，2011，37(4)：83－87.

[13] CHUANG T N, LIN C T, KUNG J Y, *et al*. Planning the route of container ships: A fuzzy genetic approach[J]. Expert Systems with Applications, 2010, 37(4): 2948－2956.

[14] 施欣. 集装箱海运空箱调运优化分析[J]. 系统工程理论与实践，2003，23(4)：70－75.

[15] 宋向群，张鹏，郭子坚. 基于蚁群算法的港口集装箱运输网络径流优化[J]. 大连理工大学学报，2007，47(6)：853－857.

[16] IMAI A, SHINTANI K, PAPADIMITRIOU S. Multi-port vs. Hub-and-Spoke port calls

by containerships[J]. Transportation Research Part E: Logistics and Transportation Review, 2009, 45(5): 740 - 757.

[17] GELAREH S, PISINGER D. Fleet deployment, network design and hub location of liner shipping companies[J]. Transportation Research Part E: Logistics and Transportation Review, 2011, 47(6): 947 - 964.

[18] GELAREH S, NICKEL S, PISINGER D. Liner shipping hub network design in a competitive environment[J]. Transportation Research Part E: Logistics and Transportation Review, 2010, 46(6): 991 - 1004.

[19] 林天倚,卢春霞.基于拥堵控制的轴辐式海运网络枢纽港选择模型[J].上海海事大学学报,2013,34(4): 59 - 66.

[20] HSU C I, HSIEH Y P. Routing, ship size, and sailing frequency decision-making for a maritime hub-and-spoke container network[J]. Mathematical and Computer Modelling, 2007, 45(7/8): 899 - 916.

[21] SONG D P, DONG J X. Cargo routing and empty container repositioning in multiple shipping service routes[J]. Transportation Research Part B: Methodological, 2012, 46(10): 1556 - 1575.

[22] AGARWAL R, ERGUN Ö. Ship scheduling and network design for cargo routing in liner shipping[J]. Transportation Science,2008,42(2): 175 - 196.

[23] ÁLVAREZ J F. Joint routing and deployment of a fleet of container vessels[J]. Maritime Economics & Logistics, 2009, 11(2): 186 - 208.

[24] 汪传旭,蒋良奎.集装箱班轮运输中空箱调运组织与库存优化研究[J].交通运输系统工程与信息,2010,10(5): 137 - 143.

[25] MENG Q, WANG S. Liner shipping service network design with empty container repositioning[J]. Transportation Research Part E: Logistics and Transportation Review, 2011, 47(5): 695 - 708.

[26] HUANG Y F, HU J K, YANG B. Liner services network design and fleet deployment with empty container repositioning[J]. Computers & Industrial Engineering, 2015 (89): 116 - 124.

[27] MENG Q, WANG T. A scenario-based dynamic programming model for multi-period liner ship fleet planning [J]. Transportation Research Part E: Logistics and Transportation Review, 2011, 47(4): 401 - 413.

[28] NG M W. Distribution-free vessel deployment for liner shipping[J]. European Journal of Operational Research, 2014, 238(3): 858 - 862.

[29] WANG S, MENG Q, BELL M. Liner ship route capacity utilization estimation with a bounded polyhedral container shipment demand pattern[J]. Transportation Research Part B: Methodological, 2013, 47(1): 57 - 76.

[30] MENG Q, WANG T, WANG S. Short-term liner ship fleet planning with container transshipment and uncertain container shipment demand [J]. European Journal of Operational Research, 2012, 223(1): 96 - 105.

[31] WANG T, MENG Q, WANG S. Robust optimization model for liner ship fleet planning with container transshipment and uncertain demand[J]. Transportation Research Record: Journal of the Transportation Research Board, 2012, 2273(1): 18 - 28.

[32] NG M W. Container vessel fleet deployment for liner shipping with stochastic dependencies in shipping demand[J]. Transportation Research Part B: Methodological, 2015, 74: 79 - 87.

[33] MENG Q, WANG S. Optimal operating strategy for a long-haul liner service route[J]. European Journal of Operational Research, 2011, 215(1): 105 - 114.

[34] 杨秋平,谢新连,苏晨. 航线配船与船队规划模型及算法实现[J]. 中国航海,2009(1): 91 - 95.

[35] 杨秋平,谢新连,苏晨. 需求不确定下船队规划决策的鲁棒优化模型[J]. 华南理工大学学报(自然科学版),2010(3): 82 - 88.

[36] 杨秋平,谢新连,裴光石. 考虑船舶航速的船队规划非线性模型[J]. 华南理工大学学报(自然科学版),2011(10): 119 - 126.

[37] 杨秋平,谢新连,裴光石. 班轮运输船队规划模型与仿真[J]. 西南交通大学学报,2011(6): 1046 - 1054.

[38] 杨秋平,谢新连,赵家保. 船队规划研究现状与动态[J]. 交通运输工程学报,2010,10(4): 85 - 90.

[39] 谢新连. 船舶调度与船队规划方法[M]. 北京:人民交通出版社,2000: 98 - 120.

[40] PERAKIS A N, JARAMILLO D I. Fleet deployment optimization for liner shipping part 1: Background, problem formulation and solution approaches [J]. Maritime Policy & Management, 1991, 18(3): 183 - 200.

[41] JARAMILLO D I, PERAKIS A N. Fleet deployment optimization for liner shipping part 2: Implementation and results [J]. Maritime Policy & Management, 1991, 18(4): 235 - 262.

[42] POWELL B J, PERKINS A N. Fleet deployment optimization for liner shipping: An integer programming model [J]. Maritime Policy & Management, 1997, 24(2): 183 - 192.

[43] PERAKIS A N. Optimal liner fleet routeing strategies [J]. Maritime Policy & Management,1996,23(3): 249 - 259.

[44] GELAREH S, MENG Q. A novel modeling approach for the fleet deployment problem within a short-term planning horizon[J]. Transportation Research Part E: Logistics and Transportation Review, 2010, 46(1): 76 - 89.

[45] ZACHARIOUDAKIS P G, IORDANIS S, LYRIDIS D V, *et al*. Liner shipping cycle cost modelling, fleet deployment optimization and what-if analysis [J]. Maritime Economics and Logistics, 2011,13(3): 278 - 297.

[46] MENG Q, WANG T. A chance constrained programming model for short-term liner ship fleet planning problems[J]. Maritime Policy & Management, 2010, 37(4): 329 - 346.

[47] PAPADAKIS N A, PERAKIS A N. A nonlinear approach to the multiorigin, multidestination fleet deployment problem[J]. Naval Research Logistics, 1989, 36(4): 515 - 528.

[48] MOURÃO M C, PATO M V, PAIXÃO A C. Ship assignment with hub and spoke constraints[J]. Maritime Policy & Management, 2001, 29(2): 135 - 150.

[49] WANG S, MENG Q. Liner ship fleet deployment with container transshipment operations[J]. Transportation Research Part E: Logistics and Transportation Review, 2012, 48(2): 470 - 484.

[50] WANG T, MENG Q, WANG S, *et al*. Risk management in liner ship fleet deployment: A joint chance constrained programming model[J]. Transportation Research Part E: Logistics and Transportation Review, 2013, 60(4): 1 - 12.

[51] 寿涌毅,赖昌涛,吕如福. 班轮船舶调度多目标优化模型与蚁群算法[J]. 交通运输工程学报,2011,11(4): 84 - 88.

[52] 焦新龙,刘雪莲,王任祥,等. 国际班轮运输航线配船优化模型与蚁群算法[J]. 交通运输工程学报,2013,13(6): 69 - 75.

[53] 李智,陈明昭,董治德. 基于神经网络的班轮航线配船优化方法[J]. 交通信息与安全,2000,18(1): 34 - 36.

[54] 李佳,徐奇,殷翔宇,等. 基于双目标规划和遗传算法的航线配船优化[J]. 大连海事大学学报(自然科学版),2010,36(4): 27 - 30.

[55] 金雁,陈顺怀,王丽铮. MATLAB 在航线配船中的应用[J]. 船海工程,2006,35(5): 66 - 68.

[56] 金雁,赵耀. 基于蚁群算法的航线配船[J]. 计算机工程与应用,2007,43(25): 231 - 233.

[57] NOTTEBOOM T E. The time factor in liner shipping services[J]. Maritime Economics & Logistics, 2006, 8(1): 19 - 39.

[58] KARLAFTIS M G, KEPAPTSOGLOU K, SAMBRACOS E. Containership routing with time deadlines and simultaneous deliveries and pick-ups[J]. Transportation Research Part E: Logistics and Transportation Review, 2009, 45(1): 210 - 221.

[59] WANG S, MENG Q. Schedule design and container routing in liner shipping [J]. Transportation Research Record: Journal of the Transportation Research Board, 2011, 2222(1): 25 - 33.

[60] WANG S, MENG Q. Sailing speed optimization for container ships in a liner shipping network[J]. Transportation Research Part E: Logistics and Transportation Review,

2012，48(3)：701－714.

[61] PSARAFTIS H N，KONTOVAS C A. Ship speed optimization：Concepts，models and combined speed-routing scenarios［J］. Transportation Research Part C：Emerging Technologies，2014，44(4)：52－69.

[62] TING S C，TZENG G H. Ship scheduling and cost analysis for route planning in liner shipping[J]. Maritime Economics & Logistics，2003，5(4)：378－392.

[63] 叶春梅.考虑航速的集装箱班轮航线配船问题研究[D].大连：大连海事大学，2012.

[64] 高超锋，肖玲，胡志华.考虑船舶油耗的集装箱班轮航线配船方案[J].华中师范大学学报(自然科学版)，2014，48(6)：840－846.

[65] 马建光，姜巍.大数据的概念、特征及其应用[J].国防科技，2013，34(2)：10－17.

[66] 程学旗，靳小龙，王元卓，等.大数据系统和分析技术综述[J].软件学报，2014(9)：1889－1908.

[67] 李学龙，龚海刚.大数据系统综述[J].中国科学：信息科学，2015，45(1)：1－44.

[68] 任磊，杜一，马帅，等.大数据可视分析综述[J].软件学报，2014(9)：1909－1936.

[69] 方巍，郑玉，徐江.大数据：概念、技术及应用研究综述[J].南京信息工程大学学报(自然科学版)，2014(5)：405－419.

[70] 涂新莉，刘波，林伟伟.大数据研究综述[J].计算机应用研究，2014，31(6)：1612－1616.

[71] 张勇进，王璟璇.主要发达国家大数据政策比较研究[J].中国行政管理，2014(12)：113－117.

[72] 李谦，白晓明，张林，等.供电企业数据资产管理与数据化运营[J].华东电力，2014，42(3)：487－490.

[73] 波成.企业大数据运营的六大方向[EB/OL].［2014－02－26］. http://www.enet.com.cn/article/2014/0226/A20140226353469.shtml.

[74] 黄振威.大数据时代的政府精细化管理[J].中国科技奖励，2015(3)：66－67.

[75] 包起帆.基于物联网的集装箱感知系统研究与应用[J].中国工程科学，2011，13(3)：19－23.

[76] 仇艳丽，赵艳芳，胡金涛.物联网技术在集装箱管理中的应用研究[J].物流工程与管理，2012，34(3)：106－108.

[77] 沈四林，沈甸.物联网在航运物流和港口中的应用研究[J].航海，2011(5)：54－57.

[78] 陈韬，周敬祥，王晓明.海铁集装箱多式联运物联网应用现状及发展思考[J].水运工程，2011(9)：205－209.

[79] 蒋志明，吕勇闯.集装箱物联网的应用前景[J].集装箱化，2011，22(4)：34－36.

[80] 王小斌.RFID在集装箱运输管理中的应用分析[J].计算机光盘软件与应用，2012(18)：80－81.

[81] 刘兰青，计三有，仇艳丽.基于物联网的集装箱管理系统研究与设计[J].黄石理工学院学报，2012，28(2)：27－30.

[82] 刘富春，周受钦. 基于 RFID 的物流集装箱设备的信息化监控与管理[J]. 中国设备工程，2011(10)：48－50.

[83] 王登清，杨玉婷，颜建敏. 港口 RFID 集装箱管理信息系统模糊综合评价研究[J]. 昆明冶金高等专科学校学报，2011，27(5)：55－60.

[84] 范建永，龙明，熊伟. 基于 HBase 的矢量空间数据分布式存储研究[J]. 地理与地理信息科学，2012，28(5)：39－42.

[85] 陆婷，房俊，乔彦克. 基于 HBase 的交通流数据实时存储系统[J]. 计算机应用，2015，35(1)：103－107.